EINE HEILIGE SACHE

Große Sünden – kleine Sünden

Der Beinahe-Krimi

von

Renata Anna Thiele

Für Vera und Jürgen

Renata A. Thiele

Moroschau, 30.10.2016

2. Auflage 2014

Copyright © 2014 Renata A. Thiele
Alle Rechte vorbehalten. Kein Teil des Werkes darf in irgendeiner Form ohne die schriftliche Zustimmung der Autorin reproduziert werden. Das gilt für Vervielfältigungen, Übersetzungen sowie die Einspeicherung und Verarbeitung in elektronischen Systemen.

Umschlaggestaltung: www.afterglow.ac, Aachen
Titelbilder: © Renata A. Thiele
Satz: www.textera.de, Aachen
Druck: www.afterglow.ac, Aachen
Bestelladresse: textera@textera.de
ISBN 978-3-00-045853-8
Printed in Germany

„So 'n Mist! Jetzt is auch noch 'n Nagel ab. Bald sinn alle wech." Der Mann verzerrte das Gesicht vor Schmerz, denn am Mittelfinger seiner linken Hand löste sich leicht der Nagel. Das tat höllisch weh. Schreien konnte er aber nicht, also biss er die Zähne zusammen, bückte sich noch tiefer über die Truhe, fummelte an einem Vorhängeschloss und an den vier anderen. Er brauchte nicht viel Zeit, er war geübt.

„Jrad der Mittelfinger! Hoffentlich lohnt es sich. Nicht dass ich mir hier meine Fingernäjel für nix und wieder nix kaputtmache", murmelte er. Es war dunkel in der Sakristei, trotzdem musste er auf Licht mehr oder weniger verzichten. Der fahle Lichtstrahl seiner Taschenlampe half nur wenig, gerade so viel, dass er nicht über alles stolperte, was sich ihm wie verhext in den Weg stellte. Es war eindeutig nicht sein Tag, und auch nicht seine Nacht, aber was sollte er machen, wo er schon so weit gekommen war?

Wozu hatte er sich da überreden lassen, als er letztens bis spät in die Nacht mit Frank in der Kneipe herumgehangen hatte – von wegen tolle Sachen in der Truhe, oben in der Propsteikirche?! Warum hatte Frank den Job nicht selbst übernommen? Er hatte doch mit dem Kerl in der Ecke auf geheimnisvoll gemacht. Als der Fremde, ein großer, junger Mann mit bereits graumeliertem Haar, weggegangen war, kam Frank zu Erwin an die Theke und erzählte von dem Deal. Frank hatte gesagt, wenn er die Sachen besorgte, sprängen für ihn ein paar Hundert Euro dabei raus. Erwin müsste sich nicht einmal um den Verkauf kümmern. Ein guter Deal, fand er.

Erwin stöhnte kurz, hielt den Atem an und hob dann den Deckel der Truhe hoch. In der Truhe befanden sich in Stoff eingewickelte Päckchen. Er öffnete eines von ihnen. Darin befand sich ein anderer Stoff, rot und weiß mit goldenen Stickereien entlang des Saumes. Der Stoff roch unangenehm nach Chemikalien.

„Ach du, heilijer Strohsack! Wat is dat denn?! So 'n Zeuch! Und et stinkt ja zum Himmel. Wat machen die damit? Wofür halten die die alten Lappen hier verschlossen?! Auch ejal, vielleicht eben für mich", murmelte er.

Erwin holte alle Stoffpäckchen aus der Truhe heraus und wickelte sie auseinander. Er prüfte sie skeptisch und entschied:

„Na ja, warum auch nich. So wat brauche ich ja jrade. Hauptsach', et scheppert nich. Ist ja so still hier, dat Dorf ist richtig tot, wie ausgestorben."

Er schloss die Truhe, wickelte seine Beute in einen der Stoffe und einen anderen band er zu einer Art Sack, in dem er die Silberteile transportieren konnte. Den warf er sich über und stieg die Treppe hinunter. An der Kirchentür blieb er stehen, schaute nach draußen, checkte die Lage, dann erst verließ er die Kirche – und die Tür knallte laut hinter ihm zu.

„Mist", fuhr er zusammen. „So 'n Scheiß jetzt auch noch. Gleich sammelt sich dat janze Dorf samt Pfarrer an der Spitze, um mich zu begrüßen."

Doch das Dorf schlief seinen gerechten Schlaf. Es war kurz vor vier. Und es regnete.

1_ KAPITEL

„Was war das denn?" Etwas riss Pfarrer Jan aus seiner Nachtruhe.

Er erfreute sich eines gesunden, wenn auch leichten Schlafes. Zwar nahm er jedes Geräusch wahr und bei jedem wachte er auf, doch, sobald er die Geräuschquelle identifizierte, beruhigte er sich und schlief wieder ein. Er beschwerte sich daher nicht, wenn Frau Matzke manchmal etwas lauter das Haustürschloss öffnete, um ihm bereits am frühen Morgen frische Brötchen zu bringen.

Diesmal wurde er durch ein – ja, durch ein undefinierbares Geräusch aus dem Schlaf geholt. Er horchte auf. Nichts war zu hören. Aber es war doch etwas gewesen da draußen. Oder schien es ihm nur so? Seine Neugierde gewann die Oberhand. Er schaute auf die Uhr. Sie zeigte 3:48. Zu früh für Frau Matzke und ihre frischen Brötchen. Er setzte sich im Bett auf, zog schnell seine Wollsocken an und ging ans Fenster. Der Pfarrer trug immer Wollsocken statt Hausschuhe, die er schon seit seiner Kindheit nicht ausstehen konnte, was vermutlich daran lag, dass seine Mutter ihm Filzpantöffelchen gekauft hatte. Wie für kleine Mädchen! Er hatte sich damit nirgends blicken lassen können, ohne ausgelacht zu werden. Er rieb sich die linke Wade mit dem in einer Wollsocke steckenden rechten Fuß. Das tat gut. Er lehnte am Fenster und schaute auf den Platz vor der Pfarrei. Doch nichts bewegte sich.

„Es ist so ruhig hier", gähnte Pfarrer Jan. Nicht so wie in München, von wo er nach Kornelimünster versetzt worden war. Die Großstadt schlief nie, und hier? Mal ehrlich, Kornelimünster war ein Kaff. Aber ein sehr nettes. Stets im Schlummerzustand, wachte der

Ort nur zur Zeit des Historischen und des Weihnachtsmarktes und natürlich im September zur Kornelius-Oktav auf. Doch alle sieben Jahre, wenn die Heiligtumsfahrt in Aachen stattfand, pilgerten die ganzen Ströme der Gläubigen auch ins nahe Kornelimünster, um die berühmten Salvatorreliquien zu sehen. Und in den Zeiten zwischen diesen Ereignissen lag eine träge, aber erholsame Ruhe in den schmalen Gässchen und auf den Plätzen des historischen Ortskerns. Das gefiel Pfarrer Jan.

Die Heiligtumsfahrten und die Reliquien. Die Aachener haben vier davon, und Kornelimünster darf sich seit etwa 1200 Jahren über drei der heiligen Stoffe freuen, dachte er. Alte Stoffe, die manche für authentisch halten. Die Windel Jesu! Wer hätte denn so etwas gehört? Oder das Lendentuch Christi, das Enthauptungstuch Johannes` des Täufers und zum Schluss das Kleid Mariä, das sie in der Heiligen Nacht getragen haben soll. Schon die Bezeichnungen klingen zu phantastisch, um wahr zu sein. Und dann noch die drei Salvatorreliquien – Schweißtuch, Schürztuch und Grabtuch –, die nun, seitdem Ludwig der Fromme sie der Abtei Inde geschenkt hatte, hier in Korneliuskirche aufbewahrt wurden – jetzt unter seiner, Pfarrer Jans, Obhut.

Und Pfarrer Jan wusste, dass es genug Menschen gab, die die Authentizität der heiligen Stoffe nicht anzweifelten, doch genauso viele glaubten nicht daran, dass diese Stoffe tatsächlich im Heiligen Land gefunden worden waren. Die Kirche hatte daher schon vor Jahren aufgehört, über ihre Authentizität zu streiten. Vielleicht seien sie authentisch, vielleicht nicht. Nicht das sollte entscheidend sein, sondern der Glaube. Es war was los, alle sieben Jahre. So hatte man Pfarrer Jan jedenfalls erzählt. Er war gespannt auf seine erste Heiligtumsfahrt in Kornelimünster, die schon bald kommen sollte.

Er schaute noch einmal aus dem Fenster. Heute Nacht jedenfalls herrschte in Kornelimünster absolute Ruhe. Umso mehr wunderte es ihn, dass er wach geworden war. Etwas musste doch in seinen Schlaf eingedrungen sein und ihn geweckt haben. Er kratzte sich am Kopf, zerzauste sein dichtes, schwarzes Haar und gähnte. Zu müde, um darüber nachzudenken, zog er nach einer Weile die Wollsocken wieder aus, legte sich hin und schlief sofort ein.

2_ KAPITEL

„Ja, die bin ich. Was kann ich für Sie tun?"

Nina war vielleicht etwas zu forsch, aber sogar als Freiberuflerin wollte sie hin und wieder Feierabend haben und nicht unbedingt am Wochenende berufliche Anrufe entgegennehmen müssen. Hoffentlich merkte der Kunde ihren Unmut nicht, dachte sie.

„Sie bieten doch Führungen durch Aachen an, ja?"

Solche Fragen brachten Nina immer in Rage, am liebsten hätte sie „Wie kommen Sie bloß darauf?!" geschrien. Offensichtlichkeiten hielt sie für reine Energie- und Zeitverschwendung, die größte Sünde im Umgang mit Menschen. Nichtsdestotrotz antwortete sie mit ruhiger und freundlicher Stimme:

„So steht es auch auf meiner Internetseite. Sie haben mich sicher im Internet gefunden, nicht wahr?", sprach sie in ihr Handy, während sie schwer auf das Sofa plumpste.

Sie hatte heute drei Führungen hintereinander gehabt – und ihre Beine waren jetzt schwer wie Blei. Also griff sie auf die alte und bewährte Methode zurück: kalte und warme Fußbäder, dann schön fest trockenreiben. Herr Kneipp lässt grüßen, lächelte sie. Seine Behandlungsmethoden kannte sie noch aus der Zeit, als sie die Sommerferien bei ihrer Oma verbracht hatte. Im Sommer war sie immer für einen Monat zu ihr gefahren, einer älteren Dame, die ihr neben der wahrlich preußischen Strenge auch die ersten deutschen Worte beigebracht hatte. Damals, noch als Kind, hatte Nina nicht einmal gewusst, dass der Teil Polens, in dem sie gelebt hatte, früher Deutschland gewesen war. Gesprochen hatten sie nie darüber, und da ihre Oma beide Sprachen beherrschte, hatte sie ihrer Enkelin das Deutsche als etwas Selbstverständliches vermittelt.

Nina hatte sich gerade einen Fuß halbwegs abgetrocknet, als der Anruf kam. Sie hüpfte aus dem Bad ins Wohnzimmer, und versuchte jetzt, das Handy zwischen dem Ohr und der Schulter eingeklemmt, sich den anderen Fuß mit dem viel zu großen und zu schweren Badetuch abzutrocknen. Ein mühsames Unterfangen, beinahe wäre ihr das Handy herausgerutscht, als sie durchatmen wollte. Sie fing es aber auf und stieß innerlich einen Fluch aus. Sie nahm nun das Telefon wieder in die Hand und lehnte sich auf dem Sofa zurück. Dann sah sie auf den Fußboden und seufzte: nasse Fußspuren eines einbeinigen Monsters führten vom Bad über den Flur zum Sofa.

„Meine Frau und ich wollten eigentlich eine kombinierte Führung buchen: Aachen und Kornelimünster, und zwar während der Heiligtumsfahrt. Wissen Sie, wir haben diese Reliquien noch nie gesehen. Sie müssen sehr schön sein, nicht wahr?", erkundigte sich der Mann weiter.

Vorausgesetzt, dass sie gezeigt werden, dachte Nina. Die in Aachen sehen so schmutzig und, ja so unheilig aus, dass es vielleicht besser ist, sie nicht gesehen zu haben.

„Ja, ja, das sind sie", gab sie schnell zu und hoffte, er würde nicht weiter fragen.

Sie war bereits seit ein paar Jahren Stadtführerin, hatte die Reliquien in Kornelimünster aber noch nicht gesehen. Sie musste das endlich machen, es war doch kein Aufwand, sich einmal unter der Woche oder besser noch, am Samstag nach Kornelimünster aufzumachen und den Pfarrer darum zu bitten, sie besichtigen zu dürfen. Er war bestimmt ein alter Kirchenmann, der froh sein konnte, dass da mal jemand außer den alten Dorffrauen zu Besuch kam, um Interesse an den Heiligtümern zu bekunden.

„Für wann möchten Sie die Führung buchen?"

„Wann würden Sie uns denn empfehlen?"

„Am besten am vorletzten Tag der Heiligtumsfahrt, da sind die größten Pilgermassen schon weg, und Sie werden sich alles in Ruhe anschauen können. In Aachen und in Kornelimünster."

„Oh, das ist eine gute Idee. Ich rufe Sie am Tag vor der Heiligtumsfahrt noch einmal an. Ja?"

Nina legte auf und kam ins Grübeln. Bis zur Heiligtumsfahrt blieb nicht mehr viel Zeit.

3_ KAPITEL

Alex saß in seinem Zimmer und starrte auf den Monitor. In den letzten Tagen hatte er beobachtet, wie sie an ihrer Canon herumhantiert und immerzu geflucht hatte. Die Kamera war schon lange nicht mehr auf dem letzten Stand der Fototechnik. Einmal hatte Nina etwas von einer anderen Marke gesprochen, aber Alex hatte sie vergessen. Er suchte lange im Internet in der Hoffnung, dass sie ihm wieder einfallen würde. Und das war sie, er lächelte erleichtert. Viele Tage hatte er überlegt, was er ihr schenken sollte, bis er sauer geworden war, dass man sich überhaupt zum Geburtstag immer etwas schenken musste. Und dann fand er einen Bericht über die Photokina und die neuesten Kameras auf dem Markt. Er verstand nicht viel davon, aber Nina tat es bestimmt. Seine Stimmung verbesserte sich schlagartig, doch das neueste Modell von Nikon war verdammt teuer. Spiegelreflex. Er hatte keine Ahnung, warum sie darauf bestand, aber sie sollte sie bekommen, sie hatte bald Geburtstag. Bis dahin blieb ihm wirklich nicht viel Zeit, um das Geschenk zu besorgen und vor allem so viel Geld dafür aufzutreiben. Sämtliche Internet-Angebote lagen deutlich über dem, was er dafür ausgeben konnte, und auch die ebay-Ergebnisse überzeugten ihn zuerst nicht. Er suchte also weiter, bis seine Augen von langem Starren auf den Bildschirm trocken wurden. Ungeduldig rieb er sie sich, sah plötzlich auf den Link – und staunte: Das neueste Nikon-Modell in einer Tauschbörse? Tauschbörse, unglaublich. Er klickte auf die Adresse, und musste breit grinsen. Ja. Tatsächlich bot jemand genau dieses Kameramodell gegen ... was? Gegen Kirchensilber? Was war das denn für einer? War so etwas überhaupt legal?

Alex schrieb den Anbieter über das Kontaktformular an und bat um Antwort. Er musste sich diese Kamera unbedingt sichern und irgendwie Kirchensilber besorgen. Aber wie? Er hatte keine Ahnung, worauf solche Leute überhaupt stehen würden. Da fiel ihm ein Nachbar seines alten Schulfreundes ein. Der kannte einige Antiquitätenhändler, und der Eine oder Andere wusste mit Sicherheit mehr.

Er schreckte auf, als er hörte, dass die Wohnungstür aufging. Er mochte keine Geheimnistuerei, aber diesmal wollte er Nina überraschen. Und er wusste, dass sie schnell dahinter käme, wenn sie erst einmal auch nur den leisesten Verdacht schöpfte.

„Alex! Wo bist du?" hörte er sie rufen.

Durchatmen, ruhig Blut, sagte er leise, bevor er aufstand und in den Flur ging.

„Hier!" Er küsste sie auf die Wange.

4_ KAPITEL

„Hier ist doch kein Knochen drin!" Der kleine Junge war sichtlich enttäuscht, als er in dem rechten Löwenkopf an der Bronzetür des Aachener Doms herumfingerte, dann in das Loch hineinschaute und den linken Daumen des Teufels nicht fand. Seine Eltern lachten begeistert: Na, ist der Junge nicht schlau?!

„Guck ganz genau hin. Wer weiß, vielleicht klappt es doch", sagte Nina zu ihm und schmunzelte. Immer wieder das alte Spiel. So waren nun mal die Gäste, und daran hatte sie sich schon längst gewöhnt.

Die Geschichte vom Teufel und der Wolfstür am Aachener Dom war der Abschluss einer jeden Stadtführung, und die Gäste konnten prüfen, ob der Teufelsdaumen tatsächlich im Löwenkopf an der Tür steckte. Letztendlich verdankte Aachen den Bau seines Domes dem Teufel. Dieser hatte den Aachenern Geld für den Bau dieser wunderbaren Kirche gegeben und als Gegenleistung die Seele des Lebewesens verlangt, welches als erstes die fertiggestellte Kirche betreten würde. Zum Schluss hatte er seinen linken Daumen verloren, der eben im Löwenkopf an der Bronzetür stecken geblieben war, als er sie voller Wut hinter sich zugeknallt hatte. Dass er wütend geworden war, konnte man sogar verstehen, da ihm die Aachener statt einer menschlichen eine tierische Seele, nämlich die eines Wolfs, untergejubelt hatten. Kein Wunder, dass er sich später an der Stadt rächen und sie zerstören wollte. Doch auch das sollte ihm nicht gelingen. Den Teufelsdaumen versuchen seitdem Kinder und Erwachsene aus dem Löwenkopf herauszuholen, denn als Preis dafür wurde viel Gold in Aussicht gestellt. Wer wollte da nicht mitmachen?

„Vielen Dank für Ihre Aufmerksamkeit. Ich wünsche Ihnen noch einen schönen Tag in Aachen."

Nina verabschiedete sich von der zweiten Gruppe an diesem Tag. Die Gäste klatschten dankend, und die Gruppe löste sich rasch auf. Jetzt schlenderte jeder auf eigene Faust durch die Altstadt.

Es war ein schöner sonniger Vormittag, doch hier an der Westseite des Aachener Doms war die Sonne noch nicht angekommen. Im Mittelalter wurden Kirchen entlang der West-Ost-Achse gebaut, und der Eingang war immer im Westen, damit der Mensch, nachdem er das Gotteshaus betreten hatte, stets Richtung Osten ging, wo sich der Altar befand. Nina dachte jetzt weniger an ihre Erlösung, als an Hunger, der ihren Magen rumoren ließ. Sie ging in die Bäckerei in der Kleinmarschierstraße, um eine Kleinigkeit zu essen. Sie kaufte ein Brötchen und einen Kaffee und setzte sich draußen an einen Tisch. Endlich war es warm genug, um draußen zu sitzen. Sie legte die Sonnenbrille ab und streckte die Beine aus – in einer halben Stunde begann ihre nächste Stadtführung, und am Nachmittag hatte sie noch eine. Vier an einem Tag waren eigentlich zu viel, fand sie.

Nina war seit sechs Jahren Stadtführerin, und zwar aus Überzeugung. Aachen hatte ihr von Anfang an gefallen, das heißt, seitdem sie Ende der achtziger Jahre zum Studium hierher gekommen war. Ihre Begeisterung für die Stadt hatte sich bis heute nicht verändert, vielleicht war sie sogar ein bisschen gewachsen. Denn jetzt wusste sie auch viel mehr über ihre Geschichte. Da das Mittelalter sie schon immer faszinierte, hatte sie in Aachen ein dankbares Objekt ihrer ganz privaten Interessen gefunden. Karl der Große, der Erbauer des Doms, war längst zur Bezugsperson für alles und alle hier geworden – das war ihr schnell klar geworden. Auch sie erlag seinem Zauber, ach was, seinem Charme!

Im Laufe der Zeit hatte sich ihre Zuneigung für Aachen in eine echte Liebe zu ihrer Wahlheimat verwandelt, und die war für Nina auch der entscheidende Impuls gewesen, einmal als Stadtführerin zu arbeiten.

Ihr Handy klingelte. Sie musste ihre Brille nicht aufsetzen und auf das Display schauen, um zu wissen, wer es war:

„Ja, Alex, was möchtest du? Mach's schnell, ich habe nicht viel Zeit."

Sie war ungeduldig. Sie hatten gestern sehr lange ein neues Online-Spiel ausprobiert und waren spät schlafen gegangen. Sie war nicht ausgeschlafen, und das machte sie immer leicht reizbar. Es spielte dabei keine Rolle, dass sie gestern besser gewesen war als er. Das war sie sowieso immer, wenn sie solche Spiele spielten, in denen es um schnelles logisches und analytisches Denken ging. Sie mochte dieses Nachgrübeln, dieses Auseinandernehmen von Situationen, diese Suche nach allen möglichen Lösungen und zum Schluss die Entscheidung, welche Lösung die einzig richtige war. Es war tausend Mal besser als all die Abenteuer, die man direkt erleben konnte. Warum durch die Sahara oder den Dschungel ziehen, wo gefährliche und unberechenbare, wilde Tiere auf Beutezug herumstreifen? Wozu sich allem Ungeziefer der Welt als Bissfläche hergeben? Die Abenteuer, die sie in den Spielen erlebte, reichten ihr aus, um ihr Bedürfnis nach Spannung und Action auszuleben.

Alex war selten besser als sie. Er gab einfach immer zu früh auf. Das passte eigentlich nicht zu einem Programmierer, der nicht nur in mühsamer Arbeit Programme schreiben, sondern immer wieder auch Fehler darin ausfindig machen musste, diese korrigieren, alles prüfen und häufig noch weitersuchen. Dafür benötigte er doch auch viel Geduld und Ausdauer. Sie hegte den Verdacht, dass er nur mitmachte, weil er sah, wie viel Freude ihr das gemeinsame Spielen zu machen schien. Wenn er nur wüsste …

Alex war ein echter Computerfreak. Die meiste Zeit verbrachte er an seinem Rechner, programmierte Softwareumgebungen für verschiedene Firmen – und spielte. Er spielte Computerspiele, um sich, wie er sagte, zu entspannen. Und sein wirkliches Element waren Ballerspiele. Er mochte eben, wenn es knallte und explodierte. Nina verstand es nicht: Wie konnte er sich bei solchen Spielen und dazu obendrein noch am Rechner entspannen, wenn er den ganzen Tag an demselben Rechner arbeitete? Er lächelte immer, wenn sie das sagte, und sie sah in seinen Augen einen Anflug von Überlegenheit: *Du verstehst das einfach nicht*, sagte sein Blick. Das machte sie wütend, und sie knallte dann die Tür seines Zimmers laut hinter sich zu, besonders laut aber, wenn sie mit ihm ins Kino gehen wollte und er versuchte, sich mit einem eiligen Auftrag herauszureden. Dabei wusste sie, sobald sie die Wohnung verlassen würde, würde er zu seinem Ballerspiel zurückkehren. Das hätte sie bei ihm nie vermutet, als sie ihn kennengelernt hatte. Damals, in der IT-Abteilung der Kunststiftung, bei der auch sie gearbeitet hatte, hatte er die erste Anstellung nach seinem Informatik-Studium bekommen. Als ihr Freund sie und das Land verlassen hatte und sie plötzlich ganz alleine geblieben war, hatte Alex ihr beigestanden. Sie hatte damals gedacht, er wäre ein echter Softie gewesen. Diese Ballerspiele passten überhaupt nicht in das Bild, das sie damals von ihm hatte.

Alex war ein ein Meter sechsundneunzig großer Riese von 34 Jahren, mit bereits graumeliertem Haar und hellen, leicht verträumten Augen. Und mit einer kleinen Macke: Er konnte oder mochte sich nicht für ihre Arbeit erwärmen, und die Geschichte sowohl im Allgemeinen als auch die von Aachen fand er absolut langweilig. Das machte sie traurig, aber bei allen anderen Qualitäten, die er hatte, war sie bereit, diese Macke in Kauf zu nehmen. Sie hoffte jedoch insgeheim, dass einmal ein Tag kommen würde, an dem er verstehen würde, wie spannend ihre Arbeit war.

Das Wichtigste für sie war jedoch, dass sie sich auf ihn verlassen konnte. Auch darauf, dass er ihr keine Vorwürfe machen würde, wenn sie sich mal wieder ihrer Selbstständigkeit bewusst werden musste. Es ging dabei gar nicht um andere Männer oder Frauen und die Eifersucht. Es ging darum, einander zu vertrauen, dass man immer füreinander da war, und doch ein Stück weniger konservativ lebte als viele Pärchen, die sie kannten. Und ganz anders als mit ihrem früheren Freund Christian. Dieses Gefühl war entscheidend für ihr Zusammensein. Eifersucht und Unehrlichkeit konnte Nina schlecht vertragen. Es wäre ein Angriff auf ihre innere Unabhängigkeit, ein Gefühl, welches sie über alles Andere stellte.

„Warum bist du so zickig? Ich wollte nur fragen, wann du nach Hause kommst. Für wann soll ich kochen?"

Alex und seine liebevolle Fürsorge. Nina atmete durch:

„Ach nein, die Gruppe war nicht so toll", log sie und bohrte ein kleines Loch ins Brötchen, das sie gerade aß. „Ich bin gegen fünf Uhr zurück. Ist das in Ordnung für dich?"

„Ja, ist gut. Bis später."

Hörbar verstimmt legte Alex auf, noch bevor sie ein *Ich drück dich* sagen konnte. Das sagte sie immer, egal wie sie drauf war. Sie stellte sich dann vor, wie sie ihn schnell und fest umarmte und dann davonlief, Alex als ihren sicheren Hafen im Hinterkopf. Heute waren anscheinend beide nicht in Stimmung. Die vielen Führungen an diesem Tag gingen ihr auf die Nerven, auch wenn sie diesen Job richtig mochte.

Alex' Verhalten fand sie mehrwürdig. War er etwa sauer? Aber warum? Er kannte doch ihre Stimmungsschwankungen und behauptete immer, sie seien vollkommen in Ordnung. Sie war nun mal sehr emotional, und die Schwankungen hatten nichts zu bedeuten. Von wegen in Ordnung. Er sollte nicht die beleidigte Leberwurst spielen, dachte sie verärgert. Sie war schon seit dem frühen Morgen auf den Beinen, während er bequem vor seinem Rechner zu Hause saß.

Langsam bohrte sich ein ganz neuer Gedanke in ihr Hirn: War er etwa verstimmt, weil sie seiner Arbeit nicht genug Aufmerksamkeit schenkte? Nicht doch, schnell verwarf sie diese Idee. Er hatte sich noch nie darüber beschwert. Was sollte spannend dabei sein, ein paar Zeilen einer Software zu schreiben? Ihre Nase kribbelte plötzlich, kein gutes Zeichen, aber sie wusste nicht, was es zu bedeuten hatte. Es gab weder ein Spiel noch einen Fall, den sie lösen musste. Was dann?

5_ KAPITEL

Pfarrer Jan öffnete das Fenster und machte es schnell wieder zu. Eine ganze Vogelschar sammelte sich im Garten der Pfarrei, mit Vorliebe auf dem alten Kirschbaum direkt vor seinem Fenster, und zwitscherte, was das Zeug hielt. Es war nicht auszuhalten, er schüttelte den Kopf. Wie jeden Tag machte er seine Morgengymnastik, eine dieser Angewohnheiten, die seine gleichaltrigen Freunde damals im Priesterseminar nicht verstanden hatten, und betete anschließend. Doch das Beten fiel ihm nicht leicht bei dem Duft frisch gebrühten Kaffees, der durch einen Türspalt in sein Schlafzimmer drang. Frau Matzke war bereits in der Küche und bereitete das Frühstück vor. Er betete auch für sie, auf dass sie immer gesund bleiben und ihm immer sein Frühstück vorbereiten würde. Lächelnd ging er in die Küche.

„Gelobt sei Jesus Christus … und Ihre Hände, Frau Matzke!", Pfarrer Jan lächelte. Denn er wusste, was jetzt kommen würde.

„Ach!", schrak sie auf. „Ähm, gelobt sei … also, Herr Pfarrer, mischen Sie meine Hände nicht mit den Sachen des Herrn. Es gehört sich nicht."

„Aber warum nicht? Der Herr hat Ihnen gesunde Hände gegeben, und nun können Sie mir immer ein Frühstück vorbereiten. Wenn Sie nicht gesund wären …"

„Um Gottes Willen!", Frau Matzke bekreuzigte sich. „Sagen Sie so was nicht! Das ist Gotteslästerung!"

Frau Matzke stellte den Kaffee auf den Tisch und seufzte.

„Ein junges Ding rief vor einer Stunde an. Sie wollte sich die Reliquien ansehen, noch vor der Heiligtumsfahrt. Sie sagte, sie sei Stadtführerin in Aachen. Sie würde heute Vormittag zu Ihnen kommen. Sie haben doch Zeit, oder? Nicht dass ich nachher dumm dastehe. Ich muss hier doch Ihre Amtswürde wahren." Sie sah den Pfarrer pflichtbewusst an, und trotzdem klang der letzte Satz beinahe wie eine Erpressung.

Pfarrer Jan war etwas irritiert – bald begann die Beichtstunde –, winkte den Gedanken aber beiseite. Er setzte sich an den Tisch und griff nach einem Brötchen. Ich danke Dir, o Herr, für das herrliche Frühstück, dachte er und versenkte seine Zähne in das mit Butter und Waldhonig geschmierte Brötchen. Das Leben in der Eifel hat auch seine guten Seiten, lächelte er in sich hinein. In München hatte es keinen solchen Honig gegeben.

Es klingelte an der Tür.

„Ist sie das schon?", seufzte Pfarrer Jan und schaute Frau Matzke an.

„Nein, das sind nur die Frau Möllen und Frau Schmitz. Sie wollten wissen, wann Sie mit den Vorbereitungen zur Heiligtumsfahrt anfangen werden. Sie wollen wie immer helfen, die Eifrigen, und sich jetzt schon den Platz im Himmel mit Blumenstecken ergattern." Frau Matzke verdrehte dabei die Augen, denn sie mochte diese beiden aufdringlichen Weiber nicht, trotzdem musste sie ihre Frage weitergeben. Mit ihren Pflichten nahm sie es sehr genau.

Pfarrer Jan hob die Augen zum Himmel:

„Sagen Sie ihnen, ich werde das alles noch morgen beim Gottesdienst ankündigen. Jetzt möchte ich in aller Ruhe frühstücken."

Frau Matzke ging in den Flur hinaus und lehnte die Küchentür hinter sich an. Sie wusste, dass er es nicht mochte, wenn die zwei neugierigen Weiber ihm ständig auf die Pelle rückten. Da war es mit seiner heiligen Geduld zu Ende. Sie öffnete die Tür, und die Beiden traten, ohne abzuwarten, ein. Sie stellten sich so hin, dass sie einen Blick in die Küche werfen konnten, da die Tür wieder aufging und einen Spalt frei ließ. So konnten sie einen Blick auf Pfarrer Jan am

Frühstückstisch erhaschen. Frau Möllen wollte direkt die Küche ansteuern, Frau Schmitz dicht hinter sich wissend, als Frau Matzke, nachdem sie die Tür geschlossen hatte, die beiden mit einem lauten Hüsteln in ihrer Bewegung einfrieren ließ. Frau Möllen gab auf und drehte sich zu Frau Matzke. Diese schaute sie einen langen Moment an und sagte mit leicht ironischem Unterton:

„Sie mögen sich bis Sonntag gedulden. Nach dem Gottesdienst wird Pfarrer Jan verkünden, was wann zu machen ist."

Dann ging sie zur Haustür und öffnete sie wieder, ein Zeichen, dass die zwei gehen sollten. Dabei stellte sie sich so an die Tür, dass nur ein schmaler Durchgang frei blieb. Frau Möllen hob stolz den Kopf und würdigte sie keines Blickes, während sie sich an ihr vorbeiquetschte.

„Einen schönen Tag noch" schickte die Haushälterin ihnen hinterher und konnte oder wollte ein breites Grinsen nicht mehr unterdrücken.

„Haste 's gesehn?", fragte Frau Möllen Frau Schmitz aufgeregt, als hinter ihnen die Tür laut ins Schloss fiel. „Unser Pfarrer ist heute nicht so ganz wach. Hast du gesehn, wie ihm die Hände gezittert haben? Er wird doch nicht trinken, oder?"

Frau Möllen, eine energische Frau um die Siebzig, suchte unaufhörlich nach Sensationen. Das ruhige Dorfleben war nicht ihr Ding, aber was sollte sie machen. Da hätte sie woandershin heiraten sollen. Und zwar schon vor siebenundvierzig Jahren. Jetzt war es zu spät für einen Neubeginn. Ihr Mann lag seit fünfzehn Jahren unter der Erde und einen neuen wollte und brauchte sie nicht. Auch die Kinder waren aus dem Haus und besuchten sie nur selten. Ach, die Jugend von heute, meinte sie, obwohl die Kinder auch nicht mehr ganz jung waren.

Sie hatte einen neuen Sinn in ihrem Leben gefunden: die Hilfe für den Pfarrer, egal wie er heißen oder sein mochte, und sie hatte hier schon einige Pfarrer erlebt. Die kamen und gingen, während sie blieb. Wo sollte sie auch hin, wo sie hier seit fast einem halben Jahrhundert lebte. Aber hin und wieder brauchte sie etwas Spannendes, das ihr Herz etwas schneller schlagen ließ. Doch wo sollte es denn herkommen? In Kornelimünster kannte sie die meisten Menschen seit Jahren, Jahrzehnten gar. Viele von ihnen waren genauso alt wie sie. Frau Möllen kannte deren Kinder und auch deren Kindeskinder. Sie war eine Art lebendige Ortschronik.

Den meisten Bewohnern diente Kornelimünster als Schlafplatz. In dem alten Ortskern sah man vor allem Touristen und ältere Ortsansässige an einem Glas Bier oder einer Tasse Kaffee sitzen. Die Zeit floss hier immer noch wie vor Jahrzehnten: gemächlich, ruhig. Viele wussten das sehr wohl zu schätzen. Auch die Jüngeren, obwohl die lieber auf den Hügeln um das kleine Zentrum herum wohnten, wo herausgeputzte Einfamilienhäuser standen, oder höchstens für vier bis sechs Familien, mit gepflegten Gärten davor. Alte Bausubstanz wurde liebevoll und unter viel Mühe renoviert und mit neuen Sanitärinstallationen und Leitungen ausgestattet. Nur vereinzelt brachen moderne Bauten die altertümliche Atmosphäre irritierend auf. Eine echte Wohnidylle für Gehetzte. Denn gearbeitet wurde woanders, in Aachen.

Und gerade all das war einfach zu ruhig für die alte und immer noch agile Dame: tagein, tagaus das Gleiche, dieselbe öde Routine. Sie sehnte sich so sehr nach neuen Erlebnissen. Und der neue Pfarrer war jung …

„Wer weiß? So wie der dreinblickt? Unheimlich. Vielleicht schaut er doch etwas zu tief ins Glas?"

Ihre Freundin, Frau Schmitz, mochte den Neuen nicht. Wegen seiner Augen. Man wusste ja nicht, wo man hingucken sollte, wenn der einen mit diesem direkt in die Seele eindringenden Blick anschaute. Und sie hätte nichts dagegen, wenn man ihn wieder woandershin versetzen würde.

Pfarrer Jan war ein schmächtiger Mann Ende vierzig mit einem fein geschnittenen Gesicht, schwarzem, dichtem Haar und dunklen, glühenden Augen. Das machte ihn viel jünger als er wirklich war – und sehr attraktiv. Soutane hin oder her, sahen sich häufig junge und auch weniger junge Frauen nach ihm um. Wenn sie aber in seinem Beichtstuhl knieten, waren sie froh, nicht in diese Augen sehen zu müssen. Sie wussten, sie würden ihm dann doch immer alles sagen. Mehr als sie beabsichtigten. Und das gefiel Frau Schmitz nicht, ganz und gar nicht. Sie wollte es vor sich selbst nicht eingestehen, dass auch sie von diesen Augen in den Bann gezogen wurde. Es schüttelte sie sogar bei diesem Gedanken. Sie hatte sich noch nie bei einem Mann so gefühlt, so unbeschreiblich schwach … in den Beinen, ja, das war es: in den Beinen! Doch ihre Beine wurden jetzt gar nicht schwach, dafür raste ihr Herz wie verrückt, sie beschleunigte den Schritt.

„Frau Schmitz, warte doch mal! Hilde, nicht so schnell! Ich kann nicht mehr." Frau Möllen war außer Atem. „Was ist denn in dich gefahren?"

„Ach nichts, ich finde ihn nur merkwürdig. Es bleibt nicht viel Zeit bis zur Heiligtumsfahrt, und er tut nichts dafür. Wir werden uns noch seinetwegen schämen müssen, das wirst du noch sehn. Nichts ist vorbereitet. Und da sitzt er und frühstückt in aller Ruhe."

„Lass ihn doch. Er wird schon wissen, was er tut. Ach, schau mal, siehst du die Kleine, die da an seine Tür klopft? Da bin ich aber gespannt, ob er sie auch so schnell abspeist."

Frau Möllen leckte sich die Lippen, wie ein Hund, der die Fährte eines Kaninchens aufgenommen hatte. Genauso lechzte sie nach einer Sensation. Vielleicht hatte der Pfarrer eine Geliebte? Es musste doch endlich etwas Spannendes passieren in diesem Kaff!

6_ KAPITEL

Nina stellte ihren Wagen, einen kleinen perlmuttweißen Fiat 500, auf dem großen Parkplatz vor der Propsteikirche in Kornelimünster ab und ging energischen Schrittes über den Platz. Sie blieb vor einer unauffälligen Tür stehen und schaute sich um. So hatte sie sich den Eingang zu einer Pfarrei nicht vorgestellt. Eigentlich achtete sie nicht auf solche Dinge, aber jetzt, als sie davor stand, kam ihr der Gedanke, dass eine Tür zum Pfarrhaus doch ruhig ein bisschen imposanter, würdiger aussehen könnte.

Sie suchte nach der Klingel, fand diese aber nicht auf Anhieb, also klopfte sie an.

„Guten Morgen", sagte sie zu Frau Matzke, nachdem diese langsam und sichtbar unwillig die Tür geöffnet hatte. „Darf ich zu Pfarrer Jan?"

„Oh, Sie kennen schon seinen Namen?"

Frau Matzke konnte sich den Blick von oben herab nicht verkneifen, der so typisch für Haushälterinnen war, wenn sich jemand einen Schritt zu weit in ihr Territorium hineinwagte.

Nina betrachtete die ältere, etwas dickliche Frau mit einem imposanten Busen und einem scharfen Blick verwundert. Ihre grauen Haare hatte sie altmodisch aufgesteckt, was ihr einen gediegenen Eindruck gab.

„Ich habe vorhin angerufen und habe einen Termin. Es geht um Reliquien", sagte Nina selbstbewusst und machte einen Schritt vor.

„Na, da kommen Sie doch herein. Pfarrer Jan wartet auf Sie." Frau Matzke ließ sie durch und schloss die Tür zu. „Folgen Sie mir", forderte sie Nina trocken auf.

Nina hob die Augenbrauen. Was war das denn für ein Zerberus in Frauengestalt?

Frau Matzke öffnete die Tür zum Büro des Pfarrers und zog sich zurück, nicht ohne einen letzten neugierigen Blick auf die junge Frau zu werfen.

Nina erblickte einen gut aussehenden Mann, der sich von seinem Schreibtisch erhob. Sollte das der Pfarrer sein? So jung? Und so attraktiv? Ehe sie sich mit ihren Zweifeln ausführlicher beschäftigen konnte, hörte sie sich selbst sagen:

„Guten Morgen, Herr Pfarrer."

Mit der Kirche verband sie seit Jahren nur ihre Arbeit, und auch das nur am Rande. Die Feinheiten des Umgangs mit Geistlichen waren ihr irgendwann abhanden gekommen, und sie vermisste sie bis heute nicht besonders. Und nun stand sie da, verunsichert, und hoffte, dass er ihr diese Anrede nicht übel nehmen würde.

„Gelobt sei Jesus Christus", entgegnete Pfarrer Jan und lächelte.

Durch seinen freundlichen Empfang ermutigt, sah sie ihn offen an. Der sieht aber wirklich nicht schlecht aus und ist auch nicht so alt, wie ich ihn mir vorgestellt hatte, dachte sie. Und diese Augen! Dunkelbraun, durchdringend, hellwach, beinahe zu neugierig für einen Priester. Sein Blick überraschte sie. Oho, aufgepasst: ein Verführertyp in einer Soutane, schmunzelte sie und schaute zur Decke, um es zu vertuschen. Aber er bemerkte ihr Lächeln und dachte, was er dabei stets zu denken pflegte: Alle Frauen sind wunderbar. Manche mehr als die anderen. Ich habe aber meine Wahl fürs Leben getroffen, und so wird es bleiben, er nickte dabei, als wollte er sich selbst der Richtigkeit dieser Wahl vergewissern. Denn in manchen Fällen schlich sich ein kleiner Zweifel in seine Überzeugung ein, ob seine Wahl wirklich die richtige war? Zum Beispiel, wenn ihn eine hübsche junge Frau mit neugierigen Augen ansah, wie gerade eben Nina.

Nina war eine große, schlanke Frau mit langem blondem Haar und intensivgrünen Augen. Ihre gewellte Mähne trug sie in einen Bauernzopf gezähmt und mit einem Gummiband gebunden. Ein chaotischer Pony über den regelmäßigen Augenbrauen verlieh ihrem Gesicht etwas von einem neugierigen kleinen Mädchen. Vielleicht waren es aber ihre Augen, die einen immer offen und freundlich anschauten. Dies wurde noch durch ihre Weitsichtigkeit verstärkt, die sie allerdings nicht als einen Nachteil zu betrachten schien, denn sie sah den Pfarrer ganz unverhohlen mit diesem für Weitsichtige typischen Gesichtsausdruck an, während sie gleichzeitig den Kopf leicht schräg legte.

Sie verstand sein Nicken als Aufforderung zum Sprechen und öffnete den Mund, doch im selben Moment begann Pfarrer Jan zu sprechen:

„Ich hörte, Sie möchten sich unsere wunderschönen Reliquien anschauen?"

Pfarrer Jan senkte dabei seinen Blick, und Nina griff schnell nach ihrer großen Tasche und legte sie sich vor die Füße. Das hatte sich bei ihr bereits zu einem Reflex entwickelt. Ihr größtes Problem lag nämlich dort unten, ein paar Zentimeter über dem Boden – ihre Fesseln befand sie als eindeutig zu dick. Das hatte ihr einmal ihre beste Freundin gesagt. Seitdem waren ihre Beziehungen etwas abgekühlt. Das hatte sie echt nicht verdient! Ihre Figur war perfekt, ohne dass sie etwas dafür hätte tun müssen. Nur diese Fesseln! Am liebsten trug sie aus diesem Grund Sportschuhe und darüber Stulpen, obwohl es im Sommer etwas aufgesetzt aussah. Diese Macke ließ sie auch nie ganz locker bleiben, und sie war ständig auf der Hut, bereit, ihre Fesseln fremdem Blick zu entziehen.

„Wunderschön?", entgegnete Nina überrascht. Ach ja, mag sein, dachte sie. Woher sollte sie das wissen? Sie hatte ihre eigene Vorstellung vom Aussehen dieser Reliquien. Vor allem, nachdem sie die in Aachen gesehen hatte. Mit Flecken übersäht, Tausendmal von schmutzigen Händen berührt, ausgefranst. Nein, schön waren die mit Sicherheit nicht.

„Ja. Aber Sie denken wohl, unsere heiligen Stoffe sehen so aus, wie die in Aachen, nicht wahr?"

Nina fühlte sich ertappt und errötete leicht. Sie kramte in ihrer Tasche, holte endlich ihre Brille hervor und setzte sie sich auf. Dann sah sie den Pfarrer noch einmal an. Das war ihr erprobtes Mittel, um die Verlegenheit zu kaschieren. Ihre Weitsichtigkeit irritierte sie nur manchmal, wenn sie jemanden lange anschaute, der nicht weit genug entfernt war. Das rief bei ihr immer Kopfschmerzen hervor.

„Was ist da anders dran? Die kommen doch alle aus Jerusalem. Karl der Große hat sie ja von dem Patriarchen alle auf einmal bekommen."

Sie mochte nicht, wenn jemand versuchte, sie zu testen oder ihr Wissen in Frage zu stellen. Dabei ließ sie sich fast immer provozieren. Wie auch diesmal, also redete sie weiter.

„Und dann schenkte sein Sohn und Nachfolger Ludwig der Fromme drei von diesen Reliquien – das Schürztuch, das Grabtuch und das Schweißtuch Christi – dem 814 gegründeten Kloster an der Inda, der späteren Kornelius-Abtei."

Pfarrer Jan ließ es unbeeindruckt bei einem beschwichtigenden „Ja, so war es" bewenden. Das Mädchen sollte ruhig auf dem Teppich bleiben.

„Und was versprechen Sie sich davon, jetzt diese heiligen Tücher zu sehen?"

Er zögerte das Gespräch hinaus. Sie machte ihn neugierig und dazu war sie hübsch. Und hübsche Frauen kamen selten in seine Sakristei.

Nina schaute sich indessen in seinem Büro um

Der Raum war mit schweren, dunklen, reich verzierten Möbeln stilgerecht eingerichtet – vielleicht belgischer Herkunft: ein Schreibtisch, eine Reihe Bücherregale und Bücherschränke, ein kleiner runder Tisch und drei Sessel um ihn herum. Es war nicht Pfarrer Jan, der die Möbel ausgesucht hatte, überlegte sie. Sie standen hier bestimmt schon seit Ewigkeiten.

„Ich bin Stadtführerin in Aachen und möchte die Reliquien gesehen haben, bevor ich über sie erzähle. Und jetzt vor der Heiligtumsfahrt vermehren sich Anfragen nach Führungen auch nach Kornelimünster", sagte sie in einem Atemzug und schaute Pfarrer Jan herausfordernd an.

„Da haben Sie ja eine interessante Arbeit – Touristen die schöne Stadt Aachen zu zeigen. Sie mögen Ihre Arbeit, nicht wahr?"

„Ja, selbstverständlich. Aber wie kommen Sie darauf?" Schon wieder eine von diesen überflüssigen Fragen, die sie immer nervten, aber sie musste sich beherrschen, wenn sie die Reliquien sehen wollte.

„Sie kommen extra aus Aachen hierher, um sich vor der Heiligtumsfahrt die heiligen Stoffe anzuschauen. Nur der Gäste, der Pilger wegen. Manchen Menschen reichen ein paar Fotos vollkommen aus. Sie wollen sie aber in Natur sehen". Pfarrer Jan wollte ihr auf den Zahn fühlen.

„Ja, das stimmt. Es interessiert mich aber auch alles, was Aachens Geschichte betrifft."

Und schon war Nina in ihrem Element, ihr Gesicht strahlte. Ihr Enthusiasmus riss immer ihre Zuhörer mit, und sie merkte, dass auch Pfarrer Jan sich mitreißen ließ.

„Dann lassen Sie uns in die Kirche gehen. Sonst würde ich das nicht einmal für Sie machen, denn die Reliquien werden normalerweise im Reliquienaltar aufbewahrt, doch jetzt kurz vor der Heiligtumsfahrt haben wir sie in eine Truhe verlegt. Kommen Sie! In einer halben Stunde muss ich im Beichtstuhl sein, viel Zeit haben wir also nicht."

„Oh, es tut mir leid. Daran habe ich nicht gedacht."

„Wie, gehen Sie etwa nicht zur Beichte?"

„Ähm …", Nina zupfte an der Tasche, die an der Armlehne hängen geblieben war.

Ertappt. Religiöse Rituale hatten für sie längst an Bedeutung verloren, obwohl sie in Polen aufgewachsen war, und dort nahm man es mit der Kirche etwas strenger. Ihre Familie gehörte jedoch nicht zu den pflichtbewussten und frommen Katholiken. Nina war zwar getauft worden und hatte die erste Kommunion erhalten, aber danach hatte sie selbst entscheiden dürfen, wie sie ihren Glauben lebte und wie sie der Religion gegenüber stand. Und jetzt fühlte sie sich plötzlich schuldig, den christlichen Pflichten nicht nachgekommen zu sein. Ob es an diesem durchdringenden Blick Pfarrer Jans dunkler Augen lag?

„Schon gut, lassen wir das." Pfarrer Jan bemerkte ihre Verlegenheit und setzte das Thema nicht fort.

„Nur noch eine Frage, Herr Pfarrer." Nina kramte aus ihrer Tasche eine schöne Canon heraus. „Darf ich die Reliquien fotografieren?"

„Nun, so einfach ist das nicht", antwortete Pfarrer Jan und überlegte, wie er ihr das erklären sollte, ohne alles sagen zu müssen.

„Die Umgebung des Aufbewahrungsortes soll nicht jedem zugänglich sein", begann er, „auch nicht in dieser Form. Es wird wohl besser sein, wenn Sie sie während der Heiligtumsfahrt fotografieren. Das dürfen Sie tun. Aber ohne Blitzlicht." Er hob dabei seinen Zeigefinger.

Nina seufzte, hängte sich die Canon dennoch um. Vielleicht würde sie doch noch irgendwo einen Schnappschuss machen können. So leicht wollte sie nicht aufgeben. Fotografieren war ihr Lieblingshobby. Ihre Ausstattung war zwar, wie sie sagte, semiprofessionell, dafür waren ihre Ergebnisse ganz passabel, vor allem in Detailfotografie.

Sie verließen das Pfarrhaus und gingen hinüber zum Eingang der Kirche an der Nordseite. Den zwei älteren Damen, die auf einer Bank auf dem Benediktusplatz saßen, entging das nicht. Als ob sie nur darauf gewartet hätten:

„Siehst du? Da haben wir sie." Frau Möllen zeigte mit dem Regenschirm, den sie immer bei sich trug, auf die beiden. „Mit ihr geht er sofort in die Kirche. Und wir müssen warten. Hast du das gesehen? Was hat die, was wir nicht haben?"

Ihre Frage blieb unbeantwortet über der Bank hängen, auf der die beiden Frauen saßen. Frau Schmitz' Blick folgte der Luftlinie, die am Ende des Regenschirms begann und bis vor die Kirchentür einen flachen Bogen spannte, und nickte mit dem Kopf.

„Mhm", sagte sie nur.

Dann schwiegen sie weiter, jede in ihre Gedanken vertieft.

„Was hat die, was wir nicht haben?", wiederholte Frau Möllen nach einer Ewigkeit und versank wieder in Gedanken.

7_ KAPITEL

Pfarrer Jan steckte den Schlüssel in das Schlüsselloch der schweren Eingangstür und wollte ihn gerade umdrehen, als er merkte, dass die Tür gar nicht abgeschlossen war. Er öffnete sie vorsichtig und schaute sich im Inneren der Kirche nervös um, doch alles schien in Ordnung zu sein. Nina folgte ihm, ohne seine Nervosität bemerkt zu haben.

„Oh, ich dachte schon …", Pfarrer Jan holte tief Luft.

„Was denn?", horchte sie auf.

„Die Tür war nicht verschlossen. Ich dachte schon, dass jemand hier eingebrochen wäre."

„Warum sollte jemand hier einbrechen? Was gibt es hier schon zu klauen? Etwa die alten Stoffe?", lachte Nina laut auf und verstummte plötzlich. „Ähm, `tschuldigung."

Sie schaute verschämt zum Boden, fing plötzlich an zu kichern und hörte nicht auf, bis ihr die Tränen kamen.

Pfarrer Jan wurde unruhig.

„Was haben Sie denn?", schlug er einen strengeren Ton ein.

„Entschuldigen Sie vielmals, aber haben Sie heute schon mal nach unten geschaut?"

Sie musste sich erst beruhigen, bevor sie es fragte. Dabei zeigte sie auf seine Füße, die immer noch in Wollsocken steckten. Er folgte ihrem Blick:

„Das ist meine, meine … morgendliche Peinigung", wich er ihr aus, wenn auch nicht überzeugend. Er konnte sich nicht erlauben, laut zu lachen, aber das Lachen zu unterdrücken war jetzt auch für ihn zu viel. Er kicherte leise und errötete.

Das ist ja ein toller Pfarrer, dachte Nina. Solche Pfarrer, die kichern können und in Wollsocken, aber ohne Schuhe herumlaufen, gibt es also auch. Das änderte natürlich ein bisschen ihre Vorstellung von der Kirche und deren Dienern. Am liebsten würde sie seine Füße in den dicken Wollsocken fotografieren, aber sie wusste, dass er es nie zulassen würde, also schob sie nur ihre Canon etwas höher auf die Schulter.

„So, so, morgendliche Peinigung. Ich wusste nicht, dass Geistliche immer noch Wert darauf legen würden", lächelte sie und zwinkerte ihm zu. Dann erschrak sie wegen ihrer Freimütigkeit und verstummte wieder.

Pfarrer Jan schien dies überhört zu haben, hüstelte nur kurz und ging vor. Sie stiegen die kleine Treppe neben dem Altar hinauf.

Oben in der alten Sakristei wurden die Reliquien in einem Tabernakel, in einem speziell dafür hergerichteten Reliquienaltar aufbewahrt. Erst kurz vor den Heiligtumsfahrten legte man sie in die alte Truhe. Am Tag vor dem großen Ereignis wurde die Truhe in den Kirchenraum gestellt, damit man die heiligen Stoffe während des feierlichen Gottesdienstes herausnehmen konnte, um sie in großen Vitrinen zu präsentieren. Anschließend – gelüftet, getrocknet und gepflegt – wurden sie wieder in den Tabernakel gelegt. In diesem Jahr stand ihnen noch eine kleine Restaurierungskur bevor, also brachte man sie bereits einige Zeit vor der Heiligtumsfahrt herunter. Pfarrer Jan irritierte diese zusätzliche Aufgabe. Er kannte sich noch nicht in allen diesen Prozeduren aus und wollte keinen Fehler machen. Aber es musste sein, die Stoffe waren schließlich zweitausend Jahre alt.

Die Reliquientruhe bestand aus Holzplatten, die mit eisernen Beschlägen und Klammern stabilisiert waren. Der Deckel war mit fünf großen Vorhängeschlössern versehen. Ninas Augen glänzten bei diesem Anblick. Im selben Moment wie Pfarrer Jan bemerkte sie, dass die Vorhängeschlösser fehlten. Die Truhe war unverschlossen!

Seine Hände zitterten vor Angst, als Pfarrer Jan den schweren Deckel hob und hineinschaute. Der Inhalt war durchwühlt, und die heiligen Stoffe waren weg. Ein Diebstahl, dazu noch in der Sakristei! In seiner Sakristei! Seine übliche Gelassenheit, auf die er immer so stolz war, wich einer panikartigen Aufregung. Auf so etwas wurden Priester in den Seminaren nicht vorbereitet.

„Die Reliquien sind weg! Sie sind weg! Wer macht denn so etwas?!"

Pfarrer Jan stand fassungslos da. Er wollte nach den Stoffen suchen, vielleicht in der Hoffnung, dass sie doch irgendwo hier liegen würden. Aber er wusste nicht, wo er anfangen sollte. Er schaute umher und schnell stellte er fest, dass auch ein paar Kirchensilber fehlten.

Auch Nina sah in die Truhe hinein, als ob sie hoffte, die Reliquien trotzdem dort zu finden. Sie seufzte und setzte sich auf die Treppe. Warum sollte jemand Reliquien stehlen, und warum gerade diese? Es gab in der Kirche viele andere wertvolle Gegenstände. Es waren doch nur Stoffe! Stoffe, die keinen Wert auf dem Markt darstellten, vor allem wenn man nicht wusste, wofür sie standen. Die Messgerätschaften waren aus Silber oder versilbert, das war etwas anderes. Aber auch die würde man nicht problemlos verkaufen können. Doch noch weniger die heiligen Stoffe, die Reliquien. Der Diebstahl ergab keinen Sinn, also musste etwas anderes dahinter stecken.

Pfarrer Jan hatte sich inzwischen etwas gefangen, kramte das Handy aus der Tasche seiner Soutane und rief die Polizei an:

„Bitte, kommen Sie schnell, es ist eingebrochen worden … In meine Sakristei, in Kornelimünster. Ja, Reliquien! Bitte! Ja, ach, ich bin Pfarrer Jan", er legte auf. „Beeilen Sie sich. Gleich beginnt die Messe", riet er noch in den Hörer hinein, obwohl er gerade selbst die Verbindung abgebrochen hatte. Eigentlich gab es samstags keine Messen, aber er war so durcheinander, dass er das Zeitgefühl komplett verlor.

Dann bemerkte er wieder Ninas Anwesenheit.

„Tja, es wird wohl nichts aus der Reliquienschau."

Seine Stimme klang stumpf. Er schaute sie an und hoffte, dass sie es verneinte und dass sie sagte, alles sei nur ein böser Traum. Aber sie schwieg weiter, versunken in Gedanken, während ihr Gehirn auf Hochtouren arbeitete. Sie witterte etwas Spannendes und nichts reizte sie mehr als spannende Geschichten. Wer diese Stoffe geklaut hatte, musste absolut keine Ahnung gehabt haben, was sie bedeuteten. Er wollte nur die Kirchensilber*, das war ihr schnell klar. Ihre Nase kribbelte genauso wie bei den Spielen mit Alex, und sie wusste, die Fährte war richtig. Nina nahm sie auf.

Die Polizeiwache war am Samstag geschlossen, so meldete sich zuerst die Einsatzleitstelle des Polizeipräsidiums in Aachen, die dann Leute von der Kriminalwache vor Ort schickte, bevor das Fachkommissariat für Einbrüche den Fall übernehmen würde.

„Reliquien, alles klar", grinste der Dienst habende Offizier über die Aufregung des Pfarrers. Das wird noch spannend, dachte er, während er den Hörer auflegte. Beim besten Willen konnte er sich dabei nichts Besonderes vorstellen. Diebstahl ist Diebstahl, Punkt.

8_ KAPITEL

Pfarrer Jan verließ die alte Sakristei und sah plötzlich all die Touristen, die gerade die Kirche besichtigten. Nein, er durfte nicht zulassen, dass der Diebstahl publik würde. Er sammelte sich und ging die Treppe hinunter. Dann trat er vor den Altar, kniete nieder, stand auf und drehte sich zu den Touristen um:

„Meine Damen und Herren, ich muss Sie leider bitten, die Kirche unverzüglich zu verlassen."

„Aber wir sind doch gerade…", wollte jemand protestieren, doch Pfarrer Jan legte die Hände zusammen wie zum Gebet und wiederholte seine Bitte:

„Es tut mir unendlich leid, aber da lässt sich nichts machen. Sie müssen jetzt die Kirche verlassen. Bitte kommen Sie später oder heute Nachmittag wieder. Es gibt schöne Cafés in Kornelimünster. Wenn Sie nun …"

„Aber warum?", unterbrach ihn wieder jemand.

„Meine Damen und Herren. Ich bitte um Ihr Verständnis. Die Kirche muss jetzt wirklich geschlossen werden. Es wird nicht lange dauern", beharrte Pfarrer Jan und führte einige der Besucher sanft Richtung Ausgang.

Die Touristen verließen unzufrieden murmelnd die Kirche. So mancher warf dem Pfarrer einen vorwurfsvollen Blick zu, aber alle fügten sich, und bald konnte er die Kirchentür schließen.

Nina saß immer noch auf der Treppe und beobachtete ihn. Alle Achtung, dachte sie, der kann sich schnell beherrschen, oder es war nur ein Akt der Verzweiflung, der ihn mobilisierte. Sie hatte verstanden, dass er den Diebstahl geheim halten wollte, so lange es möglich war. Es war schließlich unerhört, was da passiert war, und er fühlte sich sicher verantwortlich, ja mitschuldig an diesem Diebstahl.

Nach einer ewig dauernden halben Stunde erschien an der Kirchentür ein Mann in Zivil, der sich als Hauptkommissar Grötzig auswies. Nach ihm kamen noch ein paar andere Männer von der Spurensicherung, genauso wie er in ziviler Kleidung. Sie trugen Köfferchen mit nötigen Gerätschaften, fielen aber nicht weiter auf. Pfarrer Jan nahm es erleichtert auf, dass sie nicht in voller Montur vor der Kirche auftauchten. Er ließ die Polizeibeamten hinein und schloss hinter ihnen ab. Dann führte er sie hinauf in die alte Sakristei. Erst hier wurde er etwas ruhiger. Nicht für lange.

Hauptkommissar Grötzig war ein großer, schlanker Mann mit einem Ansatz von Bauch. Wahrscheinlich sprach er gerne dem einen oder anderen Glas Bier zu, dachte Nina naserümpfend. Sein blondes, leicht rötliches Haar und die blasse Haut machten ihn auf eine Art farblos. So stellte sich Nina einen Kommissar nicht vor. Er kam ihr aus unerklärlichen Gründen unsympathisch vor, also blieb sie schweigend im Hintergrund. Ihre Kamera steckte sie wieder ein.

Der Hauptkommissar machte Anstalten, sich auf die Truhe zu setzen. Empört stürzte Pfarrer Jan in seine Richtung, um ihn daran zu hindern, und griff nach seinem Ärmel.

„Halt, nicht hinsetzen! Wie können Sie …!"

Hauptkommissar Grötzig zuckte mehr erstaunt als erschrocken zusammen:

„Ich habe es nicht bemerkt. Was soll das eigentlich mit den Reliquien? Was wurde überhaupt gestohlen? Warum sollte hier jemand etwas stehlen?"

„Ja, das frage ich mich auch. Aber die Messgerätschaften und Reliquien sind nun mal weg. Wir brauchen sie zwar nicht dringend für den Gottesdienst, aber sie gehören der Kirche. Und selbstverständlich, oder noch wichtiger – die Reliquien, die muss ich wieder haben. Und zwar bis zur Heiligtumsfahrt. Punkt." Pfarrer Jan ballte die Fäuste.

„Wie viel Zeit haben wir denn überhaupt, bevor die ganze christliche Welt nach Kornelimünster kommt und davon erfährt?", fragte Hauptkommissar Grötzig, und Pfarrer Jan war sich nicht sicher, ob in der Stimme des Kommissars nicht ein leicht hämischer Unterton mitschwang.

„Nicht einmal zwei Wochen. Spätestens einen Tag früher müssten wir sie hier haben."

„Na toll, da haben wir mächtig viel Zeit. Selten so." Hauptkommissar Grötzig seufzte und verdrehte die Augen. „Alle wollen alles sofort wieder haben. Und die Diebe warten natürlich hinter der nächsten Hecke, um das gestohlene Gut schuldbewusst und demutsvoll zurückzugeben und halten ihre Hände hin, damit wir ihnen Handschellen anlegen können."

Hauptkommissar Grötzig schaute sich um und bemerkte schließlich Nina:

„Und wer sind Sie?", fragte er unvermittelt.

„Sie ist Stadtführerin, sie wollte die Reliquien sehen. Deswegen sind wir ja überhaupt hier raufgegangen und haben den Diebstahl entdeckt."

Pfarrer Jan wartete nicht ab, bis Nina sich vorstellte. Das alles dauerte ihm zu lange, er stellte sich vor, dass die Polizei sofort mit ihrer Arbeit beginnen würde, wenn er auch nicht wusste, wie die Suche aussehen und wo sie beginnen sollte.

„So, so, und sie kann nicht für sich selbst sprechen. Wie heißen Sie denn, Frau Stadtführerin?"

„Nina Voss", sagte Nina kurz und stand auf. Sein überheblicher Ton gefiel ihr nicht.

„Frau Voss, haben Sie vielleicht eine Idee, was das Ganze hier soll?"

„Sind Sie nicht der Polizist, der das herauskriegen sollte?", entgegnete sie forsch, worauf der Hauptkommissar nur lächelte. Scharfe Zunge, dachte er.

„Und Sie haben nichts gesehen oder gehört?"

„Moment mal, Herr Kommissar. Da fällt mir gerade was ein", fiel ihm Pfarrer Jan ins Wort. „Ich bin heute Nacht wach geworden, was mir eigentlich nie passiert. Es sei denn, mich weckt ein unbestimmtes Geräusch, muss auch nicht laut sein. Und so war es auch heute Nacht. Kurz vor vier bin ich wach geworden, weil ich einen Laut von draußen vernahm. Ich stand auf und ging ans Fenster, aber ich habe nichts gesehen. Gar nichts. Vielleicht war es aber der Dieb?"

Pfarrer Jan wurde nervös bei dem Gedanken, dass er vielleicht den Übeltäter hätte fassen können.

„Nicht ausgeschlossen", sagte Grötzig. „Da hätten wir zumindest die ungefähre Uhrzeit der Tat. Es ist nicht viel, aber für den Anfang immerhin etwas."

„Also", wandte er sich Nina zu. „Wenn Sie sich an etwas erinnern, etwas hören oder vielleicht eine Idee haben, wer das gewesen sein könnte, melden Sie sich bitte bei mir. Hier ist mein Kärtchen."

Grötzig drückte Nina seine Visitenkarte in die Hand. Eher schnappe ich ihn selber, als mit dir zusammenzuarbeiten, du aufgeblasener Affe, dachte Nina und steckte seine Karte in die Tasche, ohne sie beachtet zu haben.

Die Beamten von der Aachener Kripo erledigten indessen ihren Routinejob und stellten nichts Besonderes fest.

„Wie, nichts Besonderes?!" Pfarrer Jan hob die Stimme.

„Ja, wir werden versuchen, die gestohlenen Messgerätschaften zu finden. Wer weiß, vielleicht haben wir den oder die Einbrecher bald. So etwas ist leicht zu finden, meist über Hehler. Regen Sie sich nicht auf. Ist nicht gut für den Kreislauf", sagte Hauptkommissar Grötzig.

„Und die Stoffe?", fragte Pfarrer Jan.

„Welche Stoffe?", fragte Hauptkommissar Grötzig zurück.

„Na, unsere heiligen Stoffe! Das sind eben die Reliquien! Die

Leute kommen allein wegen dieser Stoffe hierher. Sie müssen sie finden, bevor die Heiligtumsfahrt beginnt."

Pfarrer Jan war plötzlich wieder ganz aufgelöst, seine Hände schwitzten. Wie oft würde er diese Sätze noch wiederholen müssen, bis jemand kapiert, was diese Stoffe für Kornelimünster bedeuten? Er hatte auf einmal den Eindruck, dass Grötzig nicht so viel Verständnis für die Sache aufbrachte, wie nötig war, um die Reliquien schnell zu finden.

„Wie gesagt, wir finden sie schon. Regen Sie sich nicht auf", wiederholte Grötzig und schob sich einen Kaugummi zwischen die Zähne. „Das beruhigt", er zeigte auf den Kaugummi und streckte seine Hand mit dem Kaugummipäckchen Pfarrer Jan entgegen, doch dieser machte eine abweisende Armbewegung. Der Hauptkommissar zuckte darauf die Achseln und zog eine Augenbraue hoch.

„Na dann, einen schönen Tag noch. Und beruhigen Sie sich. Wir machen das schon", sagte er mit einem Anflug von Mitleid in der Stimme und verließ die Kirche.

Der Pfarrer wollte sich aber nicht beruhigen. Er schaute Nina an, die sich wieder auf die Treppe setzte.

„Und was denken Sie?", fragte er rein formell, ohne wirklich eine Antwort zu erwarten. Sein Blick fiel auf das Kaugummipäckchen, das der Hauptkommissar auf der Truhe hatte liegen lassen.

„Mal schauen, vielleicht wirkt's", überlegte er kurz, packte einen Streifen aus, schob ihn sich in den Mund und versank in Gedanken. Welch eine Schande! Seine erste Heiligtumsfahrt, und die Reliquien sind weg! Er zerzauste sein Haar, kratzte sich unkontrolliert am Ohr, dann am Kinn und sank in sich zusammen. Nina beobachtete ihn mit wachsender Heiterkeit.

„Der Dieb wollte gar nicht die Reliquien stehlen."

Ihre Stimme riss den Pfarrer aus den Gedanken.

„Was sagten Sie?"

Er drehte sich plötzlich zu ihr um, und sie prustete.

„Was?", fragte er irritiert.

„Ach nichts. Ich sagte, der Dieb wollte gar nicht die Reliquien stehlen", wiederholte sie ruhig. „Er wollte nur die Silber. Die Reliquien waren für ihn vielleicht ein willkommener Zufall. In den Stoffen konnte er die Silber transportieren und keinem würde das auffallen. Wer weiß schon, wie die Reliquien aussehen?", sie lächelte dabei etwas traurig. „Letztendlich weiß ich es auch nicht so genau. Und vielleicht werde ich es nie erfahren."

„Ach, hören Sie auf! Wir müssen sie finden. Der Hauptkommissar scheint die Wichtigkeit der Sache gar nicht zu begreifen, also müssen wir es tun."

„Wir? Wir, das heißt Sie und ich sollen nach den Reliquien suchen?" Sie wollte die Bestätigung hören, dass der verzweifelte Pfarrer sie automatisch in seine Suche einbezogen hatte. Jetzt begann das wirkliche Abenteuer.

9_ KAPITEL

Sie verließen die Kirche, gingen ein paar Schritte, und setzten sich auf eine Bank. Sie schwiegen eine Weile. Alles kam so schnell und unerwartet. Nina versuchte die Tausend Gedanken, die ihr durch den Kopf rasten, zu sortieren, und ebenso war Pfarrer Jan mit seinen Überlegungen beschäftigt. Wie sollte er so schnell die Reliquien finden? Wo sollte er nach ihnen suchen? Sollte er den Diebstahl dem Bischof direkt melden oder lieber zuerst abwarten?

Nina dachte an den Hauptkommissar Grötzig und war sich sicher, dass sie ihm nicht helfen wollte. Die Polizei hatte ja keine Ahnung, worum es hier ging. Sie würde diesen Dieb ganz alleine finden. Na gut, vielleicht gemeinsam mit dem Pfarrer, dachte sie und nickte mit dem Kopf.

Frau Schmitz schüttelte missbilligend den Kopf, ohne den Pfarrer zu grüßen, als sie an der Bank, auf der sie saßen, vorbeiging. Das war nicht ihr gewohnter Weg, aber sie wollte unbedingt in die Nähe der beiden kommen, in der Hoffnung, mitbekommen zu können, was da gelaufen war und was sie noch nicht mitgekriegt hatte. Wie kann der Pfarrer mit einer jungen Frau einfach so auf einer Bank sitzen? In aller Öffentlichkeit! Das gehörte sich einfach nicht, dachte sie.

Ein Stück weiter, auf dem Platz, traf sie wie zufällig Frau Möllen. Es war nicht sonderlich überraschend, da Frau Möllen die meiste Zeit an ihrem Beobachtungspunkt im Café ‚Krone' auf dem Benediktusplatz direkt neben dem Korneliusmarkt im Herzen von Kornelimünster verbrachte. Hierher kamen Touristen, hier kreuzten sich viele Wege der Bewohner. Auch alle Feste fanden hier statt. Hier geschah immer etwas. Es war der beste Ort, um die Neugier von Frau Möllen zu befriedigen.

„Hast du die beiden gesehen?", wandte sich Frau Schmitz an Frau Möllen, worauf diese die Augen und Ohren weit aufsperrte, um nichts zu verpassen. Doch Frau Schmitz schüttelte nur den Kopf. Ihre Freundin wurde ungeduldig:

„Wen denn? Pfarrer Jan? Mit wem? Was ist passiert?"

„Noch nichts, aber … wer weiß, wer weiß." Frau Schmitz schaute Frau Möllen vielsagend an. „Jedenfalls, gefallen tut mir das nicht."

„Aber was genau?" Frau Möllen schwankte nach links und rechts und wusste nicht, in welche Richtung sie schauen sollte.

„Na ja, der Pfarrer und das Mädchen. Das kann nicht gut gehen, schau doch mal." Sie zeigte mit dem Kopf auf die Kirche, als ob sie durch die Kirchengebäude hindurch sehen konnten, wo die beiden saßen.

„Wo? Hilde, sag doch, was los ist!"

Doch Frau Schmitz schüttelte nur den Kopf. Frau Möllen bezahlte ihren Kaffee und beide Frauen gingen auseinander. Von Ninas Gespräch mit dem Pfarrer bekamen sie nichts mit. Eines war ihnen jedoch klar: Irgendetwas braute sich da zusammen. Nur was?

10_ KAPITEL

„Alex! Hör zu! Es ist etwas absolut Spannendes passiert!"

Nina platzte mit voller Wucht in die Wohnung und rannte in Alex` Arbeitszimmer.

„Nina, beruhige dich. Was ist passiert? Hast du dein Stadtführer-Schild verloren?"

„Du bist so fies!"

Sie runzelte die Nase und warf ihre Tasche auf seinen Schreibtisch.

„Nina! Was soll das? Ich muss arbeiten. Schmeiß mir den Schreibtisch nicht mit deinem Zeuch voll!"

„Man sagt Zeug, und nicht Zeuch", nutzte sie automatisch die Gelegenheit, ihn zu korrigieren. Sie achtete darauf, korrekt zu sprechen. Vielleicht war sie, was die Aussprache und Wortwahl anging, päpstlicher als der Papst, aber das Verhunzen der Sprache war ihr schon immer ein Gräuel. Und ein Zeichen dafür, dass einer keine Achtung vor sich selbst und vor der Umgebung hatte.

„Ach, ja? Dann nimm dein Zeug runter vom Tisch und lass mich arbeiten. Ich habe eine Terminsache zu erledigen."

„Nein, zuerst hörst du mir zu!"

Sie setzte sich auf den Schreibtisch direkt vor seine Nase und schob mit einem Fuß den Drehstuhl zurück, auf dem er saß.

„Stell dir vor, dass etwas Besonderes gestohlen wurde. Etwas, was einen Teil der Geschichte von Aachen ausmacht."

Ihre grünen Augen funkelten wunderbar, während sie es sagte, und ihre Wangen brannten. Am liebsten hätte Alex sie jetzt geküsst, aber er wusste, was dann kommen würde: Du nimmst mich überhaupt nicht ernst, nie hörst du mir zu, ich bin dir wohl egal, du bist ein Ungeheuer, ich hasse dich und Ähnliches. Und dabei waren es die zwei magischen Wörter, bei denen er immer aufhörte, ihr zuzuhören: Geschichte und Aachen.

Er musste sich sehr beherrschen, um nicht zu zeigen, was in seinem Kopf wirklich vorging.

„Und, was sagst du?", bohrte sie. „Was denkst du, was sind das für Dinge, die geklaut wurden?"

„Der Karlsthron? Der Barbarossaleuchter?" Er versuchte auf seine Art, Interesse zu zeigen, nett zu sein und dadurch das Gewitter zu verscheuchen, das sich auf ihrer Stirn bereits zusammenzubrauen begann.

„Du, du, du Geschichtsbanause! Es sind Reliquien! Heilige Stoffe! Sie sind aus der Kirche in Kornelimünster geklaut worden. Ist das nicht toll? Ich meine, ist das nicht furchtbar?!"

„Sehr furchtbar furchtbar sogar", gab er eifrig zu.

Sie setzte ihre Brille auf, schaute Alex aus direkter Nähe ins Gesicht und sagte ganz langsam:

„Alex, hör auf, mich zu veräppeln! Das hier ist ernst und zwar sehr. Bald ist die Heiligtumsfahrt, und die Leute wollen die Reliquien sehen, nur deswegen kommen sie nach Kornelimünster. Und ich werde diese Reliquien finden", beendete sie ihre Geschichte voller Überzeugung, dass sie es schaffen würde – und sprang von seinem Schreibtisch hinunter.

„Nina, verzeih mir bitte, aber geht es dir gut? Wie willst du das anstellen? Und überhaupt, lass uns etwas essen, ich habe schon was vorgekocht. Erzähl mir, aber ruhig und am besten der Reihe nach, was da eigentlich passiert ist."

Alex ging in die Küche und Nina tapste hinter ihm her. Sie war ihm sehr dankbar, dass er an das Mittagessen dachte und immer etwas kochte, während sie unterwegs war. Außerdem kochte er wirklich gut, und das war auch einer der Gründe, warum sie ihn liebte. Wie es so schön heißt: Liebe geht durch den Magen. Und ihr Magen war groß und gierig, wenn man es ihr auch nicht ansehen konnte.

„Also hör zu …"

Nina erzählte und ließ nichts von der Geschichte aus. Na ja, vielleicht nur das mit den Wollsocken von Pfarrer Jan. Und mit seinen schönen Augen. Das hätte Alex sicher irgendwann ausgenutzt. Sie kannte ihn zu gut, um zu hoffen, dass er solche Geschichten kommentarlos stehen lassen würde.

„Ich verstehe die Menschen nicht. Wie können sie alte Stoffe anbeten?! Hallo? Es sind doch nur Stoffe! Wie sehen die denn überhaupt aus?"

Alex klang plötzlich ehrlich interessiert. Und diese Ehrlichkeit ließ sie ruhig sitzen bleiben und nicht gleich wieder aufspringen. Sonst witterte sie immer eine Falle, wenn er über ihre Arbeit nicht spottete.

„Ach, eigentlich überhaupt nicht spektakulär. Sie sind alt, ein bisschen ramponiert, getränkt mit Konservierungsmitteln. Aber eben heilig. Zumindest für manche Menschen. Für mich nicht, aber ich verstehe ihre Bedeutung – im Gegensatz zu dir", setzte Nina nach und schob sich einen vollen Suppenlöffel in den Mund. „Schmeckt die gut! Was ist in der Suppe alles drin?", fragte sie, und Alex wusste, dass sie das nicht im Geringsten interessierte. Genauso wenig wie ihn Aachen und dessen Geschichte. Vielleicht deswegen hatte er den Teil mit den Kirchensilbern überhört. Ein Fehler.

11_ KAPITEL

Erwin kämpfte sich fluchend durch den Regen und war froh, als er endlich die Wohnungstür erreichte. Leise stellte er seine Beute in der Flurecke ab und ging auf Zehenspitzen ins Bad. Er trocknete sich die Haare ab, zog sich um und kroch zu Elke ins warme Bett. Sie drehte sich zu ihm, und Erwin erstarrte, doch sie schmatzte nur zweimal und dann wurde es still.

Es war schon etwas spät geworden, als Elke am Morgen aus dem Bett sprang. Sie küsste Erwin leicht auf die Stirn und ging in die Küche, um Kaffee aufzusetzen. Im Flur sah sie im Vorbeigehen einen bunten, schmutzigen Sack.

„Erwin, was hast du wieder angeschleppt?!"

Erwin erschrak. Er stand langsam auf, ging in den Flur und überlegte unterwegs krampfhaft, wie er ihr die Geschichte erzählen sollte. Sie kam aus der Küche und schaute ihn fragend an. Er hockte im Flur und löste gerade den Knoten an dem Bündel auf. Auf den Fußboden fielen krachend Silberkelche und Kerzenständer.

„Tsss, Elke, sei still."

Erwin schaute sich um, als ob ihn jemand außer seiner Freundin beobachten könnte.

„Du machst doch Krach, nicht ich. Was hast du da wieder an-geschleppt?", wiederholte sie.

Sie war einiges von ihrem Freund gewohnt. Aber so ein Brimborium hatte er bisher noch nie gemacht.

„Dat is wat, Frau. Guck mal. Ich habe hier ein paar Dinger jefunden."

Erwin versuchte Elke für seine Beute zu begeistern und zeigte auf die Kirchensilber. „Das werden wir verkloppen und uns 'ne schöne Zeit machen. Was sagste?"

Elke blickte auf die silbernen Leuchter und andere Kirchengerätschaften herunter, dann auf Erwin, schüttelte den Kopf und seufzte.

„Aber zuerst gibste mir 'nen dicken Schmatz. Ich bin voll fertisch."

Er zog die Lippen zu einem Kuss zusammen und schloss die Augen. Elke bückte sich zu ihm und küsste ihn flüchtig auf die Stirn:

„Ich weiß nicht, ob du dir einen Kuss verdient hast." Sie zeigte sich immer noch reserviert, da sie Erwin nur zu gut kannte. Ganz sauber war die Sache nicht, da war sie sich sicher, doch ihre Neugier war bereits geweckt.

„Was soll das sein? Und wo hast du es gefunden?"

„Siehste dat nich? Dat ist Kirchenzeuch. Ich hab's auf dem Müll bei der Kirche jefunden. Hab mich auch jewundert, warum die dat wegschmeißen, aber wat soll et. Ich werde et denen nicht zurückbringen, dat is klar. Und wenn die dat nich haben wollen, nehm ich dat, wa?"

Elke schaute ihn so eindringlich an, dass Erwin zu schwitzen begann.

„Wat?", fragte er und seine Freude schien verflogen.

„So, so", entgegnete sie kalt und sachlich. „Und wo und wie willst du das verkloppen? Du meinst, die Leute sind so blöd, dass sie Kirchensilber kaufen und es gar nicht merken? Die melden das sofort der Polizei, und bald stehen die Herren bei uns auf der Matte. Das ist so sicher wie das Amen in der Kirche. Mann, du wirst wohl nie vernünftig!"

Elke sah die Beute noch immer mit skeptischem Blick an.

„Und was ist das hier?", fragte Elke entsetzt bei Anblick der schmutzigen Stoffe und wollte die Antwort eigentlich gar nicht hören.

„Die Lappen? Ach, die waren auch da und da hab ich sie genommen und dat janze Zeuch darin einjewickelt. Die sinn janz hübsch, aber ein bisschen kapott, findest du nich?"

„Ein bisschen kaputt?! Die sind dreckig und stinken nach Chemie bis zum Himmel. Was soll das überhaupt sein? Wir müssen jetzt sowieso ein paar Monate warten, bis Gras über die Sache gewachsen ist. Bring das alles in den Keller."

Elke rümpfte die Nase und wollte in die Küche zurückgehen.

„In´nen Keller?", empörte sich Erwin. „Du weiß garnischt, wat dat is! Guck. Die Stoffe sehen doch garnischt so schlimm aus. Die andere Seite ist schön bunt."

Sein letzter Versuch gefror unter Elkes strengem Blick. Erwin sammelte die Kerzenständer, Messkelche und einige kleine Gefäße, die während des Gottesdienstes verwendet werden, vom Fußboden auf und steckte sie in eine Tüte.

„Und ich hab' die Sachen in die Stoffe einjewickelt. Als ich ausjerutscht bin, ist mir dat Zeuch direkt inne Pfütze jefallen. Hat doch jeregnet wie Sau. Haste dat nitt mitjekriegt?"

Auf einmal blieb Elke stehen und sah ihn scharf an:

„Erwin! Ist das alles, was du mir zu sagen hast?", fragte sie. Sie hatte ein ungutes Gefühl bekommen. Ein sehr ungutes.

„Waromm fragste?"

„Weil du Dialekt sprichst."

„Hä?"

„Immer wenn du Dialekt sprichst, bekommen wir Probleme."

„Ach, wat sagste, Mädche? Unfug sagste da."

„Erwin, hör damit auf. Auf Dauer ist das nicht auszuhalten."

„Is jutt, ich meine – ist gut."

Erwin duckte sich und hoffte, sie würde keine Fragen mehr stellen und ihn so misstrauisch mustern.

„Nun gut", seufzte Elke und strich Erwin über das Haar, während er auf dem Fußboden kniete und die Stoffe zusammenlegte.

„Ich mache uns Kaffee, damit wir frühstücken können, und du – mach, dass die Sachen verschwinden. Ich will sie hier nicht mehr sehen", rief sie noch über die Schulter und schon war sie in der Küche. Der Kaffee lief gerade durch. Sie wollte schnell frühstücken und danach noch ein paar Kleider bei ebay einstellen.

Elke kaufte und verkaufte alles Mögliche bei ebay. Das machte ihr Spaß, und sie konnte dabei gut dazuverdienen. Sie war schlau und mittlerweile so erfahren, dass sie die Auktionen ein bisschen beeinflussen konnte. Sie kaufte immer irgendwo Sachen günstig ein und versteigerte sie mit einem kleinen Gewinn. Erwin verstand nichts davon und ärgerte sich immer, wenn sie noch spät in der Nacht vor dem Bildschirm hockte. Doch manchmal musste sie eben bis zum Ende an der Auktion teilnehmen, wenn diese etwas bringen sollte.

„Ja, ist gut", rief ihr Erwin noch zu und packte die Stoffe in eine große Plastiktasche. Eigentlich wollte er sie zuerst wegwerfen. Sie waren aber auf ihre Art schön, wenn auch ramponiert. Es waren jeweils zwei Schichten Stoff: ein heller, der sehr alt aussah, war auf einen roten aufgenäht. Einer der hellen war nicht mehr viereckig, als hätte man ein Stück willkürlich herausgeschnitten, ein anderer hatte wiederum eine schöne Bordüre. Irgendwelche Muster und Buchstaben, aber Erwin konnte sie nicht lesen. Dieser Stoff gefiel ihm am meisten, aber so richtig wusste er damit nichts anzufangen. Er sah sie noch einmal genauer an. Sie waren wirklich nur schmutzig. Und diesen Dreck könnte man ja doch wegmachen.

„Mal gucken, vielleicht verkloppe ich sie selber. Du wirst noch sehen", murmelte Erwin vor sich hin und stellte sich schon vor, wie er die Beute zu dickem Geld machte. Sein Mannerstolz füllte ihm die Brust bis zum Bersten, so dass er sich fast nicht mehr bücken konnte. „Du wirst noch sehen", wiederholte er.

Die Kirchensilber brachte er in den Keller und die Plastiktasche stellte er an die Tür. Morgen oder übermorgen würde er sie mitnehmen und sich in der Szene umhören, wer sich für so etwas interessieren könnte. Und Kirchensilber würde er, wie abgesprochen, bei Frank abliefern. Hoffentlich hatte der schon das Geld von dem Mann bekommen.

Erwin war ein kleiner Ganove, aber im Grunde kein schlechter Mensch. Er konnte nur nicht regelmäßiger Arbeit nachgehen. Systematisches Arbeiten lag ihm einfach nicht. Das Regelmäßige an sich fand er schon unmenschlich, egal was es war. Und regelmäßige Arbeit war ihm geradezu ein Gräuel.

„Jeden Tach um sechs aufstehen? Wer hält dat aus?! Dat ist nur jut für Langeweiler." Und Erwin hatte allerlei vor, behauptete er. Auch wenn er dieses Allerlei spontan nicht hätte aufzählen können.

Erwin arbeitete nicht, und Elke verdiente nicht genug für beide, also ergänzte er ihr gemeinsames Budget mit kleinen Extras, wie er sie nannte. Er sprach weniger von Geldregen als von Geldnieselregen, nämlich spontanen Aktionen. Sein Aufenthalt im Knast hatte ihm nicht gut getan. Größere Sachen waren nicht sein Ding. Die überließ er anderen. Er gab sich schon mit kleinen Diebstählen zufrieden. Außerdem zog er seine Sachen lieber alleine durch, seitdem ihn sein Kumpel verpfiffen hatte. Er wollte sich nicht an ihm rächen, so einer war er nicht, aber die Freundschaft war damit beendet, und gemeinsame Sachen, egal mit wem, machte er nicht mehr. Bis auf diesen kleinen Auftrag, den ihm zwar Frank vermittelte, den er jedoch alleine durchführte. Seit er Elke kennengelernt hatte, war er sowieso ruhiger geworden, ging nicht mehr so oft auf Beutezüge, die Abende verbrachte er auch häufiger zu Hause. Mit fünfundfünfzig war er auch nicht mehr der Jüngste. Sein schütteres Haar verriet sein Alter mehr als seine hellblauen Augen, die immer lächelten. Das verlieh ihm einen jugendlichen Charme, und viele Frauen interessierten sich für ihn. Trotzdem, nachdem seine erste Frau ihn vor fast zwanzig Jahren verlassen hatte, war er alleine geblieben. Bis vor zwei Jahren.

Als er vor zwei Jahren in seiner Stammkneipe Elke erblickte, war er sofort hin und weg gewesen. Ihr fröhliches Wesen, gepaart mit pragmatischer Lebenseinstellung und einem frechen Mundwerk, faszinierte ihn, obwohl er das vielleicht mehr fühlte als erklären konnte. Zum ersten Mal seit Jahren wollte er wirklich, aber auch wirklich wieder mit einer Frau zusammen sein. Elke hatte gerade dort zu kellnern begonnen – ein kleiner Nebenjob als Ergänzung zu der Halbzeitstelle in einem Second-Hand-Laden –, also sahen sie sich oft. Und vor ein paar Monaten waren sie schließlich zusammengezogen. Er mochte Elke sehr, vielleicht liebte er sie auch, aber er hatte Angst, diesem Gefühl einen Namen zu geben. Er sagte, ein Mann zeigt, was er für eine Frau empfindet, und redet kein müdes Zeug. Elke lächelte dann, strich ihm die Haarsträhne von der Stirn und küsste ihn auf die Wange. Und Erwin schmunzelte zufrieden und war der glücklichste Mann auf der ganzen Welt.

12_ KAPITEL

„Nein, nicht! Lass mich in Ruh'!"

Nina schwitzte und keuchte, sie wälzte sich im Bett nach allen Seiten. Dann hielt sie wieder den Atem an. Plötzlich wachte sie auf und atmete tief ein. Sie schaute sich erschrocken um, doch die Umgebung beruhigte sie. Alex schlief ruhig neben ihr.

Sie hatte wieder diesen fürchterlichen Traum, der sie wohl ihr ganzes Leben lang begleiten würde. Es reichte nicht, dass sie das alles hatte durchmachen müssen, nein. Die Fortsetzung fand jetzt im Schlaf, im Traum statt. Sie weinte, ihre Gesichtsmuskeln zogen sich zusammen. Vor Schmerz wachte sie auf.

„Warum lässt du mich nicht los?", schluchzte sie in die Dunkelheit und kuschelte sich an Alex. Er umarmte sie im Schlaf.

Christian, ihre erste echte Beziehung, war schon längst aus ihrem Leben verschwunden. Obwohl – nicht ganz. Sie schloss die Augen und sah ihn wieder: Wie er vor ihr steht, mit glänzenden Augen und seinem schön geschnittenen Mund, aus dem die Sätze leise und ruhig herauskommen und in ihre Ohren hineinfließen, obwohl sie sie sich zuhält. Sie will nicht hören, dass Christian wegmuss. Nur für einen Monat, sagt er, dann kommt er zurück, und es wird alles wieder wie früher, nur schöner. Sie ist sein kleines Mädchen, sagt er. Sie mag es nicht, wenn er das sagt, aber sie protestiert nicht, weil sie ihn nicht verlieren will. Während Christian seinen Koffer packt, steht sie in der Schlafzimmertür und weint. Er umarmt sie und küsst sie kurz auf den Mund. „Ich komme in einem Monat zurück", sagt er noch einmal. Und weg ist er. Für immer.

Sie hatte nie erfahren, was mit Christian passiert und warum er nicht zu ihr zurückgekehrt war. Irgendwann hatte sie das auch nicht mehr wissen wollen. Von ihrer Beziehung war nur die Überzeugung übrig geblieben, dass sie sich hatte furchtbar täuschen lassen, und dass ihr das nie wieder passieren würde. Nie wieder.

Jetzt wollte sie nicht mehr daran denken. Sie küsste Alex' Arm, den er um ihre Schulter gelegt hatte, und langsam tauchte sie wieder in den Schlaf ein.

13_ KAPITEL

Pfarrer Jan lief in seinem Bürozimmer auf und ab. Hin und wieder blieb er stehen und klopfte nervös auf den Tisch. Er klopfte immer zweimal, als ob er mit einem geheimen Zeichen Hilfe herbeirufen wollte. Doch niemand kam, nichts geschah. Und der nächste Tag lief ihm davon, ohne dass er etwas mehr über den Verbleib der Reliquien erfuhr. Der Bischof aus Aachen äußerte bereits seine Verwunderung darüber, dass Kornelimünster dieses Jahr sehr zögerlich mit Vorbereitungen zur Heiligtumsfahrt begann. Ha, wenn er nur wüsste. Nein, besser nicht. Mit einem Taschentuch wischte sich Pfarrer Jan den Schweiß von der Stirn. Wurde es hier auf einmal wärmer oder bin ich alt geworden, überlegte er. Und überhaupt: Was will der Bischof eigentlich? Der sitzt nur da in Aachen und guckt, dass seine Reliquien mal wieder richtig schön ausgestellt werden, dass alles geprüft und untersucht wird. Um unsere Reliquien kümmert er sich nicht. Wozu auch? Aber ich schaffe es schon, zügelte sich Pfarrer Jan in seiner Aufregung.

Kurz hielt er inne und setzte sich an den Schreibtisch. Er hatte einmal einen Krimi gelesen, in dem ein Detektiv viele Informationen im Internet gefunden hatte. Das könnte er ja auch mal ausprobieren. Er wusste zwar nicht wie, aber er würde es einfach mal versuchen. Er rieb sich die Hände, zog die Ärmel etwas höher und – kratzte sich am Kopf.

Wenn ich nur fluchen könnte, würde ich es jetzt tun, dachte er, klappte seinen Laptop auf und drückte auf den Startknopf. Er hasste Computer. Immer wieder vergaß er, was in welcher Reihenfolge gemacht werden sollte, damit man Mails aufrufen oder irgendwelche Daten herunterladen konnte. Der Internetanschluss in der Pfarrei war obendrein sehr langsam, fand er, ohne so richtig Ahnung zu haben, was langsam und was schnell bedeutete. Das aber verunsicherte ihn noch mehr. Manchmal klopfte er verzweifelt auf diverse Tasten und führte so den Absturz des Systems herbei. Am liebsten hätte er dann den Laptop gegen die Wand geschleudert, im letzten Augenblick hatte er sich jedoch immer besonnen und daran erinnert, dass es seines Amtes unwürdig wäre.

Auch heute hatte er keine Geduld für dieses elektronische Gedöns, er musste es aber versuchen. „Sch…" kam zischend zwischen seinen Lippen, als das Fenster mit der Passwortaufforderung erschien. Schon wieder hatte er es vergessen. Er kramte in der oberen Schublade nach einem kleinen Heftchen, in dem er entgegen allen Empfehlungen, alle Passwörter sauber notiert hatte. Er blätterte kurz darin und leckte dabei den Finger.

„Na bitte", rief er aus und tippte das richtige Passwort ein.

Er seufzte, als der Desktop mit dem schönen Hintergrundbild auf dem Bildschirm erschien: Golgatha. Wie passend, schoss ihm durch den Kopf. Nachdem er den Internetbrowser aufgerufen hatte, überlegte er, wo er mit der Suche anfangen sollte. Schnell stieß er an seine Grenzen. Das war auch nicht schwer, wenn man so gar keine Ahnung von den Dingen hatte. Die Suchprogramme waren ihm wohl bekannt, zumindest vom Namen her, aber was sollte er da eingeben? Warum war er nicht fünfzig Jahre früher auf die Welt gekommen? Er wäre damals nicht von solchen Sachen wie Computer, Internet und Ähnlichem geplagt gewesen. In Gedanken vertieft griff er nach einer Tasse Tee, die ihm Frau Matzke vorhin auf den Schreibtisch gestellt hatte. Auf dem Weg zu seinem Mund blieb die Tasse jedoch an der Laptopkante hängen und der ganze Inhalt ergoss sich auf die Tastatur. Der Lindenblütentee duftete wohltuend – normalerweise. Jetzt bekam Pfarrer Jan nichts davon mit. Wie von einer Tarantel gestochen sprang er auf, griff jedoch geistesgegenwärtig nach dem Laptop und kippte ihn um, so dass der Tee in einem dünnen Strahl aus dem Computer herausfloss. Furchterfüllt sah er auf den Bildschirm. Dieser flackerte leicht, während der Computer merkwürdige Geräusche von sich gab, und dann wurde es dunkel. Zumindest auf dem Bildschirm.

„Aaah!", rief Pfarrer Jan so laut, dass Frau Matzke sofort zur Stelle war.

„Was? Was ist? Ein Überfall?", rief sie in einem Atemzug.

Pfarrer Jan zeigte wortlos auf den Rechner, was Frau Matzke nun wirklich nicht verstehen konnte, also blieb sie mitten im Büro stehen und sah ihn mit aufgerissenen Augen an.

„Er ist wohl hin." Pfarrer Jan zeigte noch einmal auf den Laptop.

„Wie haben Sie das hingekriegt?", fragte Frau Matzke.

„Wieso ich? Sie haben mir die Tasse hierhin gestellt."

„Und?"

„Und jetzt ist der Tee im Computer drin."

„Wieso tun Sie so was?" Frau Matzke grinste verstohlen. Sie hatte die Situation schnell erfasst.

„Ach, lassen Sie mich doch in Ruhe. Das ist ja des Teufels!", brummte er. „Ach!", winkte er noch ab, als er das vor soviel Blasphemie erblasste Gesicht von Frau Matzke sah.

„Ich kann das nicht. Computer sind nichts für mich!"

„Aber Sie sind doch so jung. Sie müssten doch …"

„Ich müsste gar nichts", beendete er abrupt das Gespräch und ließ sich in den Stuhl fallen. „Lassen Sie mich alleine, Frau Matzke. Ich bitte Sie."

Frau Matzke verließ vorerst das Büro des Pfarrers, hatte aber nicht vor, ihn seinen Gedanken zu überlassen. Da hatte er sich geschnitten, murmelte sie, als die Bürotür ins Schloss fiel. Sie würde jetzt, wie schon einige Male davor und sicher auch noch in der Zukunft, den Sohn ihres Neffen anrufen, der sich damit auskannte. Er würde kommen und den Laptop wieder in Ordnung bringen. Der

Kleine war wirklich ein schlauer Junge, dachte Frau Matzke, ein richtig helles Köpfchen.

Trotzdem machte sie sich Sorgen um Pfarrer Jan. Immer mehr. Sie hatte natürlich von dem furchtbaren Verlust der Reliquien erfahren und tat sich ungemein schwer, diese Sache geheim zu halten, aber sie wusste auch: Wenn sie es verraten würde, würde sie sich von der Anstellung bei Pfarrer Jan verabschieden müssen. Und das wollte sie um nichts in der Welt. Sie wollte gebraucht werden und dass ihr Leben Sinn hatte. Die Führung des Haushalts in der Pfarrei ersetzte ihr die Arbeit in ihrem eigenen, den sie als allein stehende Frau so gut wie nicht mehr hatte. Ihre Aufgaben mochte sie und sie wusste auch, dass sie sie gut machte. Pfarrer Jans Drohung, gestern ganz ohne Umschweife ausgesprochen (dabei blickte er sie furchtbar kalt und unbeugsam an), zeigte ihre Wirkung. Sie bekam es richtig mit der Angst zu tun und hörte sogar kurz auf zu atmen. Als sie blass wurde, griff Pfarrer Jan nach ihrer Hand:

„Frau Matzke, was ist denn mit Ihnen los?"

„Was ist? Oh!" Sie kam schnell wieder zu sich. „Herr Pfarrer, Sie verzeihen mir bitte, das alles ist so furchtbar. Unsere Reliquien! Oje, oje!"

„Nun lamentieren Sie nicht so! Sonst erfahren es alle Spatzen in Kornelimünster, und dann haben wir noch ein Problem mehr. Jetzt müssen wir schauen, dass wir die Reliquien so schnell wie möglich wieder finden."

„Wie? Wollen Sie sie selbst suchen? Und die Polizei?!" Frau Matzke nahm die Witterung auf. Irgendetwas lief hier, was sie noch nicht wusste. Das musste sie natürlich sofort erfahren.

„Herr Pfarrer, sagen Sie es mir. Was wollen Sie tun? Kann ich helfen? Ich möchte helfen. Bitte!", flehte sie ihn nun hemmungslos an.

„Frau Matzke. Beruhigen Sie sich, bitte. Sonst schicke ich Sie in den Zwangsurlaub."

Frau Matzke sprang auf und stellte sich in Kampfposition: Sie verschränkte die Arme über ihren üppigen Brüsten und stellte die Beine auseinander. Ihre scharf dreinblickenden Augen schienen Blitze abzufeuern. Sie schob ihren Unterkiefer etwas nach vorne. Wie eine Walküre, dachte Pfarrer Jan mit einem Anflug von Begeisterung.

„Päh, das werden Sie nicht tun."

„Und warum nicht?"

„Und wer bringt Ihnen frische Brötchen und brüht Ihnen den Kaffee?"

Pfarrer Jan kratzte sich am Kinn und lächelte:

„Da haben Sie wiederum recht. Ohne ein anständiges Frühstück kann ich nicht arbeiten. Aber von der Sache halten Sie sich fern. Das müssen Sie mir versprechen." Plötzlich wurde er wieder ernst.

„Pfarrer Jan, das ist Nötigung."

„Was sagen Sie da?"

„Nun regen Sie sich nicht auf. Sie zwingen mich, Sachen zu machen, die ich nicht machen kann."

Frau Matzke sah in ihrer Verzweiflung sehr überzeugend aus.

„Welche denn?"

„Ich kann doch nicht zuschauen und nichts machen. Ich muss einfach etwas tun. So bin ich, Pfarrer Jan, deswegen bin ich ja auch hier."

„Dann lassen Sie uns mal einen Pakt schließen. Ich werde Ihnen sagen, wie und wann Sie mir helfen sollen, und dann, aber nur dann werden Sie es auch tun. Abgemacht?"

„Und was soll ich machen? Und wann?"

Frau Matzke blieb am Ball. Man weiß ja nie, wann der richtige Zeitpunkt kommt, da will man vorbereitet sein, dachte sie nicht zu unrecht.

„Nicht jetzt", Pfarrer Jan verdrehte die Augen so sehr, dass sie wie die eines Toten aussahen. Frau Matzkes Kampfhaltung verflüchtigte sich momentan, sie bekreuzigte sich und eilte in die Küche zurück. Es war Zeit, Mittagessen vorzubereiten. Das war Frau Matzke.

Pfarrer Jan saß nun in seinem Büro, resigniert und völlig überfordert, vor ihm auf dem Tisch der im Tee ertränkte Laptop. Nur gut, dass er seinen Tee ohne Zucker trank. Frau Matzke hatte Mitleid mit ihm, das sah er ihr an, Mitleid. Furchtbar! Und sie würde wieder diesen Bengel um Hilfe bitten, der so jung und so schlau war. Aber er konnte ihm bei diesen Computerkatastrophen immer helfen. Pfarrer Jan wusste, dass er sich wieder mal nicht hatte beherrschen können. Und er wusste auch, Frau Matzke würde über seinen ganz und gar unchristlichen Ausbruch bis zu ihrem Tode schweigen.

Frau Matzke war eine gute, ehrliche und resolute Frau. Ihr Mann war vor mehr als dreißig Jahren gestorben – da war sie noch eine junge Mutter mit zwei kleinen Söhnen gewesen. Und die Jungs waren mittlerweile längst aus dem Haus. Seitdem lebte sie alleine. Die Rente ihres Mannes war nicht besonders hoch, aber Frau Matzke hatte mit dem wenigen Geld so gut zu wirtschaften gewusst, dass es ihr zum bescheidenen Leben ausgereicht hatte. Nur zu Hause herumsitzen, das hätte sie weder gekonnt noch gemocht.

Irgendwann war die alte Haushälterin des Vorgängers von Pfarrer Jan gestorben. Frau Matzke hatte dann gefragt, ob sie diese Stelle bekommen könnte. Pfarrer Peter hatte diese fromme und tüchtige Frau seit Jahren gekannt und sie gerne eingestellt. Und dann, nach Pfarrer Peters Tod hatte Pfarrer Jan sie übernommen. Mit dem ganzen Mobiliar, sozusagen. Die Pfarrer kommen und gehen, und ich bleibe, sagte sie sich und, skeptisch wie sie war, beschloss sie erst einmal, den Neuen zu beobachten, ihm auf den Zahn zu fühlen, bevor sie ihm ihr volles Vertrauen schenkte. Und Vertrauen war ihr sehr wichtig. Nur so konnte sie ihre Arbeit gut machen. Und – was

Pfarrer Jan nicht wusste – nur so würde er seine frischen Brötchen bekommen. Auch er musste sich bewähren. Glücklicherweise hatte Pfarrer Jan seine Prüfung, wenn auch ohne darum zu wissen, bestanden, und die Welt war für Frau Matzke wieder in Ordnung.

„Ja, Junge, komm heute noch vorbei. Der Pfarrer ist nicht gut drauf und ich glaube, er braucht den Computer dringender als sonst", sprach sie und lächelte in sich hinein.

„Gut, Tante, kein Problem. Wann?"

„Ich mache dir auch wieder ein paar Reibekuchen."

„Bin sofort bei dir", rief er aus und legte auf. Dieses Argument hatte immer funktioniert. Der Junge konnte Unmengen von Reibekuchen seiner Großtante verschlingen. Sie wunderte sich schon, wo er sie hineinstopfte, dünn wie er war.

Fünfzehn Minuten später klopfte Karlchen, ja, so nannte sie ihn, an der Tür. Frau Matzke öffnete sie und führte ihn ins Büro des Pfarrers, der sich bereits hinausgeschlichen hatte und auf dem Weg in die Kirche war.

„Alles klar, du kannst mit dem Reibekuchenmachen beginnen", sagte Karlchen und setzte sich an den Schreibtisch. Frau Matzke ging in die Küche, wo sie bereits die Kartoffeln geschält und gerieben hatte.

Eine halbe Stunde später saß Karlchen am großen Tisch in der Küche und schob sich den siebten Reibekuchen in den Mund.

„Tante, ich liebe unseren Pfarrer."

„Was?", drehte sie sich abrupt vom Herd um.

„O ja. Das tue ich."

„Was erzählst du da?"

„Ich hoffe, er kommt nie auf die Idee, einen Computerkurs zu machen. Wenn er nur etwas Ahnung von Computern hätte, würde ich nie an diese wunderbaren knusprigen Reibeküchlein kommen", schmatzte Karlchen laut.

„Ach du ..." Sie machte eine ausladende Handbewegung mit dem Geschirrtuch „Bin ich wirklich so schlimm? Du kriegst bei mir doch immer, was du willst."

„Aber ich will mehr." Karlchen zeigte auf den leer geputzten Teller. Frau Matzke lachte auf und legte eine neue Portion Reibekuchen darauf.

14_ KAPITEL

Erwin verließ die Wohnung am frühen Morgen, noch bevor Elke aufgestanden war. Das passierte nicht oft, da er ja der Meinung war, um sechs stehen nur Langweiler auf. Und sich zählte er selbstverständlich nicht dazu. Einmal, da hatte er bei diesem Spruch gerade noch die Kurve gekriegt, als er sich vor Elke darüber ausgelassen hatte und die wegen seiner lockeren Zunge schon sauer werden wollte. Außerdem stand sie erst um sieben auf. Da hatte er eben noch Glück gehabt.

Heute aber war es anders. Heute musste er früh raus. Er wollte sie nicht schon wieder mit den blöden Stoffen ärgern. Und warten, bis sie zur Arbeit ging, wollte er auch nicht. Also stand er auf und zog sich leise fluchend an. Er verließ auf Zehenspitzen die Wohnung und schloss die Tür vorsichtig hinter sich zu.

Erwin wollte zuerst ein paar Kumpels besuchen und ihnen die Dinger zeigen. Diejenigen, die für einen Hehler alte Sachen klauten, würden ihm vielleicht sagen können, wo er anfangen sollte, ohne Aufsehen zu erregen und ohne sich zu blamieren. Denn das wollte er auf keinen Fall.

Der erste, den er besuchte, hieß Jupp und war ein Freund, den er seit Jahrzehnten kannte. Er schien Erwin am vernünftigsten, und Erfahrung in solchen Sachen hatte der Jupp auch.

Jupp wohnte in Rothe Erde, am Rande der Schrebergartenkolonie. In einer alten –, ja, wie sollte man seine Wohnung beschreiben? Ein Schuppen war das, mehr nicht. Aber er hatte da alles, was er zum Leben brauchte. Und da er nicht viel benötigte, reichte ein einziger Raum für alles aus.

Jupp kochte gerade Kaffee, als Erwin bei ihm anklopfte und, ohne seine Reaktion abzuwarten, die Wohnung betrat:

„Mojn Jupp. Und? Wie is et? Alles in Butter?"

Erwin konnte die Überraschung in Jupps Gesicht sehen und auch, dass er sich schnell fing. Jupp hatte an einem so frühen Morgen nicht mit einem Besuch gerechnet. Er rechnete eigentlich nie mit Besuchen. Er meinte, sein Salon reiche nicht für viele Gäste, also gehe er mit ihnen lieber in die Kneipe an der Ecke, anstatt zu Hause herumzuhocken.

Er kam auf Erwin zu und sah ihn an:

„Jau", entgegnete er dann, wie immer kurz angebunden. Sein Jau bedeutete alles, die gesamte Antwort auf alle diese Begrüßungsfloskeln, die ihn sowieso nervten. Er zeigte Erwin einen Schemel, goss Kaffee in zwei Tassen, die starke Abnutzungsspuren zeigten, und setzte sich selbst in einen Schaukelstuhl. Erst dann reichte er Erwin eine Tasse.

Dieser nahm einen Schluck von dem Kaffee und holte schnell Luft. Der Kaffee war mehr als stark. Dann stellte er die Tasse ab und kramte aus seiner Einkaufstüte die Stoffe heraus:

„Jupp, guck, wat ich da habe. Wat meinste, kann ich dat verkloppen? Meinste, jemand interessiert sich für so alte Lappen?"

Jupp schaute sich kritisch die Reliquien an. Er hob die Augenbrauen, dann schnäuzte er sich herzlich und putzte sich die Nase mit einem Taschentuch, das beinahe so groß war wie ein halbes Bettlaken. Feierlich steckte er dieses anschließend in seine Hosentasche und sagte:

„Ne, ne, ne. Wat soll dat sein? Die sehen irgendswie aus, als ob die früher schöner jewesen wären, aber jetzt? Also, ich weiset nich. Die sind ja alt, ich meine richtig alt, kapott. Wat willste damit machen? Doch nich verkoofen?" Jupp lachte bei dieser Vorstellung auf, und sein Lachen erinnerte an ein Krächzen. Die Zigaretten hatten ihren Dienst getan. Seit vierzig Jahren schon rauchte er, und das nicht gerade wenig. Vom billigen Korn und dem vielen Bier mal abgesehen. Er hustete noch den Rest von dem Schleim heraus, der seine Atemwege belegte, und spuckte ihn in ein Stück schmutziges Papier aus. Bloß nicht auf den Boden, da hatte er seine Prinzipien. Er warf es in eine Art Mülleimer, wischte sich Tränen aus den Augen und schaute sich die Stoffe noch einmal an.

„Nee. Also, wenn die wirklich wat wert sein sollen, dann höre ich augenblicklich auf, zu klauen. Echt. Da kenn ich mich nicht mehr aus, in nix, und geb' auf. Ne!"

Er schüttelte den Kopf und gab Erwin die Stoffe angewidert zurück.

„Eh, mach nich so ein Jesicht. Ist doch kein Scheiß, nur alte Stoffe."

„Ja, aber die stinken jewaltig."

Und du nicht?, dachte Erwin, behielt es aber für sich. Letztendlich war das Urteil seines Kumpels alles andere als ermutigend. Er nahm einen mächtigen Schluck Kaffee und japste unmerklich.

„Da hatte Elke doch recht. So 'n Mist", murmelte er dann mehr in die Tasse hinein als zu Jupp. „Danke trotzdem, alter Knabe." Erwin packte seine Stoffe wieder ein und stand auf.

„Wie? Haste sie noch Elke jezeigt? Biste von Sinnen?"

„Ja, die hat die jesehen. Und?"

Der Protest in Erwins Stimme war schwach.

„Eh, Alter, du wirst weich. Du darfst doch so was deinem Mädchen nich zeijen. Wer weiß, wat sie damit macht?"

„Wat? Du meinst, sie wird mich verpfeifen? Sie doch nich."

„Nö, nö, nö! Sie doch nich!", äffte Jupp Erwins Stimme nach.

„Jupp, lass es jut sein. Ich bin schon sauer jenuch, dass sie sie jesehen hat und nich weiß, was ich mit machen soll. Irgendswie find ich et schade, die einfach wegzuwerfen."

„Ja, ja, Erwin, is klar. Du wirst alt und weich wie die Weiber. Aber glaub mir, dat is nix, wonach du weinen solltest."

„Eh, die müssen aber mal schön jewesen sein, sieh doch hin."

Erwin versuchte noch, mit einer Rechtfertigung seine Ganoven-ehre zu retten.

„Ja, jewesen. Und dat is der Punkt."

Jupp winkte ab und schaute Erwin streng an.

Erwin verstand.

„Na jut, ich bin dann wech. Bis die Tage, Jupp." Erwin ging aus der Tür.

„Nix für unjut, Erwin. Et wird schon."

„Jau", knurrte Erwin, drehte sich aber nicht mehr um, hob nur den Arm zum Abschied.

15_ KAPITEL

Die Wohnung, die Erwin mit Elke bewohnte, lag an der oberen Trierer Straße, bevor sie abschüssig in Richtung Kornelimünster weiter verlief. Sie wohnten schon fast in Kornelimünster, wie Erwin gerne sagte, um seine Wohngegend ein bisschen aufzuwerten.

Er ging nicht direkt nach Hause. Er lief und lief vor sich hin, den Kopf gesenkt. Seine Freude am möglichen Gewinn war beträchtlich gedämpft. Er wollte Elke jetzt nicht begegnen und ihr recht geben müssen. Er ging an seinem Haus vorbei, ohne es zu bemerken, weiter nach Kornelimünster. Fast im Ort angekommen, wurde er jäh aus seinen Gedanken in die Wirklichkeit zurückgeholt:

„Eh, pass op, du Lümmel!", hörte er die Stimme eines alten Mannes, der ihm gerade ausweichen wollte, es aber nicht konnte. Erwin hob den Blick und sah einen Trödelsammler vor sich. Der Weg war breit genug für mehr als zwei Personen, jedoch nicht, wenn eine von ihnen einen großen und breiten Karren hinter sich herzog. Der Mann sah so alt und bunt aus wie der Inhalt seines Karrens. Und auf dem Karren türmten sich allerlei Sachen, die mit einer Schnur, zu einem komplizierten Netz gesponnen, zusammengehalten waren. Töpfe, Kartons, Stoffe, alles war dabei.

„Wat?" entgegnete Erwin und wollte dem Mann ausweichen. Dieser jedoch baute sich vor ihm auf und hatte nicht vor, ihn einfach gehen zu lassen:

„Wat meinste? Weil du keine Lumpen sammelst, biste schon en feiner Kerl? Eh, guck mal einer an: en vornehmer Herr!" Der Trödelsammler verbeugte sich vor Erwin und lachte höhnisch. „Na, wat guckste mich so an?"

Erwin starrte tatsächlich den Trödelsammler an, ohne sich dessen bewusst zu sein. Plötzlich hellte sich sein Gesicht auf:

„Wenn Se en Trödelsammler sin und Lumpen sammeln, dann kaufen Se mir doch die alten Dinger hier ab? Ich will da nit viel für. Gucken Se, die sin schön, aber leider och alt und en bisschen kapott."

„Na, dat will ich doch hoffen. Für alte Stoffe geb ich nit viel. Zeich mal her."

Der Trödelsammler blieb bei seinem formlosen Du. Er breitete die Stoffe nacheinander aus und schaute sie ganz aufmerksam an. Sie kamen ihm irgendwie bekannt vor, aber er konnte sich nicht erinnern, woher. Egal, winkte er in Gedanken ab.

„Wat soll dat denn sein? Du bist en unverschämter Penner. Aber ich geb dir fünf Euro dafür. Ich bin ja kein Dieb. So, und jetzt lass mich endlich vorbei."

Der Mann kramte aus seinem Brustbeutel ein paar Münzen heraus, zählte sie ab und wollte sie gerade Erwin reichen, als er einen Hustenanfall bekam. Erwin hatte so etwas noch nie gehört. Nicht einmal bei Jupp. Der Alte krümmte sich und ein Speichelfaden rann ihm aus dem Mund. Erwin erstarrte vor Ekel und überlegte schon, ob er das Geld überhaupt annehmen sollte. Aber Geld war Geld. Zögernd nahm er die Münzen aus der ausgestreckten Hand, wischte sie zuerst ab und erst dann steckte sie in die Tasche. Der Mann hustete immer noch, während sich Erwin rückwärts entfernte. Als hätte er Angst, dass der Mann ihm die ganze Ladung des Speichels entgegenschleuderte, sobald er sich umdrehen würde.

Erst einige Schritte weiter drehte sich Erwin um und stellte erstaunt fest, dass er zu weit gelaufen war. Nun beschleunigte er, um so schnell wie möglich dem Ort zu entfliehen, wo er den alten hustenden Mann getroffen hatte. Er wollte nur noch nach Hause zurück.

Der Trödelsammler brauchte etwas Zeit, um sich nach dem Hustenanfall zu beruhigen. Danach wischte er sich die Augen und den Mund und sah sich um. Leider stand keine Bank in der Nähe, auf der er sich hätte ausruhen können, also packte er die Stoffe auf den Karren, befestigte sie unter der Schnur und griff nach dem Lenker. Langsam setzte er sich mit seinem Karren in Bewegung und bog in einen Waldweg ein.

16_ KAPITEL

„Hilde!", rief Frau Möllen hysterisch. „Mach auf, ich muss dir was erzählen. Es ist dringend!"

Sie klopfte und klingelte Sturm, und so entging ihr ein lautes Schlurfen der Hauslatschen hinter der Tür.

Endlich öffnete Frau Schmitz die Tür und ließ sich von der aufgeregten Freundin beinahe überrennen, die in die Wohnung platzte und direkt das Wohnzimmer ansteuerte. Dort ließ sie sich in den überdimensionalen Ohrensessel fallen, holte ein Taschentuch heraus und wischte sich die Stirn.

„Du glaubst es nicht. Du glaubst es einfach nicht! Hör zu. Ich bin fest davon überzeugt, dass ich unsere Reliquien gesehen habe."

„Na und? Haben wir beide sie nicht schon mehrere Male gesehen?", antwortete seelenruhig Frau Schmitz.

„Ja, deswegen kennen wir sie wie die Windeln unserer Kinder, ähm, das heißt, na gut, sagen wir mal, wie unsere Kleider."

Sie vergaß in der ganzen Aufregung, dass ihre Freundin keine Kinder hatte. Ihre Freundin war auch nicht verheiratet gewesen. Die Bezeichnung „alte Jungfer" wäre jedoch in ihrem Fall grob beleidigend. Frau Schmitz legte einen besonderen Wert darauf, immer standesgemäß aufzutreten. Sie stammte nämlich aus einer angesehenen und vermögenden Familie aus der Südeifel. Sie hatte sich mit ihrem Bruder und dessen Familie nicht vertragen und war in jungen Jahren nach Kornelimünster gezogen, wo sie bald Arbeit auf dem Postamt gefunden hatte. Das war sehr mutig gewesen, sie musste also sehr verzweifelt gewesen sein, als sie damals diese

Entscheidung getroffen hatte. Darüber sprach sie nie, nicht einmal mit ihrer besten Freundin, Frau Möllen.

Kurz darauf hatte sie ein hübsches Vermögen geerbt, und gerade dieses wurde ihr zum Verhängnis. Jeden Ehekandidaten hatte sie misstrauisch beäugt und stets angenommen, dass er nicht ihretwegen, sondern wegen ihres Geldes um ihre Hand angehalten hätte. Die Jahre vergingen, und sie fand niemanden, dem sie genug hätte vertrauen können, um ihn zu heiraten. Ihre Freundin war die einzige Person, die immer zu ihr stand, egal, was man in Kornelimünster über sie erzählte. Und Menschen konnten sehr grausam sein, vor allem die Männer, die sie abserviert hatte. Dafür liebte Frau Schmitz die Kinder von Frau Möllen und kümmerte sich um sie, wenn ihre Freundin etwas in der Stadt erledigen musste. Auch die Kinder mochten diese Dame, die immer elegant daher kam und trotzdem gerne mit ihnen auch die verrücktesten Spiele spielte.

„Ja, und?"

Frau Schmitz verstand die Aufregung ihrer Freundin nicht.

„Dann würdest du sie sofort wieder erkennen, auch wenn sie nicht in der Kirche hängen würden, sondern sie jemand auf der Straße ausbreiten würde, ja?"

„Ach, Martha. Mach es nicht so spannend."

Frau Möllen erzählte Frau Schmitz alles, was sie gesehen hatte. Mit allen kleinsten Details, wie es ihre Art war.

„Was sagst du da?!" Frau Schmitz fuhr hoch. „Das ist doch Bla... Bla... ähm ..."

„Ja, Hilde, das ist Blasphemie", sagte Frau Möllen mit Nachdruck. „Deswegen bin ich ja zu dir gekommen. Wir müssen unbedingt etwas unternehmen, wir müssen uns etwas einfallen lassen."

„Aber warum wir? Was können wir hier schon ausrichten? Ist das nicht Sache von Pfarrer Jan?"

„Mädchen, denk doch nach. Wenn sie jemand geklaut hat, und danach sieht es aus, dann weiß der Pfarrer das entweder noch nicht, oder er weiß es und will es geheim halten. Wenn er es aber nicht weiß, dann könnten wir die Reliquien dem Trödelsammler abkaufen, ohne ihm etwas über ihre Bedeutung zu verraten. Stell dir vor, Pfarrer Jan würde uns dafür kü... ähm ... würde uns dafür dankbar sein. Und seine tolle Frau Matzke würde dumm dastehen. Das möchte ich einmal erleben. Oh, Hilde! Dieses überhebliche Weibsbild. Endlich würden wir sie da haben, wo sie hingehört."

„Und wo gehört sie hin?" Frau Schmitz runzelte die Stirn auf der Suche nach dem Zusammenhang.

„Na in die Küche und nicht in die große Politik."

„Politik?"

„Hilde, ist gut!" Frau Möllens Geduldsfaden spannte sich leicht.

„Und wenn er darüber Bescheid weiß?"

„Dann ist es auch besser, wenn wir das machen. Er könnte mit dem Trödelsammler nicht sprechen, sonst würde die ganze Sache sofort rauskommen."

„Das klingt logisch", sagte Frau Schmitz schon etwas ruhiger, holte aber sicherheitshalber aus einer wunderschön verzierten Anrichte – ein Erbstück aus dem Nachlass ihrer Tante – eine Likörkaraffe. Zur Beruhigung, wie sie immer betonte, da gibt es nichts Besseres als ein Gläschen Likör. Sie füllte zwei winzig kleine Gläschen und nickte Frau Möllen auffordernd zu.

Beide Frauen schauten sich an, prosteten sich schweigend zu und nahmen einen kleinen Schluck von dem Holunderlikör aus der Eifel. Dann leckten sie sich sorgfältig die Lippen, um den Geschmack noch einen Augenblick länger zu genießen, und stellten ihre Gläser gleichzeitig auf dem Tisch ab. Sie wollten nicht alles auf einmal austrinken. Das wäre ja eine Sünde!

„So, und wie finden wir nun den Trödelsammler?", begann Frau Schmitz skeptisch und griff wieder nach dem Likörglas.

„Wir fahren ihm sofort hinterher. Er hat gerade Kornelimünster verlassen und ist in den Waldweg eingebogen, du weißt schon wo.

Da kommt man auch mit dem Auto hin. Sein Karren ist groß und scheint ziemlich schwer, der wird nicht weit gekommen sein. Komm, beeil dich! Wir fahren mit deinem Auto."

Frau Möllen stand entschlossen auf und kramte ihre Sachen zusammen.

„Aber wir haben getrunken."

„Dieses Schlückchen? Das merkt doch keiner. Außerdem, wer würde schon bei alten Frauen einen Alkoholtest machen?"

„Ich bin nicht alt", wandte Frau Schmitz energisch ein, worauf ihre Freundin die Augen verdrehte. Immer wieder das gleiche Lied, dachte sie und schüttelte den Kopf.

Frau Schmitz setzte ein kleines Hütchen auf den Kopf und steckte es mit einer edel verarbeiteten Nadel fest. Sie war eine Dame, und Damen verließen das Haus nie ohne eine Kopfbedeckung. Jetzt schien ihr ein Hütchen angebracht. Dazu eine passende Tasche und ein Paar Handschuhe.

„So, wir können gehen." Frau Schmitz schaute noch ganz schnell in den Spiegel im Flur und zog sich die Lippen nach.

Frau Möllen schaffte es gerade so, nicht zu explodieren.

17_ KAPITEL

„Hallo, junger Mann. Wohin des Weges?"

Fröhlich rief Frau Möllen dem Trödelsammler aus dem Wagenfenster zu. Frau Schmitz bremste scharf, und der Wagen blieb mitten auf dem Weg stehen. Beide Frauen stiegen aus und gingen auf den Trödelsammler zu.

„Wer? Ich? Na, Sie sind mir aber eine …"

Der Trödelsammler wollte sie schon anfahren, aber dann drehte er sich zu den Frauen um und sah sie genauer an. Sie waren ganz passable Frauenzimmer, stellte er sofort fest. Eine, mit lebhaften Augen und leicht kokett, ging forschen Schrittes auf ihn zu, doch nicht ohne einen leichten Hüftschwung. Die andere vornehm, elegant und dezent im Auftreten. Diese hielt sich etwas im Hintergrund. Classen hatte noch nicht alles im Leben vergessen, stellte er überraschend fest. Er schluckte laut, sammelte sich und fragte:

„Was wünschen die Damen? Ich kann Ihnen sicher nichts anbieten", bemühte er sein gepflegtes Deutsch.

„Oh, doch", entgegnete Frau Möllen und schenkte ihm einen langen Blick.

Der Trödelsammler nahm die Mütze ab und knitterte sie unbewusst in den Händen. Diese Frau machte ihn auf eine Art unsicher, die er schon zu vergessen geglaubt hatte. Vielleicht war er doch noch nicht zu alt für gewisse Dinge. Er verwarf rasch den Gedanken und sah sie nun fragend an.

„Ja, also, das ist meine Freundin, Frau Schmitz, und ich bin Frau Möllen", sagte sie und blieb ein paar Schritte von ihm entfernt stehen. „Ich habe gesehen, dass Sie hier schöne Stoffe haben. Ich dachte, vielleicht brauchen Sie sie nicht, und vielleicht würden Sie sie mir verkaufen. Sie würden so gut zu meinem alten Sofa passen. Ich brauche etwas Warmes für die Wand, Sie verstehen, was ich meine."

Zum Schluss begann sie doch zu stottern und hoffte nur, dass er keine Fragen stellen würde. Er stellte aber eine:

„Meinen Sie das hier?"

Er steckte seine Hand in eine Tüte und holte daraus die Reliquien, als ob sie bloße Lumpen wären. So sahen sie jedenfalls aus. Sie waren schmutzig, die Farben verloren ihren Glanz. Vermodert waren sie nicht, aber sie rochen nach Feuchtigkeit und Chemie. Das Geheimnis des Heiligen verschwand. An seine Stelle trat das Gemeine, Vulgäre eines einfachen alten Stücks Stoff. Doch die beiden Frauen erkannten die Reliquien sofort. Frau Schmitz vertrug diesen Anblick nicht und wäre beinahe in Ohnmacht gefallen.

„Hilde!", schrie Frau Möllen und griff nach ihrem rechten Arm. Der Mann warf die Reliquien auf seinen Wagen zurück, griff nach dem linken Arm von Frau Schmitz und so konnten sie sie gemeinsam vor dem Hinfallen retten.

„Was ist?", fragte sie, wieder bei Bewusstsein.

„Hilde, es ist heute wohl zu warm für dich. Du hättest doch zu Hause bleiben sollen. Ich habe dich gewarnt." Sie suchte beim Trödelsammler Verständnis für die aufgeregte Freundin zu wecken. Es überraschte sie, wie gut sie lügen konnte. Es gefiel ihr sogar, aber nur ein bisschen, wies sie sich selbst zurecht. Es war für eine gute Sache. Sonst wäre es ja unchristlich gewesen.

„Ach, wissen Sie. Wir machen immer alles zusammen, aber ich bin die Stärkere von uns", redete sie weiter und lächelte dabei den Mann an. „Hin und wieder leidet sie unter einer kleinen Unpässlichkeit und dann muss ich ihr helfen. Diesmal war es aber sehr gut, dass Sie dabei waren", säuselte sie. Das hätte sie sich sparen können, der Mann hätte sowieso alles für sie getan. So wie sie ihn ansah!

Kurz dachte er an die Zeiten, als er noch ein attraktiver Mann gewesen war, dem Frauen nachgeschaut hatten. Er blickte sie an, und in seinen Augen lag pure Faszination.

„Lasst mich endlich los! Mir geht es gut. Vielen Dank, Herr ...", Frau Schmitz wandte sich forsch an den Trödelsammler, anscheinend ging es ihr deutlich besser. Mag aber sein, dass sie das verbale Techtel-Mechtel zwischen den beiden mitbekommen hatte und sich plötzlich nicht mehr wichtig fühlte.

„Oh, `tschuldigung. Meine Damen, ich darf mich vorstellen: Mein Name ist Classen, Helmut Classen." Es war mehr ein Hauchen als ein Sprechen. „Aber was interessiert Sie mein Name?", fügte er mit einem Anflug von Unsicherheit hinzu. „Ich bin nur ein Trödelsammler."

„Aber einer mit `nem goldenen Herzen. Wir sind Ihnen so dankbar. Sie haben mir geholfen, Hilde zu retten und, ja genau ... und Sie haben auch die Stoffe, die ich nun Ihnen abkaufen möchte. Herr Classen, was sollen sie denn kosten?"

Sie betonte seinen Namen. Dies blieb nicht ohne Wirkung. Der Mann begann heftig zu schwitzen.

„Nun", stotterte er, „Ähm. Ich habe sie für fünf Euro gekauft, und wenn sie Ihnen so gefallen, dann bekommen Sie sie von mir auch für fünf Euro. Ich will nichts daran verdienen. Was soll`s. So nette ... ähm, Sie sind sehr nett, Frau Möllen."

Frau Möllen nahm die Stoffe, drückte ihm einen Fünf-Euro-Schein in die Hand, die sie einen Augenblick länger als nötig festhielt, und schenkte ihm wieder ein Lächeln, welches jedem starken Mann weiche Knie bescheren würde. Sie war letztendlich eine für ihre Jahre durchaus attraktive Frau. Sogar ihr graues Haar wusste sie gekonnt zu frisieren. Sie trug es hochgesteckt und über der Stirn hatte sie ein kleines Löckchen, das ihrem Gesicht etwas Verspieltes verlieh. Ihre Kleider stellte sie immer sorgfältig zusammen, und verzichtete dabei auf die für ältere Damen so typischen

Beige- und Grautöne, sondern bevorzugte intensive Farben. Sie standen ihr ausgesprochen gut, das hatte sie schon häufig gehört. Auch ihr Gesicht legte sich vorteilhaft in Lachfältchen. Nur das Blau ihrer Augen hatte nichts an Intensität verloren. Ja, sie konnte Männern immer noch gefallen, und das wusste sie.

Vor so viel Aufregung begann Classen plötzlich heftig zu husten. Es schien, als müsste er gleich seine Lunge herauswürgen. Und sie standen da, erstarrt, unfähig eine Bewegung zu machen. Angeekelt sah Frau Schmidt mit weit aufgerissenen Augen auf den Mann und dann auf die heiligen Stoffe, die wieder ein Stück weniger heilig wurden, entweiht durch das furchtbare, nicht enden wollende Husten. Frau Möllen fühlte ihre Knie weich werden, riss sich aber zusammen. Mit etwas Mitgefühl, aber fest entschlossen, ihm die Hand nicht zu reichen, drehte sie sich langsam um:

„Wir gehen dann. Vielen Dank, Herr Classen", flüsterte sie vor Angst, er könnte ihr antworten wollen, und wer weiß, was dann passieren würde. Sie zog Frau Schmitz am Ärmel, bis auch sie den Weg zum Auto einschlug.

Frau Möllen kämpfte mit dem Türschloss, das sich mit ihrer zitternden Hand nicht öffnen ließ. Entnervt zog sie zweimal heftig an der Klinke, und riss endlich die Tür weit auf. Beinahe hätte sie ihr Gleichgewicht verloren, doch schnell hatte sie sich wieder gefangen.

„Dass Leute mit Trödelsammeln noch Geld verdienen?", murmelte Frau Schmitz beim Einsteigen. Mit keinem Wort kommentierte sie Classens Hustenattacke. Sie wollte einfach nur noch nach Hause. Das war ihr genug Aufregung für einen Tag. Frau Möllen startete wortlos den Motor, atmete tief durch – und fuhr mit Schwung davon.

Classen wischte sich die feuchte Stirn, seufzte und griff nach dem Lenker seines Lumpenkarren. Langsam setzte er seinen Weg fort.

18_ KAPITEL

Die Polizei war bereits seit Stunden dabei, alle in Kornelimünster zu befragen, die als Zeugen in Betracht kamen, und auch alle, die dem jungen Polizisten einfach über den Weg liefen. Kommissar Dirk Lobig war für diese Aufgabe entsandt worden, ein junger Mann am Anfang seiner polizeilichen Karriere, doch er hatte sich bereits als scharf denkend und sehr diplomatisch erwiesen. Eigenschaften, auf die es diesmal besonders ankam, wenn die Menschen in Kornelimünster nicht erfahren sollten, was in der Nacht zum Samstag wirklich passiert war.

Der Ortskern von Kornelimünster war zwar nicht groß, doch Kommissar Lobig hatte alle Hände voll zu tun. Viele Fragen, immer wieder dieselben, musste er stellen und bekam Antworten, mit denen er nichts anfangen konnte. Niemand schien etwas mitbekommen zu haben. Als hätte sich um die Kirche herum eine Blase gebildet. Oder der Dieb hatte wirklich viel, sehr viel Glück gehabt.

Resigniert wandte er sich an eine Galeristin, deren Ausstellungsräume sich in der Nähe der Kirche in der Korneliusstraße befanden. Frau Hirsch, so hieß die Frau zwischen fünfundvierzig und fünfundfünfzig, gab sich besonders jugendlich. Ihre lebhafte Mimik und Gestik verrieten Energie und jugendliche Lebensfreude, doch ihr wahres Alter ließ sich nicht ganz verbergen: Die Falten im Halsbereich hatte sie mit einem Halstuch kunstvoll kaschieren können, doch die dünn gewordene, fleckige Haut an ihren Händen erzählte dafür mehr, als es Frau Hirsch lieb war. Sie fühlte sich geschmeichelt, als sie den jungen und nett aussehenden Polizisten kommen sah. So einen Fang, der ihr förmlich in die Arme lief, wollte sie sich nicht entgehen lassen. Sie wartete nicht einmal ab, bis er vor ihr stand.

„Guten Morgen, junger Mann!"

„Guten Morgen. Ich bin Kommissar Lobig vom Aachener Polizeipräsidium, und Sie sind Frau ...?", begann Kommissar Lobig.

„Mein Name ist Hirsch, Ulrike Hirsch", lächelte sie ihn charmant an. „Wie kann ich Ihnen helfen?"

„Nun ...", begann Kommissar Lobig.

„Möchten Sie vielleicht eine Tasse Kaffee?", unterbrach sie ihn. „Kommen Sie doch bitte herein. In der Galerie kann man sich viel angenehmer unterhalten als hier auf der Straße."

Sie zeigte einladend auf den Eingang zur Galerie, an dem die Gäste von einer abstrakten Figur begrüßt wurden. Und manchmal eben auch von der Besitzerin selbst.

Der Kommissar blieb vor dem Eingang stehen, beugte sich aber leicht nach vorne, als beabsichtigte er doch noch den einen, entscheidenden Schritt ins Innere zu machen. Sie hielt den Atem an.

„Ich habe leider nicht viel Zeit. Vielleicht ein anderes Mal. Ihre Sammlung scheint sehr interessant."

Er wusste, dass er etwas zu dick aufgetragen hatte, aber er wusste auch, dass eine solche Ansprache jedes, beinahe jedes, Galeristenherz im Nu öffnete.

„Ach, ein so junger Mann und schon so bewandert in der Kunst!" Frau Hirsch gehörte ihm. „Na, dann nehmen Sie doch den Prospekt hier mit und kommen Sie in zwei Wochen zur Finissage. Der Künstler wird dabei sein. Und ich werde mich auf Ihren Besuch ganz besonders freuen", trällerte sie, während sie ihr dunkelrot gefärbtes Haar mit einer koketten Handbewegung zurecht glättete.

„Heute brauche ich nur ein paar Informationen von Ihnen. Haben Sie in der Nacht von Freitag auf Samstag etwas Merkwürdiges im Ort gehört?"

„Hätte ich das sollen?", fragte sie und blinzelte dabei.

„Nun, nicht unbedingt, aber möglich wäre es. Sie wohnen doch hier im Haus?"

Sie merkte jetzt, dass ihre Flirtversuche ins Leere liefen und war enttäuscht, was der Kommissar ihrem Gesicht deutlich ablesen konnte. Immer wieder dasselbe, dachte er und hüstelte.

„Ja, das stimmt. Also ich habe zwar nichts Besonderes gehört, aber am nächsten Morgen ... Also, ich spürte, da musste was passiert sein. Ja, so etwas spürt man doch, oder? Herr Kommissar, mir können Sie es doch sagen. Was ist passiert? Ich werde es niemandem verraten", zwitscherte sie und klimperte mit den stark getuschten Wimpern.

„Das darf ich im Moment leider nicht sagen. Das verstehen Sie doch, oder?" Er schaute ihr dabei direkt in die Augen. Er suchte Verständnis bei der neugierigen Frau und wusste, dass nur eine Art Komplizenschaft sie, wenn auch für kurze Zeit, ruhig stellen würde. Es schmeichelte ihr, das konnte er an dem Ausdruck ihrer Augen sehen, also fragte er mit etwas gedämpfter Stimme weiter:

„Und konnten Sie das Besondere an irgendetwas festmachen?"

„Wie meinen Sie das? Ach, Herr Kommissar, vielleicht trinken Sie doch einen Kaffee. In der Galerie können wir uns ungestört unterhalten. Wie ist eigentlich Ihr Vorname?"

Die Frau wird anstrengend, dachte der Kommissar und fragte sich schon, warum er das Gespräch überhaupt fortsetzte. Aber es war nicht auszuschließen, dass sie doch etwas bemerkt hatte.

„Ich meine das Gefühl, das Sie hatten. Haben Sie etwas Besonderes bemerkt? Was war anders als sonst im Ort?, standhaft blieb er bei seinem Fragenkatalog.

Frau Hirsch, die schon auf der Schwelle stand, drehte sich enttäuscht wieder nach ihm um.

„Lassen Sie mich mal überlegen. Vielleicht fällt mir was ein. Ja, da bin ich mir schon fast sicher. Da war dieses ... ähm", sie begann krampfhaft nach irgendetwas in ihrem Kopf zu suchen, doch es wollte ihr nichts Originelles in den Sinn kommen.

Kommissar Lobig zeigte seine Ungeduld in keiner Weise, aber ein aufmerksamer Beobachter hätte vielleicht eine leichte Starre in seinem Blick vernehmen können.

Einige Nachbarn standen auf der Straße, ein paar Meter von ihnen entfernt und hörten ihrem Gespräch gespannt zu. Sie kannten Frau Hirsch gut und lächelten nun in Erwartung eines kleinen Spektakels. Dem Polizisten entging das Verhalten der Nachbarn nicht, und er begriff auch sofort, worauf sie warteten. Er überlegte kurz, ob er es ihnen nicht gönnen sollte, verwarf aber diesen Gedanken.

„Ja, dann vielen Dank, Frau Hirsch. Ich bitte Sie, sich unbedingt bei uns – bei mir", korrigierte er schnell, „zu melden, sobald Sie sich an etwas Konkretes erinnern, aber wirklich etwas Konkretes, ja?", sagte er mit Nachdruck und schob ihr sein Kärtchen in die Hand. Dann nickte er galant und suchte das Weite.

Frau Hirsch sah ihm mit offenem Mund und sichtlich enttäuscht hinterher.

Die Vorstellung war schneller als erwartet zu Ende. Die Nachbarn gingen langsam und mindestens genauso enttäuscht auseinander.

Nina beobachtete die Szene und kicherte leise. Als sie sah, dass der Polizist direkt auf den Benediktusplatz abbog, begriff sie, dass er zum Pfarrhaus ging und folgte ihm. Sie beschleunigte ihre Schritte, so dass sie gemeinsam die Tür des Pfarrhauses erreichten. Der Polizist drehte sich zu ihr um:

„Was möchten Sie hier?", fragte er unfreundlich.

„Dasselbe wie Sie."

„Und was meinen Sie, was ich hier möchte?"

Er fragte sich selbst, warum er überhaupt mit dieser Frau sprach, obwohl er schon die Nase voll von sinnlosen Gesprächen hatte.

„Sie möchten mit Pfarrer Jan reden. Klopfen Sie. Frau Matzke wird uns schon gehört haben und öffnet sicher gleich die Tür."

Nicht dass er denkt, er hätte hier alles unter Kontrolle, dachte Nina bei sich. Denn nichts war unter Kontrolle, außer Frau Matzkes Beschützerinstinkt. Sie öffnete auch sofort die Tür und gleich darauf den Mund:

„Pfarrer Jan macht jetzt ein Nachmittagsschläfchen und möchte nicht gestört werden", kam in einem Atemzug, verstärkt durch einen scharfen, grimmigen Blick.

„Dann warten wir eben ein Weilchen. Dürfen wir rein?" Bevor der Polizist etwas sagen konnte, stellte Nina einen Fuß in die Tür und schaute ihn erwartungsvoll an. Eine Art Komplizenschaft baute sich gerade zwischen ihr und dem Polizisten auf.

„Ja, genau, das ist eine gute Idee, finden Sie nicht?" übernahm er und zeigte Frau Matzke seinen Polizeiausweis.

Na also, es geht doch, Nina sah ihn anerkennend aus dem Augenwinkel an und ging vor.

Frau Matzke wusste auf so viel amtliche Würde nichts zu entgegnen und öffnete die Tür weiter, so dass die beiden hineingehen konnten. Ihre Augen schienen trotzdem Blitze abzufeuern. Sie führte sie in die Küche:

„Hier können Sie warten", sie ging in den Garten hinter dem Haus und ließ die beiden allein.

Sie setzten sich auf die Stühle, die an zwei verschiedenen Wänden standen, schön im Abstand voneinander. Nina versteckte reflexartig ihre Füße unter dem Stuhl und legte die Tasche davor, um ihre dicken Fesseln zu verdecken. Der Polizist sah aber gar nicht nach unten, sondern betrachtete ihr Gesicht. Er fand sie wohl sympathisch, denn er lächelte sie auf einmal an. Vielleicht wollte er aber nur ein Gespräch beginnen und wusste nicht wie.

Hoffentlich steht Pfarrer Jan gleich auf und kommt in die Küche, dachte Nina, und hörte plötzlich ihre Gedanken laut ausgesprochen

– und dazu noch mit männlicher Stimme. Es war der Polizist, der ihn ausgesprochen hatte.

„Ja, es wäre gut, wenn er gleich käme, ich habe nämlich nicht viel Zeit", pflichtete sie ihm bei und rutschte auf dem Stuhl hin und her.

„Wie heißen Sie denn?", fragte der Polizist.

„Wie, Sie wissen es noch nicht, mhm?", fragte sie schnippisch zurück.

„Wie heißen Sie nun?"

„Nina. Nina Voss", wiederholte sie.

Sie rutschte auf dem Stuhl ein bisschen herunter und begann an der Brille herumzufingern.

„Und warum sind Sie hier, wenn ich fragen darf?", hakte er nach.

„Das wissen Sie auch nicht", stellte sie fest. „Na, das können Sie sich ja denken. Es geht um die Reliquien. Sie fragen doch auch überall danach."

„Aber was haben Sie damit zu tun?"

„Ich bin Stadtführerin. Ich wollte sie sehen, um sie in mein Programm aufzunehmen, und bin deswegen zu Pfarrer Jan gekommen. So hat er den Diebstahl überhaupt entdeckt. Sonst hätte er bis zur Heiligtumsfahrt nicht gewusst, dass sie weg sind. Das wäre eine Katastrophe gewesen! Das können Sie mir glauben."

„Oh ja, das glaube ich Ihnen. Auch das, dass Sie sich so dafür einzusetzen scheinen."

„Wieso scheinen?!", fuhr sie hoch. Die Tasche kippte um und machte den Blick auf ihre Fesseln frei. Blödmann, dachte sie, der hat echt keine Ahnung. Nina schaute ihn grimmig an.

„Ich habe sie nicht einmal gesehen und muss den Touristen darüber erzählen! Ich will, dass sie gefunden werden!", schnaubte sie und setzte sich gleich wieder hin, dann bückte sie sich und stellte die Tasche vor ihre Füße.

„Ist ja gut. Ich hab's nur so gesagt, es war vielleicht etwas unglücklich formuliert. Sie sind aber empfindlich."

Der Polizist wollte sie beruhigen, aber da kannte er sie schlecht.

„Ja klar, die Reliquien gehen Sie gar nichts an. Lassen Sie mich wetten: Sie wussten bis jetzt nicht einmal, dass es sie überhaupt gibt, nicht wahr? Geben Sie es zu!"

„Na, na, na!", unterbrach sie die Stimme des Pfarrers. „Bin ich hier in einen Streit geraten?"

Der Polizist atmete erleichtert auf. Nina schaute Pfarrer Jan und dann den Polizisten an und verstummte. So etwas lasse ich mir nicht gefallen, nicht einmal von einem Polizisten, dachte sie und kaute verärgert an der Unterlippe.

„Nina, beruhigen Sie sich bitte. Wir müssen doch mit der Polizei zusammenarbeiten."

Pfarrer Jan schien ihre Gedanken zu lesen.

„Aber selbstverständlich." Sie war jetzt die Unschuld in Person.

„Ist schon gut." Pfarrer Jan verdrehte die Augen und wandte sich dem Polizisten zu. „Nun, Herr Kommissar. Was bringt Sie zu mir? Was Frau Voss hierher bringt, das weiß ich. Wir sind sozusagen Brüder, na ja, eher Geschwister im Unglück."

Er lächelte Nina zu. Nina wollte schon etwas sagen, aber Pfarrer Jan machte eine Handbewegung, die sie verstummen ließ. manchmal strahlte er eine echte patriarchalische Würde aus, der man sich nicht entziehen konnte. Sie verstanden sich mittlerweile gut, und Nina freute sich darüber. Sie musste ihn nicht wie einen ehrwürdigen älteren Herrn ansprechen, nur weil er eine Soutane trug. Sie konnte sich kleine Frechheiten erlauben, die ihr manchmal beim Nachdenken halfen. Pfarrer Jan schätzte ihre Hartnäckigkeit und Freimütigkeit. Die meisten Frauen in Kornelimünster waren zwar sehr freundlich, aber doch sehr zurückhaltend, so dass er hier nur selten ein leichtes, unverfängliches Gespräch führen konnte. Alte Denkweise wirkte noch nach, vor allem bei älteren Menschen, und Pfarrer Jan wünschte sich etwas weniger verkrampfte Umgangsformen mit seiner Gemeinde.

„Nun, Pfarrer Jan. Wir haben halb Kornclimünster befragt und bis jetzt keinen, aber wirklich keinen Anhaltspunkt, keinen Hinweis gefunden. Nichts, was uns mindestens die Richtung aufzeigen würde, in die wir mit unseren Ermittlungen gehen könnten. Vielleicht reden wir einfach nochmal darüber. Vielleicht haben Sie sich inzwischen noch an etwas erinnert, an eine Kleinigkeit. Oder vielleicht Ihre Haushälterin?"

Der Polizist sah richtig bekümmert aus. Nina wurde plötzlich unangenehm, dass sie ihn angefahren hatte. Alle schienen sich im Kreis zu drehen, nicht nur sie. Und sie hoffte schon, jetzt erführe sie etwas, was ihr bei ihrer Suche helfen würde.

Pfarrer Jan zuckte resigniert die Schultern und seufzte:

„Nein."

„Na gut, dann werde ich jetzt gehen. Kann ich Sie nach Aachen fahren?", wandte sich der Polizist an Nina und riss sie aus den Gedanken. Sie schaute auf die Uhr, überrascht, dass die Zeit so schnell dahin verflogen war.

„Warum nicht. Es ist spät geworden. Ich habe gleich eine Stadtführung, und meinen Wagen musste ich heute Morgen in die Werkstatt bringen."

Sie verabschiedeten sich von Pfarrer Jan und verließen sein Haus.

„Wie heißen Sie denn überhaupt?", hörte Pfarrer Jan noch die Stimme von Nina und lächelte zu sich selbst: Sie lässt nie locker!

Frau Matzke schaute ihnen aus dem Fenster nach.

„Na toll. Erst die Kleine, dann der Polizist und jetzt die beiden auf einmal und ich weiß immer noch von nichts", murmelte sie grimmig, als sie in die Küche zurückkehrte.

„Frau Matzke, ich sehe Ihnen an, dass sie etwas beschäftigt. Sagen Sie es mir."

„Ach nix. Sie sagen mir auch gar nichts", schmollte sie.

„Nun, ich weiß ja auch nichts. Ich habe gehofft, die beiden würden mir etwas erzählen, doch sie wissen auch nichts. Eine verflixte

Sache ist das. Und regen Sie sich nicht jedes Mal auf, wenn jemand hierher kommt. Wir müssen da jetzt durch. Vielleicht erfahren wir auf diese Weise mehr. Und Sie sollten beten, dass die Reliquien rechtzeitig gefunden werden."

„Da sagen Sie was – beten." Frau Matzke bekreuzigte sich.

„Frau Matzke, Sie haben jetzt sicher etwas zu tun oder?" Der Pfarrer ertrug ihre Frömmeleien nicht immer mit stoischer Ruhe.

„Ja. Essen", entgegnete sie kurz und verschwand in den Keller, um ein Glas saurer Gurken zu holen. Heute stand ihr Gulasch auf dem Programm.

19_ KAPITEL

„**Lobig.** Dirk Lobig."

„Aha, wie: Bond. James Bond", entgegnete Nina und lächelte ihn an. Sie setzte die Brille auf, um ihn besser betrachten zu können. Er hob fragend die Augenbrauen.

„Was denn?" Ihre Stimme klang plötzlich ein Tick schärfer, obwohl sie immer noch lächelte. „Ich will Sie nun mal genau anschauen. Sie fahren mich nach Hause, da will ich genau wissen, mit wem ich es zu tun habe."

Noch während sie sprach, griff sie nach ihrer Canon und richtete das Objektiv auf den Kommissar. Lobig war entsetzt:

„Nein! Das dürfen Sie nicht!"

„Warum nicht? Denken Sie etwa, ich setze Ihr Foto bei Facebook ein oder auf eine Erotik-Seite für heiße Polizisten."

Sie hatte ihre Kamera auf ‚Ton aus' eingestellt, deswegen bekam Lobig gar nicht mit, dass sie schon ausgelöst hatte. Zweimal.

Seine Augen weiteten sich:

„Nein, das geht nicht!" Er griff energisch nach der Kamera, aber sie zog ihre Hand einen Augenblick schneller zurück.

„Wie? Wollen Sie jetzt etwa den Film aus meiner Kamera herausziehen? Na bitte! Tun Sie das!"

„Das ist ja lächerlich! Sie denken, ich kann eine digitale von einer analogen nicht unterscheiden, ja? Sie löschen jetzt das Foto, sofort, und ich will es sehen."

„Schade. Schauen Sie, Sie sehen gar nicht schlecht aus. Aber wie Sie wollen." Nina schmollte, während sie ein Bild löschte, das andere zeigte sie ihm erst gar nicht.

„Ja." Lobig schien erleichtert, aber auch ein bisschen enttäuscht. Die Aufnahme war tatsächlich gelungen. Doch er durfte nicht zulassen, während der Arbeit fotografiert zu werden. Und er war im Dienst. Er schüttelte nur den Kopf.

Kommissar Dirk Lobig war ein Mann um die Dreißig, nicht sehr groß, schlank, sportlich. Eigentlich war er durchschnittlich attraktiv, stellte Nina fest, aber dafür sympathisch, und das gefiel ihr mehr. Vielleicht war es sein Lächeln, das ehrlich schien und nicht aufgesetzt. Er machte den Eindruck, dass man mit ihm gar nicht richtig streiten konnte. Er würde dann sicherlich mild lächeln und etwas Beruhigendes sagen, und das wäre es dann mit dem Streit. Er wirkte gelassen. In seinen grauen Augen lagen unbeschreibliche Ruhe und Sicherheit. Sie selbst war chaotisch, spontan, leidenschaftlich und konnte sich nicht vorstellen, Menschen um sich herum zu haben, die genauso wie sie wären. Das würde mit Sicherheit ständig zu Explosionen oder Konflikten führen. Sie brauchte einen ruhigen Gegenpol, und solche Menschen wie Dirk zogen sie an. So waren zwar auch Christian und Alex, doch bei Dirk war da noch die Souveränität, die einen kleinen, aber wichtigen Unterschied zu den beiden ausmachte.

Sie stiegen in seinen Dienstwagen. Nina fühlte sich unwohl darin. Sie war noch nie in einem Polizeiwagen gefahren. Jetzt glotzten bestimmt alle, dachte sie, und ein bisschen Stolz mischte doch sich mit Peinlichkeit: Sie in einem Polizeiwagen? Nicht doch. Nicht?

Sie schwiegen eine Weile.

„Wo soll ich Sie absetzen?", fragte Lobig, als sie die Josefskirche erreichten.

„Am Elisenbrunnen. Sie wissen, wo es ist, oder?"

„Natürlich weiß ich, wo der Elisenbrunnen ist. Sind Sie eigentlich immer so zickig?"

„Nicht immer. Nur wenn jemand sich so benimmt, als ob er alles wüsste, aber in Wirklichkeit gar nichts weiß", erwiderte sie patzig.

„Und Sie finden, ich verhalte mich so, ja?"

„Mhm", bestätigte sie, doch ihre Überzeugung schwand allmählich. „Aber vielleicht sind Sie doch in Ordnung."

„Oh, da gibt es doch noch Hoffnung für mich. Wie tröstlich!", lachte er auf.

„Aber nur, wenn Sie mir helfen, die Reliquien zu finden."

„Warum soll ich Ihnen helfen? Wir sind die Polizei, wir sind doch dazu da, sie zu finden."

„Und? Sie haben bis jetzt nichts herausgefunden. Was sind Sie für ein Polizist?!"

„Na, dann erzählen Sie mir, was Sie wissen. Von Ihnen habe ich noch gar nichts gehört."

„Heute aber nicht mehr. Halten Sie bitte an, ich muss hier raus. Die Gruppe wartet schon auf mich."

Nina sprang aus dem Auto und ging energisch auf die Touristen zu, die sich vor der Rotunde des klassizistischen Elisenbrunnens eingefunden hatten und nun auf sie warteten. Die Lektüre der Tafeln, die im Elisenbrunnen hängen und auf denen Namen der prominentesten Kurgäste eingraviert waren, verkürzte ihnen die Wartezeit.

Unterwegs holte Nina ihr Namensschild aus der Jackentasche und steckte es an. Sie begrüßte die Gruppe und führte sie direkt in die Rotunde.

Der junge Kommissar schaute ihr nach und lächelte.

20_ KAPITEL

Als die alten Damen in die Wohnung von Frau Schmitz zurückkehrten, steuerte Frau Möllen direkt die Küche an. Sie öffnete die Plastiktüte, holte die heiligen Stoffe heraus und breitete sie auf dem großen Küchentisch aus.

„Ach du lieber Himmel! Schau dir nur diese heiligen Stoffe an. Völlig verdreckt, wie alte Waschl..."

Frau Möllen hielt inne. Sie brachte es nicht über die Lippen, die Reliquien mit diesem groben Ausdruck abzuwerten. Auch wenn sie tatsächlich wie alte Lappen aussahen: die Farben waren durch den Schmutzschleier nicht mehr so kräftig wie früher, die Stoffe sahen fleckig aus und rochen schlecht. Frau Möllen beäugte sie skeptisch. Eine Art Zweifel an ihrer Heiligkeit nistete sich in ihrem Gehirn ein. Von einer heiligen Aura war hier nichts zu spüren. Sind das wirklich echte Reliquien?, fragte sie sich. Sie schüttelte kräftig den Kopf, als wollte sie den Gedanken schnell wieder loswerden. Welch eine Blasphemie! Sie fühlte sich ertappt.

„Die sind sogar etwas feucht. Das ist nicht gut. Am besten nehme ich die Stoffe mit zu mir zu Hause. Und dann überlegen wir, was wir damit machen."

„Aber Martha, du willst doch wohl nicht die Reliquien in diesem Zustand zurückgeben?", empörte sich Frau Schmitz und schnappte nach einem der Stoffe. Es war das Schürztuch Christi, welches auf einen roten Hintergrundstoff zur Stabilisierung aufgenäht worden war. Sie nahm es und ging damit ins Wohnzimmer, als wollte sie es vor ihrer Freundin schützen.

„Nicht so hektisch! Willst du es zerreißen?"

Frau Möllen ließ augenblicklich los aus Angst, dass der Stoff reißen könnte, und folgte ihrer Freundin.

„Ich bin überhaupt nicht hektisch. Ich denke aber, wir müssen sie sauber machen. Lass sie bei mir liegen. Ich mache das schon."

Die Entschiedenheit in ihrer Stimme machte Frau Möllen stutzig. Dann plötzlich kam ihr ein furchtbarer Verdacht, und sie schaute Frau Schmitz entgeistert an.

„Aber Hilde! Du willst sie doch nicht in deine Waschmaschine stecken. Bitte sag, dass es nicht wahr ist."

„Liebe Martha, ich weiß, was du von mir hältst, aber so blöd bin ich auch wieder nicht. Ich dachte an eine äußerst schonende Behandlung."

„Aha, sicher in dem Waschsalon, in dem du immer deine Wollbettdecke reinigen lässt", stellte Frau Möllen die provokante Vermutung an.

„Aber...", begann Frau Schmitz und verstummte. Frau Möllen verdrehte die Augen und plumpste auf das Sofa.

„Das darf doch nicht wahr sein, Hilde! Schon mal davon abgesehen, in welchem Zustand wir sie zurückbekommen würden, aber die ganze Welt würde davon erfahren! Bist du noch bei Verstand?"

Frau Schmitz warf den Stoff auf das Sofa, setzte sich in den Ohrensessel und schmollte. Frau Möllen dachte, dass es wohl vernünftiger wäre, die Reliquien in Sicherheit zu bringen. Sie sammelte sie, legte sie vorsichtig zusammen und packte sie in die Plastiktüte zurück.

„So, die nehme ich mit. Und wir reden morgen darüber. Aber bitte nimm das wörtlich: WIR reden darüber, nicht du mit jemand anders. Das ist unser Geheimnis. Ist das klar?", fragte sie mit Nachdruck.

„Ja" kam kurz zurück.

„Bis Morgen dann."

„Mhm." Frau Schmitz war beleidigt. Sie brauchte Zeit. Zeit, um zu akzeptieren, zu relativieren und zu verzeihen. Verstanden hatte sie das nicht.

21_ KAPITEL

Nachmittags, nach einer Stadtführung, ging Nina gerne noch mal eine Runde durch die Altstadt. Diesen kleinen Stadtkern von Aachen fand sie gemütlich, mit den kleinen Plätzen, engen Gässchen und überraschenden Anblicken, wenn man um die Ecke kam. In Aachen fühlte sie sich angekommen, es war mittlerweile ihre Stadt geworden. Und sie lächelte immer, wenn sie dort wandelte. Da sie immer ihre Kamera dabei hatte, fotografierte sie auch hin und wieder Details, im Wasser spielende Kinder, Schatten, ältere Menschen, die sich auf den Bänken ausruhten, die pseudorömischen Säulen am Hof und die im Frühling üppig blühenden Magnolien am Münsterplatz. Sie sah die vielen Menschen, wie sie an den kleinen Tischen vor der Bäckerei ,Nobis' saßen und an ihrem Kaffee nippten, und auf die soliden Kuchenportionen. Viel zu groß, meinte sie. Manchmal umwehte sie der Duft der Printen, einer Aachener Spezialität, und sie schluckte automatisch. Das würzige Gebäck mit winzig kleinen Kandisklümpchen wurde hier schon seit Jahrhunderten hergestellt, in allen Formen und Varianten. Die mit Schokolade und Nüssen schmeckte ihr am besten.

Sie schaute neugierig durch ein Fenster hinein, oder auch hinaus, um aus einer unerwarteten Perspektive eine Szene fotografisch festzuhalten. Dann setzte sie sich in ein Café oder Restaurant, aß oder trank etwas und schaute auf die Straßen, auf Menschen, die sie belebten und die Stadt lebenswert machten. Und manchmal fotografierte sie auch aus ihrer Sitzhöhe, denn dieser Blickwinkel gab ihren Aufnahmen eine besondere Atmosphäre. Im Sommer saß sie am liebsten am Hof, einem der dreieckigen Plätze der Altstadt, denn keiner war so wie dieser – schmal und lang wie ein Schlauch und trotzdem noch dreieckig. Dort gab es ein Café, wo ihrer Meinung nach der beste Kaffee nicht nur in Aachen, sondern in der ganzen Euregio Maas-Rhein serviert wurde. ‚Café zum Mohren' war im ehemaligen Haus eines Tuchhändlers untergebracht. Durch die Restaurierung hatte das Haus ein neues Ambiente bekommen, doch die urige Atmosphäre war erhalten geblieben und verführte die Gäste immer wieder. Meistens war es schwierig, einen freien Tisch zu ergattern. Auch an diesem Tag war es nicht anders. Deswegen ging sie in eine Kneipe, die im ältesten Haus an diesem Platz eingerichtet war. Das Baujahr war in den Sturzstein über dem Eingang eingraviert: 1658. Hier auf einem schief stehenden Stuhl sitzend, nippte sie an einem Glas Hoegaarden und betrachtete mit vor der Sonne zusammengekniffenen Augen den Dom.

Es war ein sonniger Frühnachmittag. Alte, in warmes Licht getauchte Backsteinhäuser waren für Nina stille Zeugen vergangener Zeiten. An diesem ruhigen Nachmittag hatten sie wohl keine Lust, alte Geschichten zu erzählen, dabei hätten sie gewiss über einiges berichten können! Über Brände, Zerstörungen, aber auch über Liebe, Freundschaft, Streitereien und Freude. Sie standen da und schwiegen sich gegenseitig an. Nina kramte ihre Kamera heraus in der Hoffnung, unerwartete Straßenszenen aufzunehmen. Ihre Canon legte sie auf den Tisch, damit die Menschen um sie herum sich nicht mehr beobachtet fühlten. Sie wusste, erst einmal mussten sie sich daran gewöhnen, dass die Fotokamera da war und vielleicht, aber nur vielleicht zum Einsatz kommen würde. Und dann vergaßen sie sie.

Ninas Gedanken wanderten zu den verschwundenen Reliquien. Sie begleiteten sie fast ununterbrochen. Sie schaute zwar immer noch Menschen an, doch ihr Blick war nach Innen gerichtet.

Die Leute am Nachbartisch lachten. Laut. Eine Art Nervosität schwang in ihrem Lachen mit. Irritiert schaute Nina sich um und stellte fest, dass dies seinen Sinn hatte und es nicht anders sein konnte: Frauen in den besten Jahren trafen sich in dieser Kneipe, genauso wie Männer in demselben Alter. Singles waren sie alle, oder getrennt lebend, was auch immer. Sie stellten sich hier zur Schau, wollten bemerkt werden. Sie waren auf der Suche – vielleicht nach einem Partner, aber vielleicht auch nur nach der Bestätigung, dass sie immer noch als attraktiv galten. Und ein Lachen zog schon immer die Aufmerksamkeit an.

Die Frau links von Nina schwang ihre feuerrote Mähne, ihr Blick streifte dabei durch halbgeschlossene Augen die Gesichter der Gäste an benachbarten Tischen. Aha, sie wurde registriert, das erste Etappenziel war erreicht. Nina las im Gesicht der Frau wie in einem offenen Buch. Diese Art, wie sie sich in Szene setzte, zeigte, dass sie sich hier auskannte.

Das Geschehen lenkte Nina von ihren Gedanken ab und sie genoss es, die flirtende Frau zu betrachten. Sie witterte eine Chance für ein paar interessante Aufnahmen. Denn langsam wurde es offensichtlich Zeit, zur Phase zwei überzugehen. Die Rothaarige holte aus ihrer Tasche eine Schachtel Gauloises Blondes heraus. ‚Liberté toujours', lächelte Nina, na klar. Sie wusste ganz genau, dass diese Frau auch ein Feuerzeug dabei hatte, doch nicht, um es gerade jetzt zu benutzen. Nein! Sie zog langsam eine Zigarette aus der Schachtel heraus und schwang sich mit einer eingeübten Kopfbewegung die Haare vom Gesicht. Dann blickte sie scheinbar hilflos um sich herum. Eine Bewegung am Nachbartisch, ein Rumoren mit den Stühlen, und zwei Feuerzeuge flammten auf.

Nina kannte solche Szenen nur zu gut. Es würde nichts Spannendes mehr passieren. Gelangweilt stand sie auf, um zur Toilette zu gehen. Doch in diesem Moment geschah etwas Unerwartetes. Die Rothaarige, die gerade noch lächelte – es wäre auch schwierig, in einem solchen Moment nicht triumphierend zu lächeln –, setzte ihre Zigarette ans Feuer des Feuerzeugs an, welches dem ihrer Meinung nach attraktiveren Mann gehörte. Welch eine Fehleinschätzung! Der Mann bequemte sich nicht einmal, das Feuerzeug hoch genug zu halten, so dass das Haar der Frau wieder herunterfiel und plötzlich Feuer fing. Die Frau sprang erschrocken auf, der Mann fuhr ebenso erschrocken zusammen. Ein Aufschrei des Entsetzens ging durch die Runde. Geistesgegenwärtig griff Nina nach der Kamera, setzte sie an und schoss eine Serie von Bildern. Die Frau schrie wütend auf:

„Bist du bescheuert?! Willst du mich abfackeln?!"

Der Zauber des Schönen war mit einem Mal verflogen. Das Vulgäre betrat die Bühne: Die Frau in ihren besten Jahren verlor nicht nur einen Teil ihrer Haare, sondern auch ihre Haltung und damit ihre Aura. Auf einmal war sie alles andere als attraktiv. Der Schrecken stand ihr ins Gesicht geschrieben, ihre Züge waren verzerrt – auch als sie sich umdrehte, um nun Nina anzubellen:

„Und du? Was soll der Mist?"

Sie wollte nach der Kamera greifen, aber Nina war schneller und sprang einen Schritt zurück.

Die Frau gab nicht nach und suchte Verstärkung und auch Verständnis bei den Gaffern, doch niemand rührte sich. Alles erstarrte in Erwartung dessen, was noch kommen würde. Aber es kam nichts mehr. Nur ihre Freundin sprach auf sie ein:

„Vicky, lass das. Komm. Lass uns jetzt besser gehen."

Vicky starrte Nina an und schien nichts zu hören. Nina überlegte nicht lange, packte ihre Tasche, drehte sich um und lief davon. Der Kellnerin gab sie noch schnell ein Zeichen, dass sie später bezahlen würde.

„Ein Hoegaarden", rief sie nur über die Schulter – und weg war sie.

Im Eingang des Couven-Museums, eines schmucken aus dem achtzehnten Jahrhundert stammenden Gebäudes gleich um die Ecke, versteckte sie sich, um sich zu beruhigen. So etwas hatte sie noch nie erlebt! Die rotblonde Frau würde eine lange Zeit bestimmt nicht mehr hier erscheinen. Wenn überhaupt. Und wenn, dann würde ihr Haar vielleicht eine andere Farbe haben. Wer will nach einer solchen Show wieder erkannt werden! Nina lächelte in Gedanken. Welch ein Jahrmarkt der Eitelkeiten! Wie anders als bei ihr und Alex. Dem lieben Alex, der zu Hause brav an seinem Rechner saß und arbeitete. Vielleicht kochte er wieder etwas Gutes für sie?

Plötzlich durchfuhr sie ein mächtiges Angstgefühl. Und wenn jemand die Stoffe einfach verbrannte? Weil er dachte, sie seien nichts wert! Oh, lieber Gott, wenn es dich denn gibt, lass es nicht zu! Das darf nicht passieren. Sie schaute umher und hoffte nur, dass niemand sah, dass sie zusammengezuckt war. Vielleicht sollte ich die Kirchensilber zuerst verfolgen, spekulierte sie weiter. Wenn der Dieb die Dinge verkaufen wollte, dann würde man ihn sicher erwischen und so käme man an die Stoffe. Nur: wie lange würde es dauern? Wenn der Dieb erfahren war, würde er eine Weile abwarten, bis Gras über die Sache gewachsen war. Er würde nicht sofort die Sachen in Umlauf bringen. Oh, Mann, seufzte sie, ich drehe mich im Kreis. Ich fahre jetzt besser nach Kornelimünster, vielleicht fällt mir da was Gescheites ein, wenn ich mit dem Pfarrer rede.

Sie verließ das nette kleine Museum mit seinem alten Mobiliar, wo sie hin und wieder gerne Ausstellungen besuchte. Doch jetzt war dafür kein passender Zeitpunkt. Sie lugte hinter der Ecke hervor. Die Luft war rein, also ging sie in die Kneipe zurück, um ihr Bier zu bezahlen.

„Das war wohl heftig", sprach sie die Kellnerin an.

„Ja, das kann man wohl sagen. Passen Sie auf mit Ihrem Fotografieren, sonst handeln Sie sich noch ein blaues Auge ein. Macht zwei Euro zwanzig", sagte die Kellnerin ruhig. Sie kannte bereits dieses hübsche blonde Mädchen mit der Kamera, das nachmittags gerne auf ein Hoegaarden in den ‚Domkeller' kam.

„So, so. Und was haben Sie hier angestellt?", hörte Nina auf einmal hinter ihrem Rücken.

„Spionieren Sie mir nach oder wie?", reagierte sie blitzschnell und drehte sich um.

Kommissar Lobig war enttäuscht, dass seine Überraschung nicht die erwartete Wirkung hatte. Nina schien zu der schlagfertigen Sorte Frauen zu gehören. Seiner Meinung nach verbarg sich hinter diesem Verhalten oft eine Art Unsicherheit, und er beschloss, sie sich etwas genauer anzusehen.

„Schön, Sie mal wieder zu sehen. Jetzt können Sie mir nicht mehr abhauen."

„Das kann ich wohl", sie zwinkerte der Kellnerin zu. „Doch ich werde es nicht tun. Was wollen Sie?"

„,Was wollen Sie?' Warum so unfreundlich? Ich möchte Sie lediglich nach etwas fragen. Wir wollen doch die Reliquien finden, oder?"

„Wir?"

„Ja, wir."

„Na gut", seufzte sie versöhnlich.

„Wollen wir uns nicht duzen? Ich heiße …"

„Dirk. Ich weiß. – Nina." Sie reichte ihm die Hand und schaute ihn diesmal freundlich an. Lobig ergriff lächelnd ihre Hand.

Sie gingen langsam Richtung Münsterplatz. Eine gute Gelegenheit, dem Mann auf den Zahn zu fühlen, dachte Nina. Letztendlich wusste sie ja auch nichts Neues über den Verbleib der Reliquien, und wenn er bisher nichts mehr erfahren hatte, so konnten sie auch gemeinsam spekulieren. Außerdem machte es ihr Freude, jetzt mit ihm durch die Stadt zu schlendern und sich zu unterhalten. Er war witzig, unaufdringlich, nett. Sie hätte nicht gedacht, dass sie sich Gedanken über einen anderen Mann machen würde, seitdem sie mit Alex zusammengezogen war. Nie wäre es ihr in den Sinn gekommen, sich für Andere zu interessieren. Auch nicht, dass Alex fremdgehen könnte. Sogar Christian hätte sie das nicht zugetraut. Schon aus Prinzip nicht. Christian? Wieder musste sie an ihn denken. Zum zweiten Mal in den letzten Tagen. Vergessen, sofort vergessen! Diesen Mann hatte sie mit so viel Mühe aus ihrem Leben, aus ihrem Bewusstsein verdrängt, verbannt – und das vor langer Zeit. Und auf einmal stand er wieder vor ihrem geistigen Auge: nett, charmant und so unendlich verschlagen und verlogen. Ein heftiges Schütteln durchfuhr ihren Körper, als wäre ihr plötzlich kalt geworden.

„Und wie siehst du das?" Dirks Stimme riss sie aus den Gedanken.

„Ähm, entschuldige, ich habe keine Meinung dazu", sagte sie, ohne ihn anzuschauen.

„Du hast mir jetzt nicht zugehört, nicht wahr? Was hast du? Ist etwas passiert? Warum zitterst du so?" Dirk sah sie besorgt an.

„Nein, ich überlege, ob wir es nicht anders anpacken sollten. Die Leute in Kornelimünster haben dir zwar nichts gesagt, aber vielleicht kriege ich etwas aus ihnen heraus."

Ja, sie hatte sich wieder unter Kontrolle. Dirk schaute sie noch einmal aufmerksam an, fragte aber nicht weiter. Nein, ihm konnte sie nichts vormachen. Sie sah auf einmal elend und verloren aus und klammerte sich jetzt an ihren Vorschlag. Er spürte, dass sich dahinter etwas verbarg, worüber sie jetzt sowieso nicht reden würde. Er wechselte das Thema:

„Magst du Jazz?", fragte er.

„Was für eine Frage? Natürlich. Warum fragst du?"

„Demnächst tritt Jan Garbarek in der Stadt auf. Vielleicht hättest du Lust ..."

„Nein, echt?", unterbrach sie ihn begeistert.

„Kennst du ihn?"

„He, was soll die Frage? Du meinst, bei uns in Polen kennt man ihn nicht?"

„Du kommst aus Polen? Aber dein Akzent ..."

Nina verdrehte die Augen und senkte die Schultern. Sie hatte sich schon wieder provozieren lassen. Was war nur mit ihr los? Vielleicht war es nur die plötzliche Erinnerung an Christian, die sie so reizbar machte.

Ich bin ich und nicht Polin, Deutsche oder sonst eine Nationalität, antwortete sie sich im Stillen. Mein Gott! Dass es mich auch immer erwischt, dieses ewige Migranten-Integranten-Gequatsche, seufzte sie. Sie hatte sich in letzter Zeit oft mit diesem Thema auseinandersetzen müssen, als sie für die Stadtverwaltung wieder dolmetschen musste. Dabei war das Thema für sie völlig uninteressant. Sie wollte nicht durch ihre Herkunft definiert werden, sondern dadurch, was sie machte, was sie erreichte, wer sie war.

„Jaa", gab sie unfreundlich zu. „Und du denkst, dass man in Polen von gar nichts Ahnung hat und dort nur Volksmusik spielt, oder wie?"

„Warum regst du dich so auf? Ich darf mich wohl wundern, dass du nicht von hier bist, oder? Vor allem bei deinem Engagement als Stadtführerin. Wie lange lebst du denn hier?" Dirk sprach mit ruhiger Stimme.

„Lange genug, um den Akzent abgelegt zu haben, wenn du das meinst."

„Und deine Eltern?"

„Sie leben auch in Deutschland, aber nicht in Aachen. So, Herr Kommissar, Schluss mit dem Verhör. Jetzt konzentrieren wir uns wieder auf das Wesentliche", lenkte sie um. „Ich denke, ich könnte mit ein paar älteren Herren in Korneli sprechen. Die haben immer Zeit, vor allem für nette junge Frauen", zwinkerte sie Dirk zu.

Er lächelte zustimmend, auch wenn er jetzt lieber mehr über sie erfahren würde. Diese Frau war voller Überraschungen, egal wo man ansetzte. Sie begann ihn richtig zu faszinieren.

Ins Gespräch vertieft bemerkte Nina nicht, dass Alex gerade frisches Gemüse und einen Strauß Blumen bei einem Gemüsehandler am Münsterplatz kaufte.

Das mit den Blumen wollte er gerade rückgängig machen, nachdem er Nina mit einem fremden Mann zusammen erblickt hatte. Wer war der Typ? Was machten sie hier? Nina sah glücklich aus, fiel ihm auf. Ihr Lachen kam ihm entschieden zu offenherzig vor. Als ob sie mit dem Typen flirtete. Alex' Magen zog sich kurz zusammen.

„Zusammen macht's sieben Euro fünfzig", riss ihn die Stimme des Verkäufers aus der Starre heraus.

Er bezahlte schnell und wollte den beiden folgen, aber dann überlegte er es sich anders und ging direkt nach Hause. Später. Sie konnten doch später darüber reden. In aller Ruhe. In Ruhe? – das glaubte er nicht ganz.

22_ KAPITEL

Kommissar Lobig parkte seinen Wagen auf dem Korneliusmarkt. Er wollte gerade Richtung Pfarrhaus gehen, als sein Blick auf
einen Tisch vor dem Café ‚Krone' fiel. Es gab dafür keinen besonderen Grund, aber etwas irritierte ihn doch.

Das Wetter war schön, die Sonne schien, also saßen auch einige
Gäste da draußen und genossen es. Zwei ältere Damen, die an einem
Tisch rechts, etwas abseits von den restlichen Tischen, saßen, schauten eindeutig in seine Richtung. Eine zeigte sogar mit schlecht ka-
schierter Handbewegung auf ihn. Damenhaft war das nicht, und
vielleicht war es gerade das, was seine Neugier weckte. Er ging auf
sie zu:

„Guten Tag, die Damen."

„Guten Tag, junger Mann", sagte Frau Möllen. Sie war immer um
einen Augenblick schneller als Frau Schmitz. „Möchten Sie etwas
von uns?", fragte sie mit erzwungen gleichgültiger Miene, doch
Lobig konnte dahinter eine große Neugier entdecken. Trotzdem bot
sie ihm keinen Platz an.

„Das weiß ich noch nicht, aber vielleicht könnte ich Ihnen ein
paar Fragen stellen. Sie wissen doch, wer ich bin. Nicht wahr?"

„Wissen wir das?", wandte sich Frau Schmitz an Frau Möllen.

„Ach, Hilde, hör auf zu scherzen. Dieser junge Mann hat ein
Anliegen. Vielleicht können wir ihm helfen."

„Fragen Sie. Wir sind ganz Ohr", forderte ihn Frau Möllen auf.

„Oh, eigentlich wollte ich ganz Ohr sein. Sie wissen, dass wir
wegen des Einbruchs in die Propsteikirche in der Nacht von Freitag

auf Samstag ermitteln. Haben Sie in diesem Zusammenhang etwas beobachten können?"

„Nein, eigentlich nicht", sagte Frau Schmitz und nickte Frau Möllen zu.

„Wie meinen Sie das?"

„Wie meinen wir was?"

„Na, Sie sagten ‚eigentlich'. Und wie ist es mit nicht ‚eigentlich'?"

„Sagte ich das? Martha, sagte ich das?" Frau Schmitz` Herz begann zu rasen, und ihre Wangen bekamen einen leichten rosaroten Schimmer. Sie holte aus ihrem altmodischen Täschchen ein Taschentuch heraus und wischte sich die Mundwinkel.

Frau Möllen ergriff Panik, dass ihre Freundin etwas sagen würde, was sie verraten könnte:

„Nein, meine Liebe. Das heißt ja, aber das bedeutet nichts. Herr Kommissar", wandte sie sich an Lobig. „Das war nur so daher gesagt. Man sagt solche Dinge, ohne dass man sich etwas dabei denkt. Kennen Sie das nicht?" Sie sah ihn eindringlich an.

„Mag sein …", entgegnete Lobig kaum überzeugt und beschloss, die zwei Damen im Auge zu behalten.

„Also, wie es aussieht, können Sie mir nicht helfen. Schade."

Lobig versuchte nicht einmal, weiter zu bohren. Es würde noch der Zeitpunkt kommen, an dem sie nicht mehr so wachsam sein würden. Die zwei Damen verheimlichten ihm etwas. Davon war er fest überzeugt.

„Nein, leider nicht. Auch wenn wir gerne helfen würden, die gestohlenen … ähm, die Sachen wieder zu finden, oder gar den Dieb zu fassen, nicht wahr, Hilde?"

„Mhm." Frau Schmitz zeigte sich sehr kurz angebunden.

„Dann wünsche ich Ihnen noch einen schönen Tag und – halten Sie die Ohren und die Augen auf. Wenn Sie etwas erfahren oder sehen, lassen Sie es mich wissen, ja?" Und wieder wechselte eine Visitenkarte den Besitzer.

„Und außerdem wird es vielleicht auch eine Belohnung für den oder diejenigen geben, die sie finden", köderte er sie.

„Nein, Wirklich?" Frau Schmitz bohrte sich mit ihren kleinen Äuglein in die seinen. „Ähm…", wollte sie weiter ausführen, doch Frau Möllen war auf der Hut:

„Das ist ja gut. Dann finden Sie sie bestimmt umso schneller, nicht wahr?"

„Vielleicht sollten Sie das bekannt machen, Herr Kommissar?"

„Nein! Warum?", opponierte ihre Freundin.

„Eben. Wieso nicht?", wunderte sich jetzt auch der Kommissar.

„Ach, hören Sie ihr nicht zu. Sie bringt da was durcheinander", winkte Frau Möllen ab, als wollte sie eine lästige Fliege vertreiben. „Wir melden uns schon, wenn wir etwas erfahren."

Als der Kommissar außer Hörweite verschwand, trat Frau Möllen Frau Schmitz heftig in die Wade.

„Aua! Was soll das?" Schwerstbeleidigt rieb sich Frau Schmitz die schmerzende Stelle.

„Du verrätst uns durch dein dummes Geschwätz. Halt bloß den Mund. Es ist ja furchtbar", murmelte Frau Möllen durch die Zähne.

„Aber das Geld. Denk doch nach …", begann Frau Schmitz, lehnte sich zurück und versank plötzlich in ihren Träumen. Die Sonne machte ihre Lider schwer, ganz schwer.

Frau Möllen sah sie erstaunt an.

„Obwohl …" Gerade noch so erbost, war sie sich auf einmal nicht mehr sicher, ob es wirklich nur ein dummes Geschwätz war. Der Gedanke ans Geld, wie viel auch immer ausgeschrieben werden sollte, erhellte jedenfalls ihr Gesicht. „Warum nicht auch Geld?"

Als ihre Kinnlade sank, schreckte Frau Möllen aus ihrem Nickerchen auf:

„Habe ich geschlafen?!" Sie griff automatisch nach ihrer Tasche. Sie war da. Sie seufzte.

„Was? Was ist?!" quakte Frau Schmitz ebenso erschrocken und riss die Arme in die Höhe.

„Hilde, benimm dich." Frau Möllen war schon wieder wach und wachsam. Wie immer.

Oder meistens.

23_ KAPITEL

Seit der Geschichte mit den Kirchensilbern und den alten Stoffen war Erwin sehr still und schweigsam geworden. Man konnte fast behaupten, dass er in eine Art Lethargie verfiel. Das war nicht sein erster Beutezug, aber so niedergeschlagen wie diesmal hatte er sich schon lange nicht mehr gefühlt. Und es lag sicher nicht daran, dass er eine Kirche bestohlen hatte. Auch das war keine Premiere für ihn. Aber die Stoffe gingen ihm nicht mehr aus dem Kopf. Nachdem er sie verkauft hatte, kam er nach Hause zurück – und schwieg. Er saß nur da und schwieg. Nicht einmal fernsehen wollte er. Er rasierte sich an dem Morgen nicht richtig und sah irgendwie verwahrlost aus. Auf Elkes Fragen reagierte er mit undefinierbarem Brummen. Mehr war aus ihm nicht herauszuholen.

„Erwin, was hast du? Ist etwas passiert? War jemand böse zu dir?" Elke versuchte, ihn in ein unbeschwertes Gespräch zu verwickeln.

Sie mochte nicht, wenn er so schweigsam dasaß. Doch er reagierte nicht auf ihre Fragen. Elke wurde unruhig, aber auch sauer, also begann sie nach einer Weile wie immer nach demselben Motto herumzunörgeln:

„Erwin, mach doch was. Du kannst nicht die ganze Zeit so dasitzen. Du musst mal wieder arbeiten gehen. Egal was du machen wirst und ob du dir dafür zu schade vorkommen magst. Wir brauchen Geld. Mein Job reicht nicht für zwei, das siehst du doch, oder? Außerdem ist das, was ich mache, auch nicht mein Lieblingsjob und ich mache ihn trotzdem, ich arbeite. Und du?"

Und so weiter und so fort. Sie konnte manchmal beeindruckend lange Monologe zustande bringen. Doch leider brachten sie nur in den seltensten Fällen die erhoffte Wirkung.

„Ach, lass mich doch in Ruh'."

Erwin stand auf und verließ die Wohnung.

Wo er hinging, wusste Elke nicht, es interessierte sie auch nicht besonders. Sie war einfach nur sauer. Immer musste sie alles alleine ausbaden. Er war wie ein kapriziöser Künstler: Wenn etwas nicht nach seiner Vorstellung lief, war er nicht nur verstimmt, sondern stellte sich wie eine Diva an, bockte, mauerte, verweigerte jegliche Zusammenarbeit. Und sie musste dann die Ärmel hochkrempeln und arbeiten, damit sie genug Geld zum Leben hatten.

Sie ging in ihr Zimmer und schaute sich um. Was könnte sie noch bei ebay reinsetzen, bevor sie zur Arbeit ging? Heute hatte sie noch eine Schicht in der Kneipe, und das bedeutete, dass sie bis dahin noch ein paar Stunden Zeit hatte. Genug für ebay und sogar einen kurzen Waldlauf.

Elke mochte das Joggen. Sie lief gerne alleine und dachte über viele Dinge nach. Das beruhigte sie. Sie bekam einen klaren Kopf, und viele Dinge erschienen ihr danach nicht mehr so wichtig. Das tat ihr gut. Damals, als sie noch am Hangeweiher gewohnt hatte, war sie stundenlang im Stadtwald gelaufen. Eine wunderbare Gegend. Doch ihre Wohnung war klein, und als sie mit Erwin zusammen-ziehen wollte, mussten sie eine größere Wohnung suchen. Die fanden sie in Brand, im Süden von Aachen. Sie war schön, drei Zimmer und eine helle große Küche mit Balkon, aber Elke vermisste manchmal die alte Gegend und dann fuhr sie mit dem Auto zum Hangeweiher, um von dort aus auf ihren alten Wegen zu joggen.

Sie öffnete ihren Kleiderschrank und kramte kurz darin, dann zog sie ein Paar Stiefel heraus. Sie waren nicht mehr neu, aber fast wie neu. Elke hatte sie nur einmal getragen. Die Stiefel waren etwas zu groß und als Erwin einmal gesagt hatte, sie würde darin wie ein

Soldat aussehen, da war es um die Stiefel geschehen. Elke hatte sie nie wieder angezogen.

Die gehen jetzt unter den Hammer, sagte sie zu sich und setzte sich an den Rechner. Sie setzte den Preis nicht zu hoch an, um die Begeisterung der Bietenden nicht zu dämmen. Sie war erfahren und wusste, wie man gute Preise erzielt.

Dann zog sie ihre Sportkleider an und verließ die Wohnung. Erwin würde schon zurückkommen, wenn er seinen Groll oder was auch immer losgeworden war.

24_ KAPITEL

Es war sehr warm, obwohl es erst Ende Mai war. Im vergangen Jahr war der Mai ziemlich kühl gewesen. Aber jetzt? Jetzt konnte sich Nina immer noch nicht auf die plötzlich über die Stadt hereinbrechenden hohen Temperaturen einstellen, und die Füße taten ihr trotz der neuen, bequemen Schuhe weh. Sie dachte plötzlich an Oostende. In dieser schönen Küstenstadt hatte sie vor zwei Jahren tolle Sportschuhe gekauft. Sie beschloss mal mit Alex darüber zu reden. Vielleicht würde er Zeit für einen kurzen Trip an die Nordsee mit Shoppingoption finden.

Sie ging nach Hause und freute sich schon auf ein Mittagessen mit ihm. Nach dem Essen wollte sie raus, joggen. Sie brauchte jetzt eine andere Art von Bewegung, als mit den Touristen langsam durch die Stadt zu wandeln und hin und wieder stehen zu bleiben. Das ging richtig ins Kreuz.

„Hi, Alex! Ich bin es!", rief sie, doch niemand antwortete. Sie betrat Alex' Arbeitszimmer. Er saß an seinem Schreibtisch und schaute konzentriert auf den Bildschirm.

„Alex, was ist?"

„Ja, was ist?" Er ließ sich Zeit mit der Antwort. „Lass mich in Ruhe, ich muss arbeiten. Hab eine eilige Terminsache", fügte er knapp hinzu.

Das war neu. So kannte sie Alex nicht. Immer wenn sie nach Hause zurückkam, erwiderte er ihren Gruß. Mehr noch, häufig kam er ihr in den Flur entgegen und küsste sie. Heute war er anders: kühl, abweisend.

„Alex, was ist passiert?"

„Nichts", sagte er kurz. „Du hast deine Angelegenheiten und ich meine."

„Aber", begann sie, brach ab, dann drehte sie sich um und ging in die Küche. Was war das denn? Sie war über seine Reaktion überrascht. Doch was auch immer er für einen Grund haben mochte, es hatte jetzt keinen Sinn, weiter zu bohren.

„Alex, was ist mit dem Mittagessen? Hast du heute nichts gekocht?", rief sie erstaunt aus der Küche. In der Küche herrschte Ordnung und Sauberkeit. Und eine große Leere: kein Mittagsessen, keine schmutzigen Töpfe auf dem Herd. Nicht einmal der Geruch des Gekochten.

„Hast du nichts in der Stadt gegessen? Oh, das tut mir aber leid. Ich dachte ..."

„Ja, was dachtest du? Ich esse doch nie in der Stadt. Und überhaupt: was soll das? Ist was passiert?"

„Wie? Der Sklave hat nicht gekocht und jetzt ist die Madame sauer, ja?"

„Alex, was erzählst du? Warum bist du so gehässig?"

„Warum, warum? Und du? Hast du mir nicht zufällig etwas zu sagen?"

Ohne länger über Alex' merkwürdige Laune nachzudenken, begann Nina, ihm hektisch und schnell über den Vormittag zu erzählen, doch als sie bei der Begegnung mit dem Polizisten angekommen war, unterbrach er sie abrupt:

„Danke, das genügt! Mehr möchte ich nicht wissen." Alex machte eine Handbewegung, die sie verstummen ließ.

„Aber ..."

„Nein!", unterbrach er sie.

„Doch! Du wirst mir nicht vorschreiben, was und wann ich zu sagen habe. Und du erklärst mir jetzt auch, warum du sauer bist!", schrie sie verzweifelt, denn so hatte sie ihn noch nie erlebt.

„Das werde ich nicht tun."

Alex fühlte sich unwohl in der Rolle, die er sich selbst auferlegt hatte, aber beinahe hätte Nina alles aufgedeckt. Sie war zu intelligent, als dass er sie mit fadenscheinigen Vorwänden hätte täuschen können. Und der Ausdruck mit technischen Daten der Kamera und die Kontaktdaten des Anbieters lagen dummerweise auf seinem Schreibtisch ausgebreitet. Er schob sie beiläufig zur Seite und warf andere Ausdrucke darauf. Seine Hand zitterte dabei leicht. Das durfte ihm nicht noch einmal passieren.

Nina sah Alex scharf an und merkte, dass er angespannt war, aber sie zuckte nur mit den Schultern, drehte sich um und stampfte in die Küche.

Sie schnappte sich ein Brötchen, belegte es mit Salami und Tomate, ging in ihr Zimmer und schloss die Tür laut zu. Dort warf sie sich aufs Sofa und kaute langsam ihr Essen.

Was ist in ihn gefahren? So wie jetzt war er noch nie, und damit konnte sie nicht umgehen. Er wies sie regelrecht ab. Sie hoffte nur, dass er sich irgendwann nicht mehr zurückhalten und es ihr sagen würde, was auch immer es war. Sie verdrängte den aufkeimenden Unmut. Nicht weiter daran denken, nicht jetzt, winkte sie ab, nicht alles auf einmal. Es trieb sie raus aus dem Haus, in den Park. Sie schluckte den letzten Biss hastig herunter und zog die Joggingsachen an.

„Alex! Ich bin dann für eine Stunde im Wald!", rief sie, doch nur eine schwere Stille antwortete ihr. Sie knallte die Tür hinter sich zu und lief die Treppe hinunter.

Sie war immer noch aufgebracht. Sie war bereit, sich jedem Problem zu stellen, auch dem schlimmsten, aber nicht dem Schweigen des Menschen, mit dem sie lebte, dem sie vertraute.

„Mhm", murmelte sie und schüttelte den Kopf, als wollte sie den Gedanken loswerden.

Die Geschichte mit den gestohlenen Reliquien kam ihr unweigerlich wieder in den Sinn. Sie ließ noch einmal alles, was bisher passiert war, und alle Informationen, die sie bisher gesammelt hatte, wie einen Film durch den Kopf laufen.

Nach ein paar Metern fing sie an zu laufen, ohne es bemerkt zu haben. Leichtfüßig legte sie ihre gewohnte Strecke zurück, am Freibad Hangeweiher vorbei, dann an den vornehmen Stadtvillen in der Kaiser-Friedrich-Allee. Immer wieder schaute sie sich um. Schon wieder hatte sie das Gefühl, dass sie jemand verfolgte. Wie vor ein paar Tagen. Ihr Atem wurde unregelmäßig. Das verärgerte sie, denn so brachte der Lauf ihr keine Entspannung. Sie meinte, die Anwesenheit einer anderen Person zu spüren, die immer denselben Weg wie sie wählte und im gleichen Tempo lief. Sie drehte sich um, doch sie sah niemanden. Das beruhigte sie für einen kurzen Moment. Wenn sie sich aber wieder umdrehte und weiterlief, spürte sie diese Anwesenheit erneut. Sie hatte mit Alex darüber gesprochen, doch er meinte, sie bildete sich das nur ein, weil sie zu viel arbeitete. Ein einziges Gespräch mit ihm reichte Nina, das Thema nicht mehr zu erwähnen. Sie wusste, dass es nichts bringen würde; er wollte es offenbar gar nicht verstehen. Es sei denn, sie würde den Verfolger stellen, gegen ihn kämpfen, gewinnen und ihn gefesselt Alex zu Füßen werfen. Sie schüttelte nur den Kopf: Davon kannst du nur träumen, mein Schatz. ‚Schatz', dieses Wort führte ihre Gedanken wieder zu den gestohlenen Reliquien. Sie drehte sich ratlos im Kreis, und die Gedanken gingen keinen konkreten Weg, als ob auch sie sich nicht entscheiden könnten. Die Polizei hatte ja ihre Arbeit getan. Zumindest einen Teil davon. Sie hatten alle befragt, und nichts war dabei herausgekommen. Das hatte sie bereits bei Pfarrer Jan erfahren, und Dirk wusste offensichtlich auch nichts über das Bekannte hinaus. Ihre Ermittlungen gingen eindeutig in die falsche Richtung. Sie sollten nicht weiter suchen, wer die Reliquien gestohlen hatte, sondern wo er die Kirchensilber veräußern wollte. Denn sie glaubte nicht daran, dass jemand die Reliquien verkaufen würde, auch oder gerade wenn er gewusst hätte, was er da gestohlen hatte.

Aber warum war die Polizei längst nicht diesen Weg gegangen?, fragte sie sich. Die waren doch in diesen Dingen erfahren. Oder wollte ihr Dirk nichts davon erzählen? Vor der Ampel an der Mündung der Kaiser-Friedrich-Allee in den Brüsseler Ring blieb Nina abrupt stehen. Der wird noch von mir was zu hören bekommen, schwor sie sich.

„He, schöne Frau! Grüner wird es nicht", hörte sie eine Männerstimme. Der Mann lief gerade an ihr vorbei über die Straße und lachte kurz auf.

Witzig, witzig!, dachte sie irritiert. Muss ich denn rüberlaufen, nur weil es grün ist? Sie sah den Mann an. Vielleicht war er derjenige, der sie verfolgte? Nein, das war kaum wahrscheinlich: der hier stampfte wie ein Elefant. Den hätte sie schon von Weitem gut hören können. Sie schaute auf seine Füße, dann auf ihre – und auf ihre Fesseln, und dachte wieder an Pfarrer Jan in seinen Socken. Da musste sie lächeln. Ein bisschen entspannter überquerte sie die Straße, lief dann den Brüsseler Ring entlang, bis sie in die Herrmann-Löns-Straße einbog. Von dort war es bis zum Eingang des Von-Halfern-Parks nicht weit. Dann verlief ihre Route im Park, weg von den Straßen und Autos.

Bevor sie in den Park einbog, sah sie auf der Lütticher Straße einen Trödelsammler. Dass Leute noch heute mit Trödelsammeln Geld verdienen?, wunderte sie sich. Sie schaute ihm nach. Er bemerkte ihren Blick, hob stolz den Kopf und zog kräftiger am Lenker seines Karrens. Auf dem Karren türmten sich allerlei Trödel, alter Ramsch, Becher, Töpfe, Plüschtiere und Stoffe. Wer würde so etwas noch kaufen?

Ihr fotografischer Blick, der den Trödel erfasste, rief ihr die Stoffe in Erinnerung, die sie auf den Bildern im Internet gesehen hatte. Sie versuchte, sich die gestohlenen Reliquien nun in Natur vorzustellen. Wäre es möglich, dass sie so wie diese Stoffe aussahen, zerknittert und schmutzig? Nina beschloss, mit Pfarrer Jan darüber zu sprechen.

Vielleicht hatte er bessere Fotos von den Reliquien, als die, die sie bisher im Internet gefunden hatte. Warum hatte sie ihn nicht schon früher danach gefragt? Ach, sie war zerstreut, und Alex war daran schuld.

Sie lief in den Park hinein. Die Ruhe, die die Bäume ausstrahlten, wirkte sich immer beruhigend auf sie aus. Sie atmete feuchte, warme Waldluft ein und genoss den frischen Geruch. Sie hob den Kopf und schaute zu den Baumspitzen. Nichts bewegte sich – ein stiller, warmer Tag. Und um sie herum nichts als Bäume. Die Stimmung war so friedlich hier. Bei diesem Gedanken lächelte sie.

Hinter ihr knackte es. Schon wieder hatte sie das Gefühl, dass jemand hinter ihr herlief. Der Pfad machte bald eine Biegung. Sie beschloss, direkt hinter der Biegung, wo die Sicht für den Verfolger für eine kurze Zeit versperrt bleiben müsste, sich hinter einem Baum zu verstecken und abzuwarten. Das tat sie auch. Doch niemand lief an ihr vorbei. Vorsichtig lugte sie aus ihrem Versteck hervor, doch es bewegte sich nichts, kein Zweig, kein Blatt.

„Ich werde noch verrückt", sagte sie laut zu sich und verließ, hektisch mit den Armen fuchtelnd, das Versteck.

Das laute Knacken gebrochener Zweige direkt in ihrer Nähe erschrak sie zu Tode.

„Aaah!" Nina sprang zurück. „Was …?!"

„Ach!", kam zurück, nicht weniger erschrocken.

Nina drehte sich schnell um und sah eine Frau, die ein paar Schritte hinter ihr aus dem Gebüsch auf den Laufweg zurück hüpfte und gerade dabei war, sich ein Sportshirt über die Hose zu ziehen.

Sie sahen einander kurz an – und lachten erleichtert auf.

„Oh, Entschuldigung. Ich wollte Sie nicht erschrecken. Ich war gerade mal – Sie verstehen …"

Die Frau war etwas älter und größer als Nina. Ihr kastanienbraunes Haar hatte sie zu einem Pferdeschwanz gebunden, was ihr ein jugendliches Aussehen gab. Sie wirkte nett und offen. Nina betrachtete die Frau genauer, und diese lächelte unsicher.

„Sie haben mich wirklich erschreckt. Echt! Aber gut, es ist vorbei. Uh!", sagte Nina, ein wenig beruhigt. Ihr Herz raste aber noch eine Weile.

„Das tut mir wirklich leid. Laufen Sie immer diesen Weg?"

„Warum?"

„Ich glaube, ich habe Sie schon ein paar Mal hier gesehen."

„Ach, was?"

„Ja. Ich wohne zwar woanders, aber früher wohnte ich in dieser Gegend und lief auch immer in diesem Park. Jetzt stelle ich mein Auto an meinem alten Parkplatz ab und jogge von dort aus. Ich vermisse diese Straßen hier und diesen Park."

„Und wo wohnen Sie jetzt? Nicht mehr in Aachen?"

„Doch, aber in der Trierstraße, ganz hinten, schon fast in Kornelimünster."

„Ach! Tatsächlich?"

„Warum? Was ist daran so erstaunlich?", erwiderte die Unbekannte.

„Nee, nichts. Einfach so."

„Übrigens, ich heiße Elke, und Sie?"

Elke reichte Nina die Hand, die diese ergriff.

„Ich heiße Nina, angenehm. Laufen wir weiter gemeinsam?"

Beide Frauen liefen im gleichen Tempo weiter, jede in ihre Gedanken vertieft. Was sie nicht wussten war, dass sie über dasselbe nachdachten.

25_ KAPITEL

Eine Stunde später betrat Nina triumphierend die Wohnung. Alex hob fragend die Augenbrauen und wartete ruhig auf die Erklärung. Dass sie kommen würde, war ihm sonnenklar.

„Ta-taa! Ich habe soeben meinen Verfolger kennengelernt." Stolz umtanzte sie Alex und setzte sich auf seinen Schoß.

„Und? Hat er Angst vor dir bekommen?"

„Alex, du traust mir echt nichts zu", sagte sie leicht verärgert. „Es ist eine Frau, und wir haben uns zum nächsten Lauf sogar verabredet. Sie läuft immer die gleiche Strecke. Sie heißt Elke und ist ganz nett."

„Na, dann ist ja alles wieder gut. Dann läufst du nicht mehr vor ihr, sondern mit ihr gemeinsam. Ist schon mal eine nette Abwechslung."

Alex sprach zwar wieder mit ihr, doch sie merkte ihm eine gewisse Zurückhaltung an.

„Alex!", rief sie aus, sprang auf und marschierte beleidigt ins Bad. Musste er so sarkastisch sein?

Die Tür fiel ein Tick lauter als sonst ins Schloss. Alex grinste und kehrte zu seiner Arbeit zurück.

Nachdem sie geduscht hatte, ging Nina in ihr Zimmer. Die Vorstellung, jetzt mit ihrem Freund zu reden, ärgerte sie, also beschloss sie, zuerst im Internet nach Informationen über Reliquienhandel zu suchen. In diesem Thema kannte sie sich nicht aus. Sie setzte sich an ihren Schreibtisch und fuhr den Computer hoch. Die Suche im Internet brachte sie, wie so häufig, weit weg vom eigentlichen Thema. Sie las viele Seiten, die sich wissenschaftlich mit Reliquien beschäftigten. Es gab Diskussionsforen, auf denen Teilnehmer ernsthaft über den Sinn und Unsinn der Reliquienverehrung stritten, auf den anderen gaben es Ratschläge, wo man welche findet. Sie schüttelte den Kopf: Viel klüger war sie nicht geworden.

Sie gab schließlich auf und tippte die ebay-Adresse ein. Alex Stimmung ließ nicht erwarten, dass er sich zu einem Trip nach Oostende überreden lassen würde, also wollte sie im Internet nach Sportschuhen suchen. In der Kategorie Mode wählte sie als Suchbegriff Damenschuhe aus und in der aufgerufenen Fotoreihe bemerkte sie ein Paar Stiefel. Es waren Schaftstiefel aus hellbraunem Leder mit niedrigen Absätzen abgebildet. Sie sahen sehr bequem und leicht aus. Dabei waren sie gar nicht so teuer. Der Sofortpreis lag bei 52 Euro. Für dieses Geld hätte sie sie im Geschäft nie und nimmer kaufen können. Die Sportschuhe waren augenblicklich vergessen – sie schlug sofort zu.

Sie dachte an ihre Fesseln und lächelte in sich hinein, während sie 52 Euro an eine Frau in der Nähe von Aachen überwies. Danach ging sie schlafen und hörte, dass Alex in seinem Arbeitszimmer noch in die Tasten hämmerte.

Sie lag im Bett und sah an die Decke, Arme unter dem Kopf. Sie versuchte ihre Gedanken zu sammeln, die Informationen, die sie im Internet gefunden hatte, zu analysieren und plötzlich übermannte sie der Schlaf. Sie merkte nicht einmal, dass sich Alex ins Bett legte, sofort umdrehte und einschlief, ohne ihr vorher einen Kuss zu geben.

Doch er schlief nicht sofort ein. Er dachte über das bisher unbekannte und unerträgliche Gefühl nach, das sich bei ihm eingeschlichen hatte. Alles wegen des Mannes, mit dem er Nina an diesem Tag in der Stadt gesehen hatte. Er versuchte, die Sache nüchtern zu analysieren, aber es klappte nicht. War das wirklich Eifersucht? Wenn ja, war es ein wirklich furchtbares Gefühl. Er wollte ihr ja ein so schönes Geschenk machen. Sollte er sich es doch noch einmal mit der Kamera überlegen? Ach, Quatsch. Dieser Polizist wird ihm Nina schon nicht wegnehmen. Oder …? Der Magen tat ihm weh, der Kopf fühlte sich leer an, sein ganzer Körper kribbelte. Ganz unschuldig war er bei der ganzen Sache auch nicht. Er dachte an die Abmachung mit Frank. Warum ging er nicht einfach direkt zum Antiquitätenhändler. Es gab auch welche in Belgien, direkt hinter der Grenze, bei denen man auch echte Schnäppchen machen konnte. Jetzt war es zu spät, und all das wuchs ihm langsam über den Kopf. Er wollte es verdrängen, aber er verdrängte nur den Schlaf. Nina schlief längst, als Alex verärgert aufstand und in die Küche ging. Er musste einen klaren Kopf bekommen.

Mit dem Gesicht auf dem Tisch wachte er um fünf Uhr morgens auf. Eine Gesichtshälfte fühlte sich wie gelähmt an, und das platt gequetschte Ohr tat weh. Er schlich ins Schlafzimmer und schaute Nina an, wie ruhig sie schlief. Könnte sie ihn wirklich einmal verlassen? Er legte sich vorsichtig neben sie und schlief wieder ein.

26_ KAPITEL

„**Alex, beeil dich.** Ich muss ins Bad. Meine erste Führung beginnt schon um zehn."

„Bin gleich fertig", rief Alex aus dem Bad zurück und fluchte, denn im selben Moment schnitt er sich am Kinn. Auch das noch. Er überlegte, die Eifersucht nicht nur aus seinem Vokabular zu verdrängen, sondern aus seinem Kopf. Aber würde das denn überhaupt klappen? Der andere Mann war das Erste, woran er nach dem Aufwachen gedacht hatte, und die Gedanken an Ninas mögliche Untreue wurden allmählich zwanghaft.

„Oh, fängst du den Tag mit einem Schluck frischen Blutes an?", fragte Nina, als Alex in der Badezimmertür erschien.

„Witzig, witzig", brummte Alex und ging in die Küche.

Der Kaffee war durch. Nina trank ihn schnell und aß dazu ein Brötchen.

„So, Schatz. Ich bin weg."

„Auf die Schatzsuche, was?"

„Ja. Wie kommst du darauf?", wunderte sie sich. Die Reliquien waren zwar äußerst wertvoll, aber sie hätte das Wort ‚Schatz" nicht für sie verwendet. Vielleicht hatte er recht.

„Hab' nur so gedacht."

„Ach, Alex. Der Tag ist so schön. Mach nicht so 'n langes Gesicht. Ich bin zum Mittagessen wieder da. Ciao!"

Na klar, dachte Alex. Ich mache das schon, koche und putze, ich bin ja dein Sklave. Es klappte doch nicht mit der Verdrängung der Eifersucht.

Als die Tür hinter Nina ins Schloss fiel, rief Alex Frank an.

„Ähm, Alex, ich muss Ihnen etwas sagen. Erw… also der Mann, Sie wissen, der hat sich bei mir noch nicht gemeldet", begann Frank nervös.

„Hören Sie, ich brauche sie schnell. Wenn Sie es nicht schaffen, dann muss ich mir woanders welche besorgen."

„Nee, regen Sie sich auf. Ich mach das schon. Ich gehe gleich zu ihm. Dann melde ich mich bei Ihnen, ja? Aber warten Sie. Tun Sie nichts. Nur warten."

Alex legte auf. Na super, seufzte er. Das brauchte er jetzt. Dass es so lange dauern würde, hätte er nicht gedacht. Er rief die ebay-Seite auf.

„Mal sehen, was dort alles angeboten wird."

27_ KAPITEL

„Wieder eine Nacht im Eimer", murmelte Erwin verärgert.

Auch in dieser Nacht hatte er schlecht geschlafen, besser gesagt, er hatte gar nicht geschlafen. Er hatte sich die ganze Zeit im Bett gewälzt und nur gehofft, dass Elke nicht wach würde. Sie war nicht wach geworden, dafür war er fix und fertig. Er dachte fortwährend über den Diebstahl nach. Zum ersten Mal in seinem Leben dachte er überhaupt über einen seiner Diebstähle nach, und er verstand den Grund dafür nicht. Es war, als ob ihn im Kopf etwas zwickte.

Am Morgen, nachdem er sich aus dem Bett gequält hatte, beschloss er, nach dem Trödelsammler zu suchen. Vielleicht war es noch nicht zu spät, und er könnte die Lappen zurückkaufen. Er konnte sich das nicht erklären, aber er hatte ein starkes Gefühl, dass er die Stoffe unbedingt wieder haben musste. Es war eine Art Ahnung, dass es richtig wäre. Er würde im Alter doch nicht Gewissensbisse bekommen?

Nach dem Frühstück ging Elke sofort zur Arbeit. Sie sprach ihn nicht mehr auf die Sachen an, die er letztens mitgebracht hatte, und auch nicht auf die Stoffe. Abwarten hieß jetzt bei ihr die Parole.

Erwin rasierte sich sorgfältig und zog seine besseren Kleider an, um im Ort nicht aufzufallen, und machte sich auf den Weg. Er lief zunächst nach Kornelimünster. Dort könnte er sich einfach mal umschauen, überlegte er. Vielleicht fragen, aber nicht zu viel, damit die Leute nicht auf dumme Gedanken kämen.

Er ging ruhigen Schrittes denselben Weg wie letztens und hoffte insgeheim, den Trödelsammler dort wieder auf der Straße zu treffen. Doch sein Glück wollte sich diesmal nicht einstellen. In Kornelimünster angekommen, ging Erwin zuerst in die Grillbar am Korneliusmarkt. Kein Gast war da. Der Grillbarverkäufer schaute gelangweilt aus dem Fenster. Es war ein dunkelhäutiger Typ mit pechschwarzen Augen und ebenso schwarzen Haaren. Na, ob der sich hier auskennen würde?, fragte Erwin sich. Sein Laden steht ja erst seit ein paar Monaten hier.

„Mist", sagte Erwin leise zu sich und drehte vor der Bar um. Dann aber überlegte er es sich anders und ging doch hinein. Man weiß ja nie, dachte er.

„Guten Tag. Ähm, `tschuldigung. Ich suche einen Mann. Der ist Trödelsammler. Kennen Sie den?", fragte er direkt den Grillbarverkäufer.

„No. Nischt rischtisch. Bin nischt von hier. Aber manschmal läuft hier einer. Meinen Sie den?", entgegnete der Grillbarverkäufer mit einem fremden Akzent.

Dachte ich doch, murmelte Erwin wieder leise zu sich, fragte aber laut weiter:

„Keine Ahnung, ob ich den meine. Wie sieht der denn aus?"

„Welcher?"

„Na, der Trödelsammler."

„Aber welcher?"

„Wie? Habt ihr hier gleich mehrere?"

„Mann, was verwirren Sie misch? Einer kommt hier manschmal vorbei. Is der das …?"

„… na, wie sieht der denn aus?"

„Na ja", überlegte der Grillbarverkäufer. „Wie so einer: Alte Klamotten trägt er und 'ne alte Mütze. Und er zieht 'nen großen Karren mit alte Sache, Stoffe und so mit sisch. Aber die Nase trägt er hoch. Er denkt vielleischt, er is Mister Wischtisch."

Erwin schwitzte leicht. Das war der Mann, da war er sich sicher. Um sich seine Aufregung nicht anmerken zu lassen, sagte er mehr zu sich als zu dem Verkäufer:

„Tja, vielleicht ist er das tatsächlich."

„Sind Sie sischer?"

„Wieso?" Erwin zog die Augenbrauen fragend hoch.

„Na, weil alle sehen so aus."

„Aber ihr habt doch nur den einen hier, das haben Sie gesagt."

„Ja."

„Und wo wohnt er?"

„Warum?"

„Okay, ich nehme jetzt bei Ihnen ein Bier und werde es langsam trinken. Und Sie sagen mir einfach, wo der wohnt." Erwin würde gleich der Kragen platzen, jedenfalls hatte er das Gefühl, dass er bald nicht mehr würde atmen können.

„Ein Euro sechzisch."

Der Mann öffnete die Flasche und reichte sie Erwin. Erwin bezahlte.

„Aber isch weiß nischt, wo er wohnt."

Erwin schaute ihn grimmig an und nahm einen Schluck.

„Er geht aber immer abends da – o!", der Mann zeigte in Richtung Kirche.

„Zur Kirche?"

„Nee, was denken Sie? Hinter der Kirche, da geht der Weg nach oben. Da geht er. Vielleischt wohnt er da. Aber isch weiß nischt. Isch kenne misch hier nischt gut."

„Auch jut", Erwin rülpste in sich hinein und verließ die Bar, ohne sich auch nur einmal umzudrehen. Das nicht ausgesprochene ‚aus' des Grillbarverkäufers hing noch eine Weile in der Luft.

Erwin machte einen großen Bogen um die Propsteikirche, als ob sie ihn wieder erkennen und verraten könnte. Dann sah er zwei ältere Frauen an einem Tisch vor dem Café ‚Krone' sitzen. Sie schienen ihn zu beobachten. Er konnte sehen, wie sie seine Schritte mit zusammengekniffenen Augen verfolgten. Er drehte sich plötzlich zu ihnen um und schaute sie unvermittelt an. Eine erschrak und zuckte zusammen, die andere sah ihn voller Gleichgültigkeit an. Er war sich sicher, dass das gespielt war. Erwin ging weiter im gleichen Tempo, nicht zu schnell. Auch wenn ihm der Boden unter den Füßen brannte und er aus dem Blickfeld der zwei Frauen so schnell wie möglich verschwinden wollte. Dann am Abteigarten stieg er den Weg hinauf bis hin zum Frankensteg. Aufmerksam schaute er sich die Häuser an.

Plötzlich erschien auf der Straße eine junge Frau mit einem Kinderwagen.

„Suchen Sie jemand?" fragte sie freundlich.

Erwin fuhr zusammen.

„Ja", räusperte er sich. „Ein Trödelsammler soll irgendwo hier wohnen."

„Ach ja, der Helmut. Ja, gehen Sie geradeaus weiter, bis zum Ende der Straße und dann noch ein Stück weiter den Gehweg. Frankensteg fünfzehn. Vielleicht ist er noch zu Hause."

Erwin bedankte sich und lächelte das Kind an.

„Guten Tag noch", sagte die Frau und entfernte sich langsam. Erwin nickte wortlos.

Die Frau wurde nicht einmal neugierig, dachte Erwin. Komisch. Er freute sich aber, dass er sich nicht erklären musste. Durch längere Gespräche, würde man sich die Gesichter besser merken, hatte er irgendwo gehört. Und das wäre nicht so gut für ihn. Er ging noch zweihundert Meter weiter. Am Ende der Straße, oder besser: eines Feldweges sah er ein halbverfallenes Haus. Das muss es sein, murmelte er.

Er ging langsam auf die Tür zu und hielt davor inne. Sollte er, oder sollte er nicht? Was, wenn der Mann gar nicht da ist? Oder er ist da, wird ihn aber anschreien oder gar wegjagen? Erwin verließ auf einmal der Mut. Es dauerte eine Weile, bis er sich wieder sammelte und anklopfte. Eine Zeit lang, die ihm wie eine Ewigkeit vorkam, rührte sich nichts. Sein Puls pochte kräftig an seinen Schläfen. Endlich hörte er im Hausinneren ein Rumoren, dann ging die Tür knarrend auf. Ein Mann erschien. Erwin erkannte sofort den Trödelsammler. Dieser schaute Erwin an und lächelte auf einmal schief. Es war eher ein fratzenhaftes Grinsen, dem Mann fehlten einige Zähne, was er nicht einmal zu verstecken versuchte. Seine Augen waren leicht trüb, als hätte er schon mehr als einen getrunken. Der Trödler trug eine ausgebeulte Hose von einer undefinierbaren Farbe und drüber ein kariertes Flanellhemd, ursprünglich sicherlich schwarz-grün. Erwin fragte sich angeekelt, ob der Mann diese Kluft nachts wohl ablegte.

„Wat willste?", fragte der unvermittelt und sein Gesicht verfinsterte sich.

„Darf ich rein?", fragte Erwin.

„Nö."

„Ähm, aber ich muss mit Ihnen reden."

In Erwins Stimme schwang Verzweiflung mit. Der Trödelsammler vernahm sie, doch er wollte nicht gleich nachgeben.

„Über was denn?"

„Vielleicht lassen Sie mich doch rein."

Classen seufzte und ließ ihn in die Wohnung.

Erwin schaute sich um. Seine Augen brauchten etwas Zeit, um sich an die Dunkelheit im Raum zu gewöhnen. Das bisschen Licht, das den Raum vage erhellte, kam durch ein kleines Fenster. Strom gab es hier wohl nicht.

Der Raum war groß und vollgestellt mit allerlei Möbeln und Kartons. Überall lag und stand Trödel, den der Mann offenbar im Laufe der Zeit gesammelt, aber nicht verkauft hatte. Es stank stark nach Fäulnis, und Erwin musste den Würgreflex unterdrücken. Er fühlte sich aber auch aus einem anderen Grund unwohl in diesem Raum. Automatisch verglich er sein Leben mit dem des Trödlers. So wollte er nicht enden, auf gar keinen Fall. Er wischte sich die Stirn, als wollte er diese schreckliche Vorstellung wegwischen.

„Und?" fragte Classen ungeduldig. „Wat willste?" Er duzte Erwin konsequent, wie damals. Er bot ihm keinen Stuhl an. Es gab auch keinen. Eine Bank an der Fensterwand war mit Trödel zugestellt.

„Ich, dat heißt, ja, also ich hab Ihnen neulich alte Stoffe verkauft. Kann ich se wieder haben?"

„Ha, ha, ha", lachte Classen auf. „Dat wäre doch schön. Die hätt ich dir für dat Doppelte, ne, dat Dreifache zurückgegeben. Tja. Leider, hab ich se weiterverkauft. Mist!", setzte er noch nach, mehr zu sich selbst als zu Erwin.

„Wat?!", schrie Erwin auf.

„Eh, mach kein' Krach, Mann!"

„Oh, `tschuldigung. Wem haben Se se verkauft?" Erwin wollte den Alten nicht noch mehr reizen und beherrschte sich, obwohl ihn die Nachricht bis ins Mark erschütterte.

„Warum sinn die jetzt auf einmal so wichtisch für dich, mhm?", wollte Classen wissen.

Dann ging er zum Tisch rüber und holte einen Becher mit undefinierbarem Getränk. Etwas dampfte darin, doch mit Sicherheit war es kein Kaffee. In dem allgemeinen Gestank war der Kaffeegeruch jedenfalls nicht auszumachen.

„Meine Freundin wollte die reparieren", log Erwin nicht sehr überzeugend.

„Ha, dass ich nicht lach. `ne Tüchtige haste also. Tja, zu spät, zu spät", lachte er wieder und sein Lachen ging in ein heftiges Husten über. Erwin dachte, er würde sich gleich die halbe Lunge heraus husten. Classen konnte sich nicht mehr auf den Beinen halten und setzte sich auf einen Schemel. Er röchelte aber immer noch. Auch noch, als Erwin bereits sein Haus verließ.

Erwin konnte und wollte es nicht mehr hören. Er bekam Angst vor der Armut, vor Krankheiten und vor diesem Ort. Eiligen Schrittes ging er hinunter ins Zentrum von Kornelimünster zurück.

Er drehte sich nicht einmal um, als er an Café ‚Krone' vorbeiging.

„Scheiße. Wat soll ich jetzt machen?", fluchte er. Zumindest mit den Kirchensilbern würde es klappen. Er beschloss so schnell wie möglich, mit Frank zu reden. Er müsste schon das Geld bekommen haben.

28_ KAPITEL

„Hallo, Nina!"

Nina drehte sich um und sah Elke. Sie winkte ihr zu und lächelte.

„Ach, welch eine Überraschung?" Nina freute sich über diese unerwartete Begegnung. „Wo gehst du hin?"

„Ich muss zur Post. Ich habe Stiefel bei ebay verkauft und muss sie jetzt verschicken."

„Echt?", rief Nina erstaunt auf und blieb stehen.

„Wie, was ist so komisch dran?"

„Na ja, ich habe gestern Stiefel bei ebay ersteigert. Du meinst nicht etwa …"

„Was?", unterbrach Elke sie.

Sie sahen einander an, dann prüften sie die Adressen und lachten herzlich auf.

„Das ist ja ein Ding. Gib mir die Stiefel und mach keinen Unsinn. Für das Porto gehen wir jetzt Kaffee trinken. Was hältst du davon?"

„Das lässt sich machen. Ein bisschen Zeit habe ich noch."

„Lass uns gehen. Ich will die Stiefel endlich anprobieren." Nina zeigte ungeduldig auf das ‚Café zum Mohren' und beschleunigte die Schritte.

Sie setzten sich an einen Tisch, und Nina gab der Kellnerin ein Zeichen, welches zwei Tassen des üblichen Illy bedeutete. Sie trank nur Illy, das wusste man im ‚Café zum Mohren', sie war eine Stamm-Kaffeetrinkerin hier. Sie packte die Stiefel aus.

„Wow! Die sehen wirklich toll aus. Wie auf dem Foto und genauso, wie ich sie mir auch vorgestellt habe. Super. Warum wolltest du sie nicht tragen?"

„Ich sehe in diesen Stiefeln wohl nicht so gut aus. Sagt mein Freund jedenfalls. Also hatte ich sie nur ein einziges Mal an."

Nina probierte sie an. Die Kellnerin, die gerade die beiden Tassen Kaffee brachte, sah die Stiefel bewundernd an:

„Oh, die sind aber schön!"

„Nicht wahr?", wandte sich Nina der Kellnerin zu. „Echt super! Sie sitzen wie angegossen. Gerade solche Stiefel habe ich gesucht. Toll!"

Sie küsste Elke auf die Wange.

„Es bringt nichts Gutes, wenn sich Frauen küssen."

Beide Frauen sahen erstaunt auf, gleichzeitig erkannte Nina Dirks Stimme.

„Musst du mich immer so erschrecken?", fragte sie vorwurfsvoll.

„Muss ich nicht. Aber dann tu' solche Dinge nicht, dazu noch mitten in der Stadt. Die Leute schauen zu. Wer weiß, was sie sich denken." Er zeigte mit einer ausschweifenden Armbewegung auf den Platz um sie herum.

„Mit Leuten meinst du wohl dich, was? Dieser furchtbare Kerl heißt Dirk", zwinkerte Nina Elke zu. „Und das nette Mädchen heißt Elke."

„Angenehm." Dirk schaute Elke flüchtig an. „Meine Damen, ich muss weiter. Man sieht sich." Der Polizist entfernte sich und Elke schaute Nina vielsagend an.

„Wow. Der sieht aber nett aus."

„Ach ja, nett, aber nervig. Hat komische Sprüche auf Lager. Ich würde nichts von ihm wollen. Mein Alex ist ruhiger und kann kochen. Und für mich ist das eine nicht zu unterschätzende Qualität."

Elke lachte.

„Na, da hast du es gut. Bei uns koche ich. Wenn mein Freund anfangen würde zu kochen, würde ich sofort verkünden, eine radikale Diät machen zu müssen."

„Wie heißt denn dein Freund?"

„Erwin. Ein altmodischer Name. Er ist auch ein bisschen nicht von dieser Welt, aber ich mag ihn."

„Stimmt. Erwin, he. Habe noch nie von jemandem mit diesem Namen gehört. Was macht er denn, dein Erwin?"

„Nichts Besonderes." Elke wurde unsicher. „Du, ich muss weg, ich muss gleich auf der Arbeit sein. Es war nett, dich zu sehen. Das müssen wir wiederholen, vom Laufen mal abgesehen, gut?" Elke verabschiedete sich schnell und ging.

Nina genoss noch eine Weile den Kaffee und blickte hin und wieder stolz auf ihre neuen Stiefel herunter. Dann lächelte sie zufrieden. Ihre Fesseln waren perfekt kaschiert.

Sie sah auf die vorbeischlendernden Menschen und fragte sich, wann sie zuletzt hier mit Alex unterwegs gewesen war. Sie hatten in der letzten Zeit gar nichts gemeinsam unternommen. Das müsste sich bald ändern, beschloss sie. Vielleicht an ihrem Geburtstag? Er war doch bald.

29_ KAPITEL

Die zwei älteren Frauen saßen immer noch im Café ‚Krone' und wunderten sich nun, warum der Fremde so schnell an ihnen vorbeiging.

„Was meinst du, Hilde? Ist dort oben etwas passiert?", fragte Frau Möllen ihre Freundin. Diese antwortete nicht und nippte ruhig an ihrem Kaffee. Frau Möllen überlegte weiter und plötzlich erhellte sich ihr Gesicht:

„Jetzt weiß ich, woher ich den kenne. Das war der Mann, der dem Trödelsammler die Reli...", sie brach ab und schaute sich schnell um, doch niemand hörte ihr zu.

Auch Hilde nicht. Diese schloss die Augen und genoss schweigend die Sonne, die ihre Gesichtsfalten streichelte. Sie dachte wohl an etwas Angenehmes, denn ein kaum sichtbares Lächeln tänzelte kurz um ihre Mundwinkel. Nicht lange.

„Ach! Ich darf doch nicht in der Sonne sitzen! Ist nicht gut für die Haut", sprang Frau Schmitz auf und schob schnell ihren Stuhl ein Stück weiter, in den Schatten.

Frau Möllen seufzte nur und verdrehte die Augen:

„Hilde, Hilde. Ich glaube, ich muss wirklich für uns beide denken. Auf dich ist kein Verlass."

„Aber wie kommst du auf diese Idee, Martha? Was habe ich denn gesagt?"

Frau Möllen wollte nicht antworten. Was hätte sie ihrer Freundin auch sagen sollen? Der verträumten alten Frau, die sich immer Sorgen um ihre Gesichtsfalten macht. Sie wechselte einfach das Thema:

„Wir müssen ja noch die Reliquien reinigen. Ich habe mich ein bisschen umgeschaut, aber ...“

„Gardinenwaschmittel“, fiel Frau Schmitz ihrer Freundin ins Wort.

„Was sagst du?“

„Ja. Ich habe ein ganz leichtes und schonendes Waschmittel. Damit können wir nichts falsch machen. Ich habe mich erkundigt.“

„Du hast doch niemandem etwas davon erzählt, oder?!“

„Ach, wo denkst du hin?! Ich habe einfach nur nach spezieller Behandlung für alte Stoffe gefragt.“

„Oh Gott, hoffentlich!“, seufzte Frau Möllen schwer.

„Ja, mehr habe ich nicht gesagt. Obwohl die Frau in der Drogerie gefragt hat, was für alte Stoffe ich denn hätte. Aber ich habe ihr nichts gesagt. Nichts!“, betonte sie.

„Nichts außer ...“, wollte sich Frau Möllen noch vergewissern.

„Ich habe gesagt, dass die Stoffe sehr, sehr alt sind. Und nun hör auf, mich auszufragen!“, beendete Frau Schmitz und schaute ihre Freundin empört an.

„Gut, ich habe noch Gardinenwaschmittel zu Hause“, entgegnete Frau Möllen nur.

„Nein. Lass uns meins nehmen. Es ist neu und extraleicht. Es ist bestimmt viel besser.“

„Ist ja gut. Dann lass uns nach Hause gehen. Unterwegs nehme ich noch die Stoffe mit zu dir“, sagte Frau Möllen resigniert und winkte den Kellner herbei.

„Nein. Morgen.“

Frau Schmitz sah ihre Freundin von oben herab an, als befände sie sich auf einer geheimen Mission. Sie wartete einen Augenblick und fügte dann hinzu: „Heute muss ich noch zu Marcel, meinem Frisör. Marie, seine Frau, hat mir gesagt, dass er heute gute Laune hat, und dass es gut wäre, wenn ich heute käme. Er muss mir nämlich nicht nur die Haare schneiden, sondern auch eine Dauerwelle machen. Die ist ja fast vollkommen rausgewachsen."

„Ach, tatsächlich?"

Frau Möllen überlegte krampfhaft, was sie machen sollte, um ihre Freundin davon abzubringen, zum Frisör zu gehen. Ein Frisörsalon war jetzt der letzte Ort, wohin Hilde gehen durfte. Dort bestand die Gefahr, dass Hilde ihr gemeinsames Geheimnis ausplaudern würde, ohne es auch nur zu bemerken. Sie musste nun schnell eine Lösung finden. Frau Möllen fuhr sich mit der Hand durch die Haare und fasste heroisch einen Entschluss: Na gut, was muss, das muss.

„Ach, wenn das so ist, komme ich mit. Ich wollte sowieso in den nächsten Tagen zum Frisör. Dann gehe ich eben heute mit dir hin", sagte sie betont gleichgültig.

Frau Schmitz hob erstaunt beide Augenbrauen.

„Du gehst aber immer zu Frau Brand in Franken."

Frau Möllen verdrehte die Augen.

„Jaha, Hilde. Es ist Frau Franken in Brand", korrigierte sie ruhig, als spräche sie zu einem Kind, dem das Lernen Probleme bereitete.

„Ach ja, entschuldige bitte", kicherte Frau Schmitz verlegen.

„Sie ist aber krank", log Frau Möllen, ohne auch nur mit der Wimper zu zucken. „Und so lange kann ich nicht warten. Schau, mein Ansatz ist nachgewachsen. Ich muss es wieder färben und weiß gar nicht, wann sie wieder öffnet."

Frau Schmitz sah tatsächlich prüfend auf den Kopf ihrer Freundin. Sie konnte zwar ohne Brille nicht richtig sehen, die hellen Haaransätze machte sie trotzdem aus.

„In Ordnung. Vielleicht hat Marcel noch einen freien Termin für dich", sagte sie.

Frau Möllen seufzte erleichtert. Wieder einmal ließ sich die Gefahr bannen. Vielleicht.

„Was hat sie denn?", fragte Frau Schmitz interessiert.

„Wer hat was?"

„Na Frau Brand, ähm, Frau Franken", korrigierte Frau Schmitz schnell.

„Sie ist die Treppe heruntergefallen. Passiert schon mal. Pass auch du auf dich auf. Man kann ja nie wissen ..." Frau Möllen sah ihre Freundin streng an.

„Wie meinst du das?"

„Hilde! Ich meine nur, dass wir älter werden", entgegnete Frau Möllen philosophisch. „Komm, lass uns endlich gehen."

30_ KAPITEL

Elke ging in den Keller und holte die Plastiktüten mit den Kirchensilbern. Schön waren sie, schade eigentlich, dass sie sie nicht behalten konnte. Vor allem die Kerzenleuchter. Man müsste sie nur sauber polieren und schöne Kerzen kaufen. Schnell verwarf sie diesen Gedanken, sie brauchte Geld. Die Sachen mussten weg.

Sie fotografierte zuerst die Messbecher, dann die kleineren Gefäße, deren Bestimmung sie nicht kannte, und zum Schluss auch die Kerzenleuchter. Dann stellte sie zuerst nur zwei Kerzenleuchter bei ebay ein. Mal schauen, was sie bringen. Sie gab einen Sofortpreis ein, und der wurde schnell geboten. Oje, vielleicht hatte sie den Preis zu niedrig angesetzt, überlegte sie. Der Käufer war jemand aus Aachen. Elke dachte sofort an Nina – und bekam ein merkwürdiges Gefühl. Ach nein, das wäre wohl zu viel des Zufalls... Irgendwie fühlte sie sich sowieso schon unsicher bei der ganzen Sache. Sie verglich die Adressen. Nein, diese entsprach nicht der von Nina. Moment mal, Packstation? Na gut. Soll mir egal sein, beruhigte sie sich. Jetzt musste sie nur noch die Überweisung abwarten.

31_ KAPITEL

Nina öffnete die Wohnungstür und versuchte es noch einmal mit dem alten Ritual:

„Hallo, Alex! Ich bin's!"

Aber niemand antwortete, niemand kam in den Flur, um sie zu küssen.

„Hallo!" Sie ging in Alex' Büro, fand ihn aber dort nicht. Er war nicht zu Hause. Ein unangenehmes Gefühl schlich sich bei ihr ein. Wo ist er und warum ist er nicht zu Hause? Er war immer da, wenn sie nach Hause zurückkam. Die Tatsache, dass er jetzt nicht da war, erfüllte sie mit Angst. Traurig ging sie in ihr Arbeitszimmer, setzte sich an den Rechner und fuhr ihn hoch. Sie ging auf die ebay-Seite. In das Suchfeld gab sie einfach auf gut Glück ‚Kirchensilber' ein. Es wurden sofort einige Stücke angezeigt.

„Es ist also möglich", sagte sie laut zu sich selbst.

Sie fand einiges, sie war sogar überrascht, wie viele verschiedene Kirchengerätschaften über diese Plattform den Besitzer wechselten. Doch sie wusste nicht, wie die in Kornelimünster gestohlenen Gegenstände aussahen. Sie wollte zuerst Pfarrer Jan anrufen, aber dann überlegte sie, dass es besser wäre, direkt zu ihm zu fahren.

Sie zog ihre neuen Stiefel an, als sie hörte, dass sich ein Schlüssel in der Wohnungstür umdrehte.

„Alex! Wo warst du?" Nina lief zu ihm und küsste ihn auf die Wange.

Alex erwiderte den Kuss und murmelte undeutlich, dass er eben kurz weg musste.

„Alex, hör zu. Ich glaube, die Silbersachen sind bei ebay. Guck mal, die Seite ist noch auf."

Sie zog ihn in ihr Zimmer.

„Setz dich hin und schau dir die Sachen an", forderte sie ihn auf.

Alex schaute auf das Silberstück und wurde nervös. Und was, wenn auch seine Kirchensilber aus einem Diebstahl stammen würden? Hoffentlich nicht. Um sich die Nervosität nicht anmerken zu lassen, sammelte er seine ganze Kraft.

„Und? Willst du jetzt das alles kaufen?"

„Nein, und deswegen muss ich zu Pfarrer Jan. Er soll mir Fotos von den Kirchensilbern zeigen. Und was sagst du zu meinen neuen Stiefeln?"

Sie zeigte auf die Schuhe. Sie erwartete nicht, dass Alex vor Begeisterung tanzen würde, aber dass er sich für sie freuen würde, hätte sie sich doch gewünscht.

„Chic", sagte Alex kurz.

„Alex, was ist mit dir? Du bist so anders, so abweisend. Was ist passiert? Du freust dich über gar nichts."

„Es sind doch deine Schuhe. Was interessieren sie mich. Interessiert dich denn, was ich mache? Du hast ja deine Sachen, und ich habe meine." In seiner Rolle als Beleidigter fühlte er sich auf einmal sicherer.

„Ach, so 'n Quatsch. Es ist überhaupt nicht so. Und warum willst du nichts mit mir gemeinsam unternehmen? Wir könnten ja die Silber beobachten oder gar kaufen und so den Dieb überführen."

„Und die Polizei? Wozu gibt es die?"

„Mit der rede ich schon."

„Ja, ist klar", schnaufte er. „Mit diesem Polizisten."

„Natürlich. Er ermittelt in der Sache. Was hast du gegen ihn? Sprich doch mit mir!"

„Nein. Es ist nichts, lass mich in Ruhe."

Alex war nicht imstande, über so etwas wie Gefühle zu reden. Er ließ Nina vor ihrem Rechner sitzen und ging in sein Arbeitszimmer.

Nina schaute auf die Uhr und zog die Stiefel aus: „Es ist spät geworden, ich glaube, ich fahre morgen früh zu Pfarrer Jan."

Sie überlegte kurz, Dirk anzurufen, und schloss die Zimmertür.

„Hallo Herr Kommissar."

„Hallo Nina." Sie konnte hören, dass er sich freute. „Was bewegt dich dazu, bei der Polizei anzurufen?"

„Meine bürgerliche Pflicht."

„Erzähl!", forderte er sie auf.

„Mir ist eine Idee gekommen. Heute ist es schon zu spät, ich habe noch einen Termin, aber morgen früh fahre ich zu Pfarrer Jan. Ich möchte mir die Fotos von den Kirchensilbern und von den Reliquien ansehen. Kirchensilber werden tatsächlich bei ebay angeboten. Hätte ich nicht gedacht."

„Das wollte ich auch überprüfen. Pfarrer Jan war aber heute nicht da, als ich bei ihm die Fotos abholen wollte, also muss ich morgen wieder hin. Ich kann dich abholen und wir fahren zusammen nach Kornelimünster."

„Das fehlte mir noch! Mein Freund würde sich echt freuen. Nein, fahr du mit deiner Polizeikiste hin, und ich fahre mit meinem Auto."

„So schlecht sind unsere Wagen nicht. Wenn auch die Porsche-Zeit schon längst vorbei ist."

„Porsche bei der Polizei? Du veräppelst mich."

Nina lachte amüsiert über die Vorstellung, dass Dirk in einem Porsche bei ihr vorbeifahren könnte. Da würden die Nachbarn aber Augen machen! Und Alex erst recht.

„Nein. Wir hatten tatsächlich auch schon mal einen Porsche, um die Schmuggler jagen zu können, die mit amerikanischen Straßenkreuzern unterwegs waren. Die Polizei musste irgendwann auch ihre Straßenflotte anpassen. Aber damals waren wir beide noch gar nicht auf der Welt."

„Echt? Das musst du mir mal genauer erzählen. Das ist ja super interessant!"

Nina freute sich schon auf die Geschichte und vergaß, dass im Zimmer nebenan Alex saß und schmollte. Sie freute sich, dass sie auf dieselbe Idee gekommen war wie Dirk, das heißt die Polizei. Ein bisschen stolz auf sich war sie auch.

„Aber sag mal, hast du deinen Wagen wieder zurück?", fiel Dirk ein.

„Ja, ich musste nur die Klimaanlage prüfen lassen. Es ist alles in Ordnung. Es ist ja ein Fiat", das konnte sie sich doch nicht verkneifen.

Dirk lachte auf.

„Alles klar. Um wie viel Uhr möchtest du hinfahren? Wenn ich dich schon nicht abholen darf."

„Um neun fahre ich los, also eine halbe Stunde später. Bis morgen. Tschüß!"

Sie legte sich hin und kramte einen neuen Krimi aus dem Bücherstapel, der sich auf ihrem Beistelltisch türmte. Nach einigen Minuten versank sie komplett in Andrea Camilleris sizilianischer Welt. Hin und wieder lachte sie auf. Commissario Montalbano war schon ein komischer Geselle.

32_ KAPITEL

Am Frühstückstisch herrschte Stille.

„Ist jemand gestorben?"

Nina hatte keine Lust, Alex' miese Laune zu ertragen. Wenn sie was hatte, sagte sie es sofort und ihm musste sie immer alles aus der Nase ziehen.

„Nö. Warum?" Alex hob nicht einmal seinen Kopf vom Teller, penibel darauf bedacht, eine Schicht Quark gleichmäßig auf einer Brötchenhälfte zu verteilen.

Nina war klar, dass er immer noch sauer war und darauf wartete, bis sie sich zu seinem Schmerz durchfragte. Dieses Mal wollte sie ihm aber den Gefallen nicht tun. Wenn er sich so anstellte, sollte er auch ruhig schmollen, bis er reif sein würde, mit ihr zu reden.

„Ich fahre gleich nach Kornelimünster. Bin gegen Mittag wieder zu Hause. Heute habe ich keine Stadtführungen", sagte sie nur.

Alex schwieg. Langsam und genau kaute er an seinem Brötchen und sah vor sich hin. Hin und wieder hörte sie, wenn er schluckte. Mein Gott, was soll das denn wieder? Aber ich komme dir nicht entgegen, schwor sie sich und zog die Augenbrauen zusammen.

„Na dann, tschüß", sagte sie, als sie schon an der Tür stand und immer noch hoffte, dass er aus seinem Arbeitszimmer herauskommen würde, um sich von ihr zu verabschieden.

Als die Tür hinter Nina ins Schloss fiel, atmete Alex schwer auf. Die Kirchensilber, die er gerade ersteigert hatte, musste er so schnell wie möglich gegen diese Kamera umtauschen. Vor allem musste er mit Frank reden. Er wählte seine Nummer.

„Und? Haben Sie etwas zu berichten?", begann er scharf.

„Ich … also der, der Mann, er …"

„Hören Sie", unterbrach ihn Alex. „Ich verzichte. Ich habe die Schnauze voll. Sagen Sie Ihrem Freund, dass ich schon gefunden habe, was ich suchte. Er kann sich seine Kirchensilber sonst wohin stecken", schnaubte er – die Aufregung gewann – und legte auf.

Er griff nach dem Hausschlüssel und ging in den Keller.

„Nur noch umtauschen", knurrte er, „und die Sache ist vorbei."

33_ KAPITEL

Nina bog um die Ecke und sah Dirks Polizeiwagen. Sie freute sich darauf, ihn wieder zu sehen. Sie klopfte bei Pfarrer Jan. Frau Matzke öffnete die Tür mit einer Miene, die unbedingt etwas bedeuten musste. Nur was? Nina schaute sie fragend an, aber Frau Matzke schwieg. Sie ließ Nina durch und schloss die Tür ab.

Pfarrer Jan und Dirk saßen bereits im Büro und sprachen lebhaft miteinander, fröhlich hörten sich ihre Stimmen allerdings nicht an.

„Guten Morgen, meine Herren." Nina betrat das Büro. „Und? Gibt es was Neues?"

„Tja, meine Liebe. Ich hoffe, dass Sie uns etwas erzählen können. Ich kann leider nichts bieten."

Pfarrer Jan konnte man die Strapazen der letzten Tage ansehen. Seine Augen waren von dunklen Ringen umrundet. Er sah aus ein Zombie aus billigen Horrorfilmen.

„Ich war gestern auf der Internetseite von ebay. Man kann sich dort schön mit Kirchensilber versorgen. Und? Und ich konnte nichts tun, weil ich nicht einmal weiß, wie die unseren aussehen. Vielleicht erfahre ich das heute, Pfarrer Jan, was?" Nina schaute den Pfarrer fragend an.

„Wie? Man kann Kirchensilber versteigern? Im Internet?! Das Weltende ist nah!", entfuhr es ihm. „Ich wollte es nicht glauben, als ich schon mal vom Internethandel mit Reliquien hörte, aber das alles übersteigt meine wildesten Spekulationen."

„Beruhigen Sie sich. Gut, dass es so etwas überhaupt gibt. So erhöhen sich unsere Chancen. Zeigen Sie uns doch bitte die Fotos." Kommissar Lobig wurde sachlich.

Pfarrer Jan holte aus der unteren Schreibtischschublade einen Hängeordner heraus.

„Hier, bitte. – Frau Matzke, können Sie uns bitte Tee machen?"

„Das darf doch nicht wahr sein!" Nina sah auf die Fotos und verglich sie in Gedanken mit denen aus dem ebay-Angebot. „Das sind genau die Dinger, ich meine, die Kerzenleuchter, die ich gestern bei ebay gesehen habe. Hätte ich es gewusst, hätte ich direkt mit geboten!"

„Was? Sind Sie sich sicher?"

Pfarrer Jan bekam vor Aufregung rote Wangen und seine Augen strahlten wilde Entschlossenheit aus, zu handeln. Nur wie? Er blickte unruhig umher, als suchte er nach einer Lösung.

„Aber ja! Glauben Sie mir, ich habe ein sehr gutes visuelles Gedächtnis. Herr Pfarrer, machen Sie doch Ihren Rechner an."

„Das hättest du besser nicht gemacht", sagte Dirk streng, zu Nina gewandt.

„Warum nicht?"

„Du hättest dich strafbar gemacht, denn du weißt ja, dass sie gestohlen sind."

„Oh, Mann! Was für eine Korinthenkackerei! Entschuldigen Sie, Pfarrer Jan", meinte Nina verlegen und fuhr an Dirk gewandt fort: „Ich hätte sie aber gerettet!"

„Das überlässt du bitte der Polizei", gab er zurück.

„Können Sie Ihren Laptop mal kurz einschalten?", fragte Nina.

„Ähm...", begann Pfarrer betreten.

Sie zog fragend die Augenbrauen hoch.

„Nun, er ist wieder kaputt."

„Was ist dran?", interessierte sie sich. „Vielleicht kann ich ja mal ...“

„Nein!", unterbrach er sie scharf.

Nina tauschte einen kurzen Blick mit Kommissar Lobig aus. „Na gut, ich habe ja mein Smartphone dabei. Es wird auch reichen."

Pfarrer Jan beobachtete sie voller Neid, wie flink sie mit dem Gerät herumhantierte. Das war zu viel für ihn. Er mochte die kleinen Geräte nicht, bei denen er immer wieder feststellen musste, dass seine Augen langsam nachlassen. Man sagt nicht umsonst, mit vierzig braucht man die erste Lesebrille.

Nina tippte schnell im Internetbrowser die ebay-Adresse und als Suchbegriff gab sie ‚Kirchensilber' ein. Es wurden einige Treffer angezeigt, doch die Kerzenleuchter waren nicht mehr darunter.

„Und? Wo sind sie nun? Ich erkenne unsere Sachen nicht darunter", sagte der Gottesmann enttäuscht. Aus der Tasche seiner Soutane holte er dann doch die Lesenbrille und sah noch mal genauer auf das Display. „Nein", bestätigte er.

„Keine Ahnung. Vielleicht hat sie schon jemand ersteigert. Das ist gut möglich, sie standen als Sofort-Kauf zur Verfügung", meinte Nina niedergeschlagen.

„Wie hoch war der Preis?"

„Das weiß ich nicht mehr. Ich habe nicht darauf geachtet. Moment mal ..." Nina seufzte und dachte krampfhaft nach. „Ich glaube, es waren hundert Euro das Stück."

„Oje!", stöhnte Pfarrer Jan und sackte in seinem Stuhl zusammen.

Kommissar Lobig schwieg die ganze Zeit und überlegte kurz, wen er daran ansetzen könnte, ohne zu viel Lärm um diese Sache zu machen. Es war auch ihm klar, dass dies der einzige Weg war, an den Verkäufer dranzukommen. Manni, einer aus seiner Abteilung war vielleicht ein extrem unkommunikativer Typ, aber mit solchen Sachen kannte er sich bestens aus. Das war die richtige Person für diese Aufgabe – Kommissar Lobig entspannte sich.

„Herr Pfarrer, ich kümmere mich darum", sagte er. „Ich denke, bald haben wir den Verkäufer und damit vielleicht auch den Dieb."

„Vielleicht? Warum vielleicht? Denkst du, er hat es an jemand anders verkauft und der setzte das alles bei ebay ein?"

„Möglich wäre es jedenfalls."

Pfarrer Jan seufzte schwer, als Frau Matzke mit dem Tee herein-
kam. Instinktiv räumte er seinen Schreibtisch auf und machte Platz
für das Tablett.

„Was ist, Herr Pfarrer? Ist was passiert?" Frau Matzke erstarrte.

„Ach, Frau Matzke, was soll ich Ihnen sagen. Einige Silber sind
weg."

Kommissar Lobig staunte, als er hörte, wie offen Pfarrer Jan mit
seiner Haushälterin über den Diebstahl sprach, und wollte schon
etwas dagegen einwenden, doch dazu kam es nicht.

„Wie meinen Sie das?" Frau Matzkes Augen weiteten sich, während sie das Tablett laut krachend auf dem Tisch abstellte.

„Versteigert."

„Wie: versteigert?! Das ist eine Sünde! Das geht nicht! Polizei,
warum macht ihr nichts?"

Empört ging sie so dicht an den Kommissar heran, wie es ihr ihre
üppigen Brüste erlaubten. Mit den Armen auf die Hüften gestützt
schaute sie ihn herausfordernd an.

„Frau Matzke, ich werde mich darum kümmern. Wir kriegen die
Silber schon zurück."

Kommissar Lobig gab sich Mühe, Frau Matzke zu beruhigen,
aber das war nicht einfach.

„Ja? Und wenn die zwei da", sie zeigte in Richtung Fenster,
dahinter konnte man jedoch niemand ausmachen. „Wenn die da was
damit zu tun haben?"

„Wer, Frau Matzke? Was wissen Sie?"

„Ich weiß nichts, aber die zwei, Möllen und Schmitz, reden so 'n
Zeug, da kann man sich nur denken, dass sie was mit zu tun haben."

„Und was reden die? Mir wollten sie nichts sagen."

„Ha", lachte sie. „Klar. Sie sind auch Polizist. Und mit mir reden
sie nicht, weil wir uns nicht gerade lieben. Aber ich habe da so ein
Gefühl …"

„Frau Matzke, beruhigen Sie sich und überlegen Sie es sich gut, bevor Sie jemanden beschuldigen. Das gilt auch als Behinderung der Justiz." Pfarrer Jan wurde auf einmal feierlich formell.

„Ach. Was weiß ich", sie winkte ab und ging, die Tür ließ sie aber offen. Sie wollte den Rest des Gesprächs mitkriegen, wenn Pfarrer Jan sie schon nicht in die Sache einzuweihen vermochte. Sie schmollte zwar noch, aber ihre gespitzten Ohren vernahmen gut die nächsten Sätze:

„Ja, diese zwei Frauen sind tatsächlich komisch. Vielleicht rede ich noch einmal mit ihnen."

„Tja, leider kommen sie nicht zu oft zur Beichte. Ich habe sie einmal verscheucht, denn sie haben meistens nichts zu erzählen. Jedenfalls erzählten sie mir mehr vom Dorftratsch als von ihren Sünden. Dann habe ich ihnen gesagt, sie dürften nur einmal im Monat zur Beichte kommen. Jetzt habe ich mehr Zeit für andere Gläubige. Sonst würde ich vielleicht mehr erfahren als Sie, Herr Kommissar. Auch wenn ich es wegen des Beichtgeheimnisses nicht weitersagen dürfte, so würde ich zumindest irgendetwas erfahren. Doch mit den Zweien wird es nicht klappen. Die Zeit ist zu knapp. Machen Sie, Herr Kommissar, machen Sie etwas, und zwar schnell, damit dieser Spuk endlich vorbei ist."

Pfarrer Jan goss Tee in die Tassen. Seine Hand zitterte leicht. Die letzten Nächte, in denen er wenig Schlaf gefunden hatte, hatten bei ihm Spuren der Ermüdung hinterlassen. Es nagte an ihm, dass sich jemand erdreistete, Kirchensilber bei ebay zu versteigern. Wenn ich nur kein Pfarrer wäre, dann hätte ich dem Dieb einfach einen übergezogen – er hob den Blick gen Himmel und ließ seinem unfrommen Gedanken eine Bitte um Vergebung folgen.

Alle drei tranken ihren Tee schweigend. Nach einer Weile unterbrach Pfarrer Jan – schon deutlich beruhigt – die Stille.

„Tja, wenn der Verkäufer wüsste …", setzte er an.

„Was denn?", fragten Nina und Kommissar Lobig gleichzeitig.

„Das war vor langer Zeit", begann Pfarrer Jan. „Im Jahr 386 fand Kaiser Theodosius den Rummel um Reliquien mit seiner Religionsauffassung nicht konform und verbot, mit Reliquien zu handeln. Es ist nun tatsächlich, wie Frau Matzke sagte, eine Sünde", kicherte er plötzlich bei diesem Gedanken.

Nina und Kommissar Lobig schauten Pfarrer Jan überrascht an. Dieser räusperte sich, kratzte am Ohr und fuhr fort:

„Man durfte und darf sie lediglich von den Ungläubigen kaufen, um sie auf diese Weise zu ‚retten'. Wenn sich das heutzutage auch merkwürdig anhört – das Verbot gilt bis heute. Der Vatikan regt sich immer wieder darüber auf, wie letztens, als jemand versuchte, eine Reliquie auf einer Internetbörse zu versteigern. Aber das interessiert außer dem Vatikan niemanden mehr. Außerdem: wer Reliquien versteigert, glaubt nicht an ihre Kraft."

„Echt?", wunderten sich die beiden scheinheilig. Wieder mal gleichzeitig.

„Jetzt verstehe ich, warum die Sarazenen allen möglichen Kram, irgendwelche Knochen und sonst was als Reliquien den Kreuzrittern und Pilgern angedreht haben. Nichts konnte man beweisen, und möglich war alles. Auch, dass man tatsächlich etwas Heiliges erworben hat. Wer aber konnte die richtigen von den falschen Reliquien unterscheiden? Und Reliquienhandel war immer ein gutes Geschäft, nicht wahr? Glaube hin oder her."

Pfarrer Jan lächelte nur traurig in sich hinein, weil er an die Heiligtumsfahrt ohne seine Reliquien denken musste, und es fiel ihm kein Ausweg aus der furchtbaren Situation ein. Er hob einen Arm, um sich über die Haare zu fahren, aber dann sah er Ninas erwartenden Blick und senkte den Arm wieder. Ich glaube, ich muss mich doch mehr kontrollieren, nahm er sich vor. Was sollen die Leute von mir denken? Nina beobachtet mich schon.

Hinter der Tür war ein leises Knarren der Fußbodendielen zu vernehmen. Frau Matzke hatte bereits gehört, was sie hören wollte.

Boshaft lächelnd kehrte sie in die Küche zurück und schmiedete zufrieden ihren Plan.

„Tja, dass der Dieb Kirchensilber verkauft, muss aber nicht sofort heißen, dass er immer noch die Reliquien hat und sie verkaufen wird. Es kann tatsächlich so sein, dass er keine Ahnung davon hat, was er da hat mitgehen lassen. Vielleicht hat der danach die Stoffe einfach weggeworfen." Pfarrer Jan wurde heiß bei diesem Gedanken. Sein leiser Seufzer legte sich über die Teetasse.

„Und so sind wir wieder am Anfang unserer Ermittlung. Aber wir haben trotzdem etwas. Ich glaube, ich kümmere mich jetzt um Versteigerungen bei ebay. Ich melde mich, sobald wir was herausgekriegt haben", beendete Kommissar Lobig und stand auf, um sich zu verabschieden. Er schaute Nina fragend an und auch sie stand auf.

Sie verließen das Pfarrhaus. Nina hatte keine Lust, nach Hause zu fahren. Alex war bestimmt immer noch zickig und sie wollte ihn nicht sehen. Mit Dirk konnte sie zumindest über die Reliquien reden, denn Alex interessierten sie nicht.

„Gehen wir eine Runde spazieren?", schlug sie vor.

„Mhm, eine gute Idee." Lobig freute sich, dass sie es vorgeschlagen hatte. Er wusste, dass sein bester Mann nicht viel Zeit brauchen würde, um hinter die ebay-Versteigerungen zu kommen.

Sie gingen über den Benediktusplatz und weiter die Dorffer Straße hinauf. Dann bogen sie rechts ab auf die Treppe, die am Ehrenmal vorbei bis zu der kleinen Kirche St. Stephanus auf dem Berg hinaufführte. Dort befand sich auch ein alter Friedhof. Von dieser Stelle aus gab es einen wunderschönen Ausblick auf die Propsteikirche und den Korneliusmarkt, die da unten noch, in der Sonne gebadet, schlummerten. Auch die nicht weit entfernte Eifel war am Horizont zu sehen. Schon die alten Römer hatten die strategische Bedeutung dieser Stelle zu schätzen gewusst und einen Wachturm hier errichtet. Aber weder Nina noch Dirk war es jetzt danach, über die Geschichte zu sinnieren. Sie setzten sich auf eine Bank vor der Kirche. Die Sonne schien, es war ein schöner Tag. Nina genoss die Wärme wie eine Katze. Sie streckte ihr Gesicht zur Sonne und schloss die Augen.

„Mensch, es ist so ruhig hier. Warum kann es nicht immer so bleiben?"

„Wieso? Was hast du? Du hörst dich so an, als hättest du Probleme mit deinem Freund." Dirk konnte ziemlich direkt zur Sache kommen.

„He, und du bist ein Küchenpsychologe", murmelte sie.

„Ist schon gut." Doch insgeheim war er zufrieden. Er wusste, dass er ins Schwarze getroffen hatte. Ein Punkt für ihn.

Sie spürte, dass er neugierig geworden war und gerne darüber reden würde. Daraus sollte aber nichts werden, beschloss sie.

„Dirk, lass es einfach, okay?"

„Ist gut, sagte ich. Du musst es mir nicht erzählen, wenn du nicht willst."

„Na gut. Leider hast du recht. Er ist zickig geworden, und ich weiß nicht warum." So viel zu ihrem Vorsatz, jetzt nicht über Alex zu reden.

„Vielleicht hat er uns zusammen gesehen?", wandte Dirk ein.

„Ja, und?" Nina staunte über diese Möglichkeit. „Auch wenn?"

„Vielleicht ist er ganz normal eifersüchtig. Woher soll er wissen, dass wir sozusagen dienstlich miteinander zu tun haben?"

Nina schwieg. Sie gab ihm recht, daran hatte sie nicht gedacht. Warum auch? Sie hatten doch nichts Schlimmes getan. Sie hatte sich nichts vorzuwerfen, und sah keinen Grund, warum Alex eifersüchtig sein sollte.

Sie holte ihre Kamera aus der Tasche heraus.

„Aha, jetzt spielst du wieder die Fotografin, was?"

Nina stand auf und ging an die Mauer, die den Friedhof umspannte. Von dort aus sah sie auf die Propsteikirche hinunter und auf den Korneliusmarkt. Sie stellte die Kamera ein und machte ein paar Aufnahmen. Dann drehte sie sich plötzlich um – doch Dirk war schneller und versteckte sein Gesicht in den Händen.

„Ach nein, du Feigling!", rief sie enttäuscht. „Na gut, dann fotografiere ich jetzt mal die Kirche. Sie ist so romantisch. Die könnte ich immer wieder fotografieren."

Da nickte Dirk zustimmend und nahm langsam die Hände vor dem Gesicht weg.

„Du, Nina, wie kamen eigentlich die Reliquien nach Kornelimünster? Ich wusste bis jetzt nur von denen in Aachen."

Dirk überraschte Nina mit der Frage, sie hatte diese Geschichte schon lange nicht mehr erzählt.

„Nun, wie viel Zeit hast du?"

„Nicht viel. Mach es also nicht zu lang, aber auch nicht zu kurz. Lass mich an deinem Wissen teilhaben."

„Pass auf, mein Bester. Ich mag Komplimente. Warum auch nicht. Aber sie müssen schon elegant formuliert werden. Das war jetzt zu plump. Du musst noch ein bisschen daran arbeiten", erwiderte sie, doch sie lächelte.

„Oh, ich glaube, du weißt schon viel für eine, die aus Polen kommt."

„Eine Nuss für dich", sagte Nina und patzte ihn leicht am Kopf.

„Auah!" Dirk war überrascht über Ninas Reaktion. „ Das war ein tätlicher Angriff auf einen Polizeibeamten in Ausübung ...!"

„Ruhe da! Jetzt rede ich", unterbrach Nina ihn unbeeindruckt. „Karl der Große hat Ende des achten Jahrhunderts die schönste und größte Kirche seines Reiches gebaut und dazu noch die erste aus Stein nördlich der Alpen. Es war sein Lieblingsprojekt und er steckte viel Energie und viel Wissen darein. Damals, wenn eine Kirche gebaut wurde, sorgte man auch dafür, dass sie rechtzeitig mit entsprechenden Reliquien ausgestattet wurde. Sie waren im Prinzip der Kern, um den herum gebaut wurde. Karl der Große bekam vom

Jerusalemer Patriarchen sieben heilige Stoffe und ein paar Marmorplatten aus der Grabeskirche Jesu. Sie trafen rechtzeitig in Aachen ein. Aus den Marmorplatten hat Karl der Große seinen berühmten Thron bauen lassen."

Nina brach ab und machte es sich auf der Bank bequem. Dirk streckte die Beine aus und hörte ihr aufmerksam zu.

„Der Kaiser war auch ein großer Reliquiensammler. Es waren also nicht die ersten und nicht die letzten Reliquien in seiner Sammlung, aber diese schenkte er der Kirche. Später, als sein Sohn und Nachfolger, Ludwig der Fromme, das Kloster an der Inde, also im heutigen Kornelimünster, hat gründen lassen, schenkte er seinem Freund, Benedikt von Aniane, drei dieser sieben Stoffe. Für den Anfang, sozusagen. Sie heißen Salvatorreliquien, das heißt Reliquien des Erlösers, weil sie mit den letzten Tagen im irdischen Leben Christi und mit seinem Tod in Verbindung stehen."

„Und warum heißt die Kirche Korneliuskirche? Wer war Kornelius?"

„Er war Schutzpatron des Hornviehs. Kornelius war zu seiner Lebzeit, das heißt im dritten Jahrhundert, Papst und Märtyrer, was ihn vor allem zum Heiligen machte. Kornelius wurde gerade hier besonders verehrt. Einige seiner Gebeine besaß wohl Karl der Kahle, der Enkel Karls des Großen, und er tauschte sie gegen die Hälfte des Grabtuches Christi. So gelangten sie nach Kornelimünster und bildeten den wichtigsten Teil des Reliquienschatzes im Kloster."

„Da haben wir ihn wieder – den Reliquientausch. Immerhin war es kein Diebstahl", sagte Dirk. „Eines aber verstehe ich immer noch nicht. Was hat ein Papst mit dem Hornvieh zu tun?"

„Ha, ha, ja, du hast recht", lachte Nina. „Beides logisch zusammenzubringen ist tatsächlich nicht so einfach. Aber die Erklärung liegt im Namen dieses Papstes. ‚Cornu' ist lateinisch und bedeutet ‚Horn'."

Als Nina ihre Geschichte beendet hatte, blieben sie beide regungslos auf der Bank sitzen, wie zwei Skulpturen, die man zum Spaß auf der Bank platzierte. Auch die Welt um sie herum stand still, als ruhte sie sich aus. Ein Vogel zog auf einmal über ihre Köpfe hinweg, doch auch ihn bemerkten sie nicht. Plötzlich raschelte etwas unter der Bank. Es war eine Feldmaus, die sich hier wohl verlaufen haben musste. Nina hatte keine Angst vor Nagetieren und betrachtete das kleine unruhige Tier.

„Komm, ich gebe ein Eis aus", unterbrach Dirk die Stille. „Du hast es dir redlich verdient. Dann muss ich leider ins Kommissariat. Ich denke, mit Hilfe von ebay lässt sich vielleicht noch einiges klären."

„Dirk, du bist echt ein Netter. Danke", sagte Nina und stand auf. Dirk lächelte.

„Vanille oder Erdbeere?"

„Beides", entschied sie. „Aber jetzt komm, steh auf. Wir müssen schon noch ein paar Schritte gehen. Die Eisdiele ist unten im Ort."

34_ KAPITEL

Dirk bezahlte das Eis, und sie gingen schlemmend zu ihren Wagen.

„Ist das dein Auto?", fragte Dirk lachend, als Nina an ihrem Fünfhunderter stehen blieb.

„Ja, warum?", fragte sie, und ein Gedanke schoss ihr plötzlich durch den Kopf. „Eh, pass auf! Keine doofen Witze über die Italiener! Die sind doch nur durch Neider in den Umlauf gebracht worden. Die Fiats sind besser als ihr Ruf", fauchte Nina ihn an. Sie mochte nicht, wenn man grundlos über ihren süßen Kleinen lachte. Er war immer zuverlässig und gab ihr nie Grund zur Sorge. Bis auf das eine Mal, aber da war sie selbst daran schuld gewesen, als sie mit gezogener Bremse mit ihrer Freundin fröhlich plappernd, zwanzig Kilometer zurückgelegt hatte. Danach waren die Bremsen natürlich hin gewesen.

„Ist ja gut, ist ja gut." Dirk hob die Arme, in einer Ergebenheitsgeste. „Fall mich nicht so an. Man darf doch wohl ein bisschen scherzen nach einem so ernsten Vortrag", verteidigte er sich und lächelte. „Entspann dich, Mann – ähm, Frau!"

„Außerdem hatte mein erster Fiat zwei Kofferräume. Der einzige Wagen neben Porsche, der über diesen Luxus verfügte", sagte sie und hob stolz die Nase. „Ach, apropos Porsche – du bist mir auch noch eine Geschichte schuldig", lachte Nina auf.

„Ich? Das kann nicht sein. Was für eine Geschichte?"

„Die Geschichte mit dem Polizei-Porsche."

„Ja, stimmt. Nun hatte die Aachener Polizei in den fünfziger Jahren zwei Porsches in ihrem Fuhrpark. Und diese wurden von richtigen Rennfahrern gefahren, die auch auf dem Nürburgring getestet wurden. Sie fuhren Furcht erregende 180 Kilometer pro Stunde."

„Wow! Rennen in den Ardennen! Ich meine: ohne Zweifel – in der Eifel. Aber warum brauchte die Polizei die Rennwagen überhaupt? Wer hatte sich damals schon ein schnelles Auto leisten können?"

„Die Schmuggler."

„Ach, stimmt! Ich habe von dem Kaffeeschmuggel im großen Stil in dieser Gegend gelesen."

„Die Schmuggler haben es damals verdammt ernst gemeint, weil der Gewinn aufgrund der unterschiedlichen Mehrwertsteuer in Belgien und Deutschland doch enorm war. Kein Wunder, dass sie sogar einen Panzerwagen der belgischen Armee geklaut haben, um mit einem kugelsicheren Fahrzeug über die Grenze fahren zu können. Da waren die Kugeln der deutschen Zollbeamten für sie ein Scherz. Stell dir das mal vor! Die fuhren einfach so über die Grenze und lachten sich kaputt, wenn einer auf sie geschossen hat."

„Und was haben die Porsches damit zu tun?"

„Hey, jetzt bist du aber ungeduldig."

„Das bin ich immer", bestätigte Nina.

„Mhm, das ist mir nicht entgangen. Aber hör nun zu: Die reichen Schmuggler konnten sich auch US-amerikanische Schlitten leisten, wie Cadillac und Buick zum Beispiel, und düsten damit der Polizei davon, die dann mit ihren VWs hinterher hechelte. Und irgendwann ist den Schmugglern dann das Lachen vergangen, als die Polizei die zwei Porsches in ihren Fuhrpark aufgenommen hatte. Sonderanfertigung."

„Mit kugelsicherem Glas?"

„Nein, aber mit Besen ausgerüstet."

„Mit Besen? Das ist wohl ein Scherz oder?"

„Nein, absolut nicht. Diese Besen waren aus Stahl und wurden vorne unter den Autos montiert, um die Krähenfüße wegzufegen, die die Schmuggler auf die Straße warfen. Die Krähenfüße kennst du doch, oder?"

„Ja, die durchlöchern die Autoreifen, nicht?"

„Genau. Das sah echt lustig aus. Und man nannte die Porsches auch deswegen Besenporsches."

„Bei den Aktionen sind sicher auch Menschen gestorben, oder?"

„Ja, leider ja. Aber so waren die Zeiten. Manche von den Schmugglern waren auch arme Seelen aus der Eifel, die sonst kein Einkommen hatten. Die hatten also auch keine Autos und schmuggelten die Ware auf ihren Rücken. Sie gingen im Wald über die Grenze."

Dirk sah, dass Nina nachdenklich wurde, und fügte schnell hinzu: „Weißt du was, wir fahren einmal ins Zollmuseum in Aachen. Da bist du sicher noch nie gewesen."

„Ja, das stimmt. Es steht immer noch auf meinem Plan."

„Klar, sonst hättest auch du die Geschichte gekannt. Und wenn du willst, fahren wir auch mal nach Schmidt. Dort steht die Sankt-Mokka-Kirche, die eigentlich Kirche Sankt Hubertus heißt, die aber vor allem unter dem anderen Namen bekannt ist."

„Aha, sicher, weil die reuevollen Schmuggler einen Anteil von ihrem zweifelhaften Einkommen der Kirche spendeten. Zur Erleichterung des Gewissens."

„Ja, richtig, du kennst sie?"

„Nein, aber das kannst du dir auch leicht denken. Außerdem bin ich Detektivin. Ich muss doch logisch denken können, oder?", lächelte Nina verschmitzt wie ein kleines Mädchen.

„Jawohl, Stadtführerin und Detektivin, eine schöne Kombination."

Wieder wurde Nina nachdenklich. Die Zeit mit Dirk war fröhlich und schnell vergangen, während zu Hause Alex mit einem langen

Gesicht auf sie wartete. Sie war Dirk dankbar für die kurze Zeit der Entspannung und küsste ihn spontan zum Abschied auf die Wange.

„Ups, ähm." Sie sprang zurück, nicht weniger als er über ihr Benehmen überrascht. „Bis die Tage. Und lass mich wissen, was du herausgekriegt hast, ja?", rief sie über die Schulter und stieg ins Auto.

Mehr Mut brachte sie nicht auf und vor allem wollte sie nicht, dass er sah, wie sie errötete. Was tat sie da eigentlich? Ich bin wohl bescheuert, richtig bescheuert, dachte sie.

„Oh-oh, was war das denn?", fragte Dirk sich leise. Es musste wohl etwas total schief gelaufen sein zwischen den beiden, wenn sie sich so aufführt, überlegte er. „Oder sie mag mich. Ja, das wird es wohl sein."

Erfreut stieg er in seinen Wagen und fuhr los.

35_ KAPITEL

Kommissar Lobig fuhr zum Polizeipräsidium.

„Manni, ein Job für dich. Du wirst dich freuen."

Manni, ein etwas dicklicher Typ mit dem ersten Ansatz von Glatze und einer altmodischen Brille, die eine extreme Kurzsichtigkeit verriet, war ein typischer Vertreter seiner Art: IT-Spezialist. Fest davon überzeugt, dass sich alles mit der Computertechnik er- und aufklären ließe, ging er an jeden neuen Auftrag ruhig und gelassen heran. Da müsste schon etwas Komplexeres kommen, um in ihm einen echten Jägerinstinkt zu wecken. Unbeeindruckt schaute er zu dem Kommissar auf:

„Echt?", fragte er gedehnt.

Der Kommissar überhörte den ironischen Unterton in seiner Stimme und legte die Fotos von den Kirchensilbern vor Manni auf den Schreibtisch.

„Hier. Finde alles raus: wer an wen, Adressen, du weißt schon."

Manni machte sich wortlos an die Arbeit und rief als erstes die ebay-Seite auf.

„Ich hole uns Kaffee. Für dich wie immer, schwarz wie die Nacht?"

Dirk wollte einfach etwas tun. Gespannt wartete er darauf, was Manni herausfinden würde. Eine Stunde und zwei Telefonate später hatte er alles, was er brauchte, und sogar mehr als das. Manni war enttäuscht, dass er einen so simplen Auftrag bekommen hatte. Er saß auf dem Drehstuhl und trank in Ruhe seinen Kaffee. Vielleicht käme da noch was; das konnte doch nicht alles gewesen sein.

Kommissar Lobig gefiel nicht, was Manni herausgefunden hatte. Jetzt erwarteten ihn zwei weitere Gespräche. Mit dem ersten würde er klar kommen, aber das andere, da müsste er vorher gut darüber nachdenken.

36_ KAPITEL

Ninas Magen knurrte, als sie nach Hause zurückkam. Sie steuerte direkt die Küche an. Das Mittagessen stand auf dem Herd, immerhin hatte Alex wieder gekocht, aber sie durfte wieder einmal alleine essen. Na ja, besser das, als sich am Tisch anzuschweigen. Sie wärmte es auf und aß alleine in der Küche. Sie hatte zwischendurch noch eine Stadtführung bekommen und musste in einer Stunde wieder raus.

„Und?", überraschend ertönte Alex´ Stimme hinter ihr.

„Ach, du bist ja da. Ich dachte schon ..."

„Hast du etwas herausgefunden?", unterbrach er sie.

„Interessiert dich das wirklich?" So richtig wollte sie es ihm nicht abnehmen, aber sie redeten zumindest wieder miteinander.

„Nein, ich frage nur so."

Ihre Hoffnung darauf, dass Alex wieder der alte war, verschwand augenblicklich.

„Ach so. Nun, wir haben festgestellt, dass uns jemand die Kirchensilber, zumindest einige Stücke, vor der Nase weggekauft hat. Ein Mist ist das, sage ich dir. Aber jetzt weiß ich zumindest, wie sie aussehen. Vielleicht kann ich mich dazwischen schalten, wenn wieder etwas davon versteigert wird. So können wir zwar die Kirchensilber retten, aber nicht die Reliquien."

„Aha", beendete Alex das Gespräch und ging wieder in sein Zimmer. Ich werde noch verrückt, dachte er. Eine idiotische Idee mit dem Tausch. Warum hatte er nicht einfach die Kamera gekauft? Er warf sich in den Schreibtischstuhl und starrte auf den Monitor.

Nach dem Essen packte Nina ihre Sachen und verließ die Wohnung. Diesmal ohne ein Wort zu sagen. Sie war zerstreut und vergaß sogar ihre Canon. Sie verlor auf einmal Freude an alten Gewohnheiten und Dingen, die ihr früher Spaß gemacht hatten. War ihre Stimmung so sehr von Alex abhängig?, überlegte sie. Was war denn mit ihr los? So unkonzentriert und durcheinander kannte sie sich gar nicht.

Sie holte ihr Handy aus der Tasche und wollte gerade Dirks Nummer wählen, als ihr Telefon klingelte. Dirks Telefonnummer erschien auf dem Display.

„Hi, Dirk. Und – schon was gefunden?"

„Ja." Er war kurz angebunden, sagte etwas über Stress und dass er ein wichtiges Gespräch hatte. Er wollte wissen, ob sie etwas vorhatte.

„Ja, eine Stadtführung. Eineinhalb Stunden. Danach bin ich frei. Warum?"

Mein Gott, was ist nun mit dem wieder los? Mal herzlich, mal dienstlich.

„Ach nichts. Später. Ich melde mich dann bei dir, okay?"

„Ja, okay."

Sie wunderte sich immer noch über sein Verhalten, hakte aber nicht weiter nach. Männer! Wer sollte die verstehen?

37_ KAPITEL

Frau Schmitz betrat den Frisörsalon ‚Bei Marcel', gefolgt von ihrer Freundin, Frau Möllen.

„Guten Tag, die Damen!"

Eine etwas überschminkte junge Frau mit einer makellosen Frisur kam ihnen entgegen. „Haben Sie einen Termin?", fragte sie freundlich lächelnd, und es spielte keine Rolle, ob das Lächeln aufgesetzt war oder nicht. Frau Schmitz war Stammgast. Sie kannte ihre Rechte.

„Selbstverständlich", entgegnete sie stolz und suchte über den Köpfen nach der Frisörsfrau.

„Ach, Marie!" Sie fand sie und winkte ihr zu. „Hier sind wir. Ich habe noch eine Freundin mitgebracht. Sie möchte heute fremdgehen …", sie brach ab, als sie merkte, dass alle Köpfe unter den Hauben sich zu Frau Möllen umdrehten und sie regelrecht anstarrten. Ein angespanntes Schweigen legte sich über den Raum, sogar Trockenhaubendamen hörten auf zu atmen. Man konnte sich des Eindrucks nicht erwehren, dass auch die Welt da draußen innehielt.

„Nein, nicht, was Sie denken", lachte Frau Schmitz entschuldigend. Sie musste die Giftpfeile, die Frau Möllen in ihre Richtung abgeschossen hatte, im Rücken bereits gespürt haben.

„Marie, das ist meine Freundin Martha", stellte sie ihre Freundin vor. „Sie ist heute zum ersten Mal hier."

Und lauter, damit sie alle gut hören konnten, fügte sie noch hinzu: „Sie ging immer zu einem anderen Frisör, aber als sie hörte, dass Sie heute etwas Zeit für uns haben, beschloss sie zu wechseln. Ja, meine Damen", wandte sie sich an das zufällige Publikum,

welches vor Neugier fast platzte. „Das meinte ich mit dem Fremdgehen. Nicht was Sie dachten." Sie kicherte kurz.

Frau Möllen lächelte gequält, aber in diesem Augenblick wusste
sie, dass es das einzig Richtige war, hierher zu kommen, auch wenn
sie das jetzt vielleicht ihre Haare kosten könnte. Ihre Freundin
beachtete sie nicht, da sie gerade in ein Gespräch mit Marie verwickelt war. Nun wurde Frau Schmitz in den hinteren Bereich des
Frisörsalons begleitet.

„Martha. Ich darf Sie doch bei Ihrem Vornamen ansprechen, ja?
Mein Name ist Britta."

„Ja, selbstverständlich", entgegnete sie kurz und machte in Gedanken ein dickes Kreuz. Frau Möllen hasste es, von Fremden beim
Vornamen angesprochen zu werden. Ich zahle es dir heim, Hilde,
das schwöre ich bei Gott, sprach sie zu sich, und ihre innere Stimme
bebte genauso wie ihre Brust.

„Also, Martha, wie ich sehe, brauchen Sie eine kleine Farb-
korrektur, nicht wahr?"

Das sieht man doch, dachte Frau Möllen entnervt, aber sie wusste, dass sie jetzt da durch musste, egal was passierte, und zwar ohne
bleibenden gesellschaftlichen Schaden anzurichten.

„Ja, bitte, Haare färben. Am besten etwas Helles drüber", erlaubte
sich Frau Möllen einen mutigen Hinweis.

Britta erstarrte bei so viel Unverschämtheit angesichts der
höchsten Professionalität, die sie vertrat. Dann sammelte sie sich und
schlug freundlich, aber deutlich kühler vor:

„Gut, dann lassen Sie uns gemeinsam ein paar Farbennuancen
durchgehen. Wir müssen uns ja noch kennenlernen." Ihr Lächeln
konnte nicht gequälter sein.

„Mhm", bestätigte Frau Möllen kurz und drehte sich zu ihrer
Freundin um. Eine Auszubildende wusch ihr gerade das Haar.

Frau Möllens Blick streifte über die gehäubten Frauen hinter ihr.
Sechs Köpfe steckten in sechs Hauben, zwölf Hände hielten Mode-

journale. Hin und wieder lugte ein Kopf unter der Haube hervor und ein lautes „Was meinste?" durchschlug das Summen der Trockner. Ein Gespräch in normaler Lautstärke war kaum möglich, doch das Bedürfnis, etwas sofort zu kommentieren, war stärker als die Kraft, die zur Überwindung dieses Hindernisses nötig war.

Frau Möllen beschloss, so wenig wie möglich mit Hilde zu reden. Und wenn, dann nur über Belangloses, und auch das musste sorgfältig ausgewählt werden.

Britta holte ein paar Farbmuster aus einer Schublade und kehrte zu Frau Möllen zurück. Mit einem lang gedehnten ‚Sooo' setzte sie sich auf den Drehhocker und klappte die Muster auf. Frau Möllen zeigte mit dem Finger auf eines der Farbmuster.

„Oh, ja. Die finde ich toll, und Sie?", fragte sie äußerst freundlich.

Ihr war die Veränderung in Brittas Verhalten nicht entgangen, und sie versuchte nun, die noch halbhängende Brücke nicht vollständig abzubrechen. Britta zeigte sich tolerant, und schnell einigten sich die beiden Frauen auf die weitere Vorgehensweise. Dabei verlor Frau Möllen ihre Freundin keinen Augenblick aus den Augen.

„Nein", hörte sie sie plötzlich reden. „Wir haben jetzt keine Zeit, wir sind mit einer wichtigen Sache beschäftigt."

„Hilde!" Frau Möllen war kampferprobt und reagierte schnell. „Kannst du mir sagen, ob diese Farbe mir wirklich steht? Britta sagt ja, ich finde sie auch gut. Schau du noch drüber!", rief sie.

„Seit wann fragst du mich nach meiner Meinung?", wunderte sich Hilde mit der Naivität eines Kindes, eilte aber sofort herbei, entgegen dem leisen Protest der Auszubildenden, die ihr das Haar mit einem Handtuch trocknen wollte, und schaute sich die Farbtönung aufmerksam an.

Lieber Herrgott, wie viele Sünden habe ich nun zu verbüßen? – wandte sich Frau Möllen in Gedanken an den Allmächtigen angesichts so vieler Qualen, die sie erleiden musste.

„Ja, die ist wirklich perfekt." Frau Schmitz lächelte Britta an und kehrte zurück auf ihren Stuhl. Marcel, dessen Mittagspause gerade zu Ende war, wartete schon mit einer Schere und einem Augenzwinkern.

„Ihre Freundin ist etwas angespannt", begann er.

„Ja, wir haben jetzt viel zu tun."

„Sie? Sie sind doch in Rente. Haben denn Rentner so wenig Zeit? Da lohnt es ja gar nicht, in Rente zu gehen", scherzte Marcel und legte seine Schere fachmännisch an die grauen Haare von Frau Schmitz.

Frau Möllen hätte die Schere etwas tiefer angelegt. Doch jetzt war auch sie außer Gefecht, eingeengt zwischen die Armlehnen ihres Stuhls und das Tischlein mit Friseuraccessoires, gefesselt mit einem Umhang, der nun ihren Hals gefährlich fest umfasste. Sie stöhnte und schloss die Augen. Jetzt konnte sie nichts mehr tun.

Sie musste wohl eingedöst sein, denn plötzlich hörte sie – wie aus heiterem Himmel – die Stimme ihrer Freundin:

„Ja, bald ist die Heiligtumsfahrt. Da freuen wir uns schon beide darauf. Wir werden wie immer Pfarrer Jan zur Hand gehen. Aber nicht nur das, wir …"

Zur genaueren Erklärung kam es nicht, denn Frau Möllen rief laut:

„Hilde! Bitte!", und sie sprang auf.

Leider hatte sie nicht mehr daran gedacht, dass jetzt auch sie unter einer der Hauben saß und knallte laut mit dem Kopf gegen den Haubenrand.

„Aua!", rief sie wütend, bis die Auszubildende herbeieilte, gefolgt von Britta.

„Martha, was ist passiert? Haben Sie sich wehgetan?", fragten beide gleichzeitig und konnten dabei das Lachen nur schlecht unterdrücken.

Als Antwort brummte Frau Möllen nur etwas in sich hinein und sagte schließlich:

„Nein, nein. Alles in bester Ordnung."

„Na, Gott sei Dank", antwortete Britta, nachdem sie sich wieder gefangen hatte.

Links und rechts von Frau Möllen kicherten fünf Köpfe. Die lärmenden Trockenhauben übertönten zwar das Kichern, doch die bebenden Oberkörper waren für Frau Möllen Zeichen genug, dass sie nun der Lächerlichkeit preisgegeben war. Und das alles nur, weil ihre beste Freundin ihren Mund nicht halten konnte. Sie setzte sich wieder und begann zu beten. Ihr fiel einfach nichts mehr ein, was sie noch hätte tun können, angesichts der eindeutig höheren Gewalt, die sie wieder mal auf eine besonders harte Probe stellte. Ab und zu betrachtete sie nur missmutig die flinken Finger von Britta, die gerade mit ihren Haaren beschäftigt war.

38_ KAPITEL

Elke drückte gerade auf den Button „Einstellen", als es an der Tür klingelte.

„Erwin, hast du wieder deinen Schlüssel vergessen?", rief sie und öffnete gleichzeitig die Tür.

An der Tür stand ein junger, nett aussehender Mann, der ihr vage bekannt vorkam. Moment Mal, war es nicht dieser Bekannte von Nina, dieser Polizist?

Auch Kommissar Lobig musste schlucken, als er Elke in der Tür sah. Er hatte sie sofort erkannt. Jetzt würde es schwieriger werden, doch er musste sie einfach befragen. Er blieb auf Distanz. Dienst ist schließlich Dienst.

„Guten Tag, ich bin Kommissar Lobig. Sind Sie Frau Elke Reich?"

Elke wurde schwindelig, die weichen Knie zwangen sie dazu, sich gegen die Tür zu stützen.

„Oh Gott, ist irgendetwas passiert? Sie sind doch der Bekannte von Nina, oder?

„Ja, das stimmt. Darf ich reinkommen? Es wäre besser, wenn ..."

„Ja. Kommen Sie herein."

Elke schloss schnell die Tür hinter ihm zu. Ihre Nachbarn waren nett, aber alles mussten sie auch nicht wissen. Schon gar nicht, dass sie Besuch von der Polizei bekam.

„Frau Reich, wir ermitteln in einem Diebstahl."

Elke wurde unerträglich warm. Sie brauchte unbedingt etwas Bewegung, damit sich ihr Atem beruhigen konnte.

„Möchten Sie vielleicht Kaffee oder etwas anderes?", versuchte sie, Zeit zu gewinnen, um sich zu beruhigen.

Ohne seine Antwort abzuwarten, ging sie in die Küche.

„Danke. Vielleicht ein Glas Wasser", rief er ihr hinterher.

Elke brachte zwei Gläser Wasser aus der Küche und stellte sie auf den Tisch.

„Vielen Dank. Nun, Sie versteigern doch verschiedene Sachen bei ebay, nicht wahr?", fuhr Lobig fort.

„Ja, klar. Ich freue mich immer, wenn ich etwas Geld wieder herausholen kann." Elke gewann etwas von ihrer Ruhe zurück. „Aber warum kommen Sie damit zu mir?"

„Nun, um nicht drum herum zu reden: Wir haben Ihre Transaktionen verfolgt. Sie haben Gegenstände aus Silber versteigert. Darf ich wissen, woher Sie sie haben?", fragte er ruhig. Kommissar Lobig sah keinen Grund, sie aggressiv zu befragen.

„Ja, selbstverständlich. Die hat mein Freund mitgebracht. Er hat sie ganz billig auf dem Flohmarkt gekauft. Das waren echte Schnäppchen, sagte er. Es passiert schon hin und wieder, dass Menschen Sachen verkaufen, deren Wert sie nicht kennen."

„Hat er das so gesagt?"

„Ja. Und ich sehe keinen Grund, ihm nicht zu glauben." Sie spürte auf einmal, dass Erwins Version vom gefunden Schatz zu dick aufgetragen war.

„Was hat Ihr Freund alles damals nach Hause mitgebracht? Wie viele Stücke von den Kirchensilbern waren es? War da sonst noch etwas dabei?" Kommissar Lobig sprach langsam und bedächtig.

„Ach, so genau weiß ich es nicht. Meinen Sie, das waren Kirchensilber? Sie waren in so alte Stoffe eingewickelt. Die waren ziemlich schmutzig, da habe ich sie nicht einmal angefasst."

Lobig musste sich fest zusammenreißen, um vor Freude nicht zu johlen. Endlich eine Spur – hoffentlich führte sie wirklich zu den Reliquien! Der Frau wollte er nichts über seinen Verdacht verraten, um sie nicht zu verschrecken. Dafür war die Zeit noch nicht gekommen.

„Und wo sind sie jetzt? Können Sie mir diese Silberstücke und auch die Stoffe zeigen?"

„Nein, leider nicht. Die Silber habe ich bereits alle verkauft und die Stoffe … Die muss mein Freund wohl irgendwohin gebracht haben. Ich habe sie nicht mehr gesehen. Warum fragen Sie danach?"

„Ich muss nach allem fragen und alle diese Gegenstände sehen. Es könnte sich ja um Gestohlenes handeln."

Elke hielt den Atem an und öffnete weit die Augen.

„Oder auch nicht. Aber dann könnte man es zumindest ausschließen", fügte Kommissar Lobig erklärend hinzu.

„Ach so", seufzte sie erleichtert.

„Könnte ich Ihren Freund sprechen? Wie heißt er denn?", fragte Kommissar Lobig weiter.

„Erwin Klein. Sicher können Sie mit ihm sprechen. Aber ich weiß nicht, wann er wieder da ist. Vielleicht erst heute Abend."

„Was macht er denn so?"

„Können Sie nicht ihn selbst nach all dem befragen? Ich muss jetzt zur Arbeit." Elke schaute auf die Uhr an ihrem Handgelenk.

Sie hatte Angst, seine weiteren Fragen zu beantworten, um nicht etwas Falsches zu sagen. Sie kannte Erwins Vergangenheit und auch dass er im Gefängnis wegen eines Diebstahls eingesessen hatte. Dieser Zeitpunkt erschien ihr also am günstigsten, um das Gespräch zu beenden. Umso mehr als der Polizist nicht danach fragte, nachdem er Erwins Namen gehört hatte. Warum sollte sie ihm seine Ermittlung leichter machen? Sie war schon sauer genug auf Erwin, dass er wieder in Schwierigkeiten geraten war.

„Na gut. Sagen Sie ihm bitte, dass ich ihn sprechen möchte. Es wäre besser, wenn er sich selbst meldete. Wenn er es nicht tut, melde ich mich bei ihm. Aber dann muss er uns vielleicht im Polizeipräsidium besuchen. Das darf er sich fürs Erste aussuchen", beendete Lobig mit einem viel sagenden Blick, reichte ihr seine Visitenkarte und stand auf. Er war noch nicht lange genug in Aachen, um zu wissen, dass Erwin Klein bereits eine hübsche Akte bei der Polizei hatte.

Elke begleitete ihn zur Tür. Nachdem sie die Tür hinter ihm geschlossen hatte, atmete sie tief durch. Wankend kehrte sie ins Wohnzimmer zurück und ließ sich auf das Sofa fallen. Bis zu diesem Zeitpunkt hatte sie sich tapfer gehalten, doch jetzt erfasste ein heftiges Schluchzen ihren Körper. Sie konnte sich eine Zeit lang nicht beruhigen. Diesmal war Erwin zu weit gegangen.

Und außerdem, was war nun jetzt mit dem Lobig und Nina? Was hatten sie miteinander zu tun? Hatte auch Nina etwas mit dieser Geschichte zu schaffen? Elke verstand nichts und fühlte sich elend. Nachdem sie sich etwas beruhigt hatte, ging sie in den Keller, um nach den Sachen zu sehen. Alle Silberstücke waren ja verkauft, aber die Stoffe! Wo waren sie denn? Sie durchsuchte den Keller, doch sie fand sie nicht mehr. Hatte Erwin sie wirklich entsorgt?

39_ KAPITEL

Kommissar Lobig schickte ein Stoßgebet gen Himmel, bevor er Alex` Telefonnummer wählte. Er hoffte, dass Nina noch nicht von der Stadtführung zurückgekommen war. Es reichte ja schon, dass die Frau eine Bekannte von Nina war. Er hätte gerne gewusst, was die beiden denn gemeinsam hatten.

„Alex Neumann am Apparat."

Lobig atmete auf.

„Hallo, Herr Neumann. Ich heiße Kommissar Lobig und bin vom Polizeipräsidium. Ich möchte Sie bitten, morgen um neun Uhr bei uns zu erscheinen. Wir ermitteln da in einem Fall und brauchen Ihre Aussage."

„Worum geht es?", fragte Alex verschreckt.

Alex wurde es auf einmal ungemütlich. Was konnte die Polizei von ihm wollen? Er hatte doch nichts Schlimmes gemacht. Seine Gedanken wanderten unvermeidlich zu den Kirchensilbern. Bitte nicht, er sah zum Himmel hinauf, lass es nicht zu!

„Zu einer laufenden Ermittlung darf ich im Moment nichts sagen, aber Sie bitte ich vor allem, mit niemandem über diesen Termin zu sprechen, wirklich mit niemandem. Es ist wichtig."

Lobig hoffte, dass dies ausreichte, damit Alex nicht mit Nina darüber sprach. Wenn er das tun würde, würde auch sie in Verdacht geraten. Auch wenn ihm das sinnlos erschien, seinen Job musste er schon richtig machen.

„Na gut. Kann ich aber um zehn Uhr kommen?" Alex versuchte zu verhandeln. Frühes Aufstehen war ihm ein Gräuel.

„Ja, meinetwegen. Und sagen Sie, Sie wollen zu mir. Kommissar Lobig. Ich hole Sie unten am Eingang ab."

Dirk war fürs Erste zufrieden. Jetzt hatte er endlich Feierabend. Nach einer kurzen Überlegung schickte er Nina eine SMS. Das Treffen mit ihr hob er sich doch für später auf. Zuerst wollte er mit Alex sprechen.

40_ KAPITEL

Bis sie zur Arbeit musste, blieben Elke noch vier Stunden. Sie saß wie auf heißen Kohlen, und Erwin kam und kam nicht. Voller Unruhe wählte sie die Handynummer von Nina:

„Hi Nina, hier Elke. Hast du Lust, jetzt eine Runde im Wald zu laufen?"

„Ach, du bist es. Eine Superidee! Ich bin ziemlich geladen. Etwas Bewegung täte mir gut."

„Mir geht es auch nicht besonders. Also, eine Runde Laufen zum Stressabbau, okay? Wir sehen uns in einer halben Stunde am Eingang zum Kaiser-Friedrich-Park, schaffst du es?"

„Klasse, bin gleich da!", antwortete Nina, und die Perspektive, sich etwas zu bewegen und sich mit Elke über ihre Überlegungen auszutauschen, stimmte sie wieder fröhlich.

Sie zog sich um und füllte eine Halbliterflasche mit Wasser auf.

„Alex, ich bin joggen!"

„Ja", antwortete er, und sie hatte wieder den Eindruck, dass er ihr nicht einmal zugehört hatte.

Sie ging runter. Das Wetter war schön, also zog sie es vor, vor dem Haus auf Elke zu warten. Es dauerte auch nicht lange, da erschien sie schon.

Sie liefen wie beim ersten Mal direkt im gleichen Tempo los und mussten sich nicht erst aufeinander einstellen.

„Und?", fragte Nina.

„Mhm?"

„Ja, was hast du denn? Ich merke dir doch an, dass etwas ist."

„Ach nee …"

„Was heißt hier ‚Nee'. Komm, etwas bedrückt dich. Erzähl. Deine Leber wird dir einmal dafür danken."

Nina lächelte und schaute die Freundin an. Es wirkte. Elkes Gesicht entspannte sich.

„Ach, mein Erwin. Der ist echt `ne Socke."

„`ne Socke? Das ist ja lustig", Nina lachte auf.

„Ja, ein Tuppes ist er. Er brachte vor ein paar Tagen irgendwelche Kirchensachen mit nach Hause. Er sagte, er hätte sie irgendwo gefunden. Ich weiß nicht, ob ich ihm glauben soll."

Nina erstarrte. Das fiel nicht sonderlich auf, denn sie mussten gerade auf Grün an der Ampel warten. Außerdem schaute Elke sie gar nicht an und hätte es nicht bemerkt. Sie sah zu Boden, als suchte sie dort nach Worten.

„Und?", fragte Nina und sah weiter starr vor sich hin.

„Und ich mag so etwas nicht. Irgendwie ist das nicht koscher. Er wollte nicht darüber reden, und dann lag das Zeug bei uns im Keller rum."

„Was waren das für Sachen?"

„Ach, keine Ahnung, irgendwelche Becher. Und zwei tolle Kerzenleuchter waren auch dabei."

„Waren?"

„Ja." Elke verstummte.

Nina kribbelte es nicht nur an der Nase. Das musste es sein! Sie war sich fast sicher, dass sie kurz davor stand, das Rätsel um die Reliquien zu lösen! Sie musste jetzt so viel wie möglich von Elke erfahren. Sie fing vorsichtig an:

„Warum sagst du ‚waren'?"

„Ach, weißt du … Uns geht es momentan nicht so toll, also habe ich sie versteigert. Ich muss echt einiges an Rechnungen bezahlen. Erwin ist nun mal kein erfolgreicher Geschäftsmann."

„Was? Hast du keine Angst gehabt, dass das vielleicht gestohlenes Gut war? Dafür musst du vielleicht eine Strafe bezahlen."

„Oh, bitte! Mach mir keine Angst."

„Na ja, ich weiß es nicht, aber man hört von so was."

„Nina, du kannst mir die Wahrheit sagen", sagte Elke plötzlich.

„Welche Wahrheit denn?"

Nina begriff den Gedankensprung nicht.

„Na, mit dem Polizisten."

„Das ist, das ist nur ein Kumpel."

Sie wählte diese Bezeichnung, denn sie hatte etwas Vertrautes, Freundschaftliches, er war mehr als ein Bekannter und weniger als ein Freund. Kumpel war genau passend für das, was sie und Dirk verband.

„Mag sein. Aber er war heute bei mir und hat mich verhört. Ich dachte, ich sterbe vor Angst. Und obendrein ist er ja dein, wie du sagst, Kumpel."

„Weil es so stimmt. Aber was hat er dich gefragt?"

Elke rekapitulierte schnell das Gespräch mit Kommissar Lobig. Es schien der Wahrheit zu entsprechen. Jedenfalls hatte Nina nicht das Gefühl, dass Elke in ihr eine Komplizin suchte, die sie vor Dirk und der ganzen Polizei schützen sollte.

„Und was ist mit den Stoffen?" Nina blieb an dem Teil dran, der sie am meisten interessierte.

„Wieso fragst du?"

„Weil … Weißt du was? Vielleicht gehen wir jetzt mal langsamer. Ich sage dir jetzt etwas, was du niemandem weiter erzählen darfst. Ich habe das Gefühl, dass du ein ehrlicher Mensch bist und ich kenne mich mit Menschen aus. Also enttäusch mich bitte nicht."

Nina schaute Elke ernsthaft an und hoffte, in ihren Augen eine Bestätigung zu sehen, dass sie sich auf sie verlassen konnte. Auch Elke wurde ernst und schwieg. Doch ihre Neugier gewann schnell die Oberhand:

„Jetzt komm, mach es nicht noch spannender. Rede schon."

„Hör zu. Diese alten Stoffe, diese schmutzigen Lappen, das sind, halt dich fest – die heiligsten Reliquien aus dem Schatz Karl des Großen!"

„Ist klar. Verarschen kann ich mich selber." Elke fing an zu laufen. „Lass mich in Ruhe", rief sie über die Schulter. Sie hatte genug, genug von allem. Zuerst Erwin und jetzt Nina! Was glaubten sie, wer sie war, ein naives kleines Mädchen, dem man solche Geschichten auftischen konnte?

„Elke! Warte doch. Es ist wirklich wahr, und ich will das jetzt nicht in den Wald schreien. Mir liegt bei dieser Sache wirklich an Diskretion."

Nina holte Elke ein. Die Frauen wurden allmählich langsamer, und schließlich hielten sie an.

„Du willst mir doch nicht erzählen, dass das Zeug fast zwei Tausend Jahre alt ist!" Elke schnappte nach Luft.

„Doch, Elke. Zumindest sagt das die Kirche. Und in ein paar Tagen ist die Heiligtumsfahrt und wir brauchen die heiligen Stoffe mehr als dringend."

„Wir?"

„Nun ja. Ich bin, wie du ja weißt, Stadtführerin. Ich war bei Pfarrer Jan in Kornelimünster, um die heiligen Stoffe anzusehen, bevor es mit der Heiligtumsfahrt losgeht. Ich wollte mich darüber informieren, damit ich den Touristen und Pilgern mehr über diese Reliquien erzählen kann. Und dann haben wir beide festgestellt, dass sie jemand geklaut hat."

„Ich hoffe nur, dass es nicht Erwin war. Und das hoffe ich für ihn und für mich", sagte Elke mit plötzlicher Härte in der Stimme und schaute zur Seite.

„Sorry, aber ... Das ist jetzt zweitrangig. Wir müssen sie so schnell wie möglich zurückbekommen. Sonst ist der Jüngste Tag nahe."

„Aber ich habe die Stoffe nicht! Nicht mehr."

„Wie, nicht mehr?" Nina blieb abrupt stehen. „Wie, nicht mehr?! Sag so was nicht!"

„Wirklich. Das ist die Wahrheit", gab Elke zurück und seufzte.

„Und wo sind sie jetzt?"

„Keine Ahnung. Ich frage heute Abend Erwin. Mehr kann ich nicht machen. Seitdem er die Dinge mitgebracht hatte, ist er sehr merkwürdig geworden. Er verschwindet für ganze Tage. Aber heute Abend frage ich ihn."

„Gut, und du rufst mich danach sofort an. Egal, wie spät es ist. Versprich es mir!"

Endlich tat sich etwas in der Sache.

Auf dem Rückweg schwiegen beide. Alles Wichtige war gesagt worden. Nina hoffte nur noch, dass die Stoffe nicht komplett verschwunden waren. Sie sah in ihrer Vorstellung die Stofffetzen, die im Wind irgendwo flatterten oder zerteilt in den Pfützen gammelten. Bei dem Gedanken schüttelte es sie. Die ganze Hoffnung setzte sie nun in Elke. Ihre eigenen Probleme mit Alex rutschten auf ihrer Prioritätenliste angesichts der Neuigkeiten ganz gewaltig nach unten.

41_ KAPITEL

Pfarrer Jan saß seit Stunden an seinem Schreibtisch und starrte auf den Bildschirm seines Laptops. Auf der Internetseite von ebay wechselten verschiedene Gegenstände ihre Besitzer, während er immer noch nach seinen Reliquien suchte. Alles hatte er schon ausprobiert, alle Begriffe eingegeben, aber sie erschienen nicht. Vielleicht war das ein gutes Zeichen. Aber dieser Gedanke hatte die Synapsen in seinem Gehirn noch nicht erreicht. Er war erschöpft.

Frau Matzke machte sich allmählich große Sorgen um ihn und schaute hin und wieder bei ihm vorbei. Er aber winkte sie jedes Mal wortlos hinaus. Sie zuckte mit den Schultern und schloss die Tür zu – schon zum sechsten Mal an diesem Vormittag.

„Ich halte das nicht mehr aus", murmelte Pfarrer Jan zu sich selbst. Die schwere Last, die sich in diesen Tagen auf seine Schultern legte, nahm ihm die Freude an seiner ganzen Arbeit weg. Es war eine Situation, mit der er nie konfrontiert gewesen war, aber wie oft haben Pfarrer schon mit solchen Situationen zu tun? Die Vorbereitungen zur Heiligtumsfahrt mussten endlich in die Gänge kommen, das war ihm mehr als bewusst. Und immer noch verschwieg er den Diebstahl vor dem Bischof. Wenn dieser nun davon erfahren würde, könnte sich Pfarrer Jan von der Pfarrei verabschieden, und das würde bestimmt nicht die einzige Konsequenz bleiben. Er konnte vielleicht so lange wie möglich vortäuschen, dass alles in Ordnung wäre, aber dann – es schüttelte ihn. So ging es nicht weiter. Er musste sich etwas einfallen lassen. Dieses Sitzen und Warten machte ihn verrückt und half der Sache auch nicht. Er schaltete den Laptop aus und stand auf. Gerade wollte er sich die Beine vertreten –

Bewegung fördert ja bekanntlich das Denken –, als sein Telefon klingelte. Kommissar Lobig meldete sich, ohne sein ‚Hallo' abzuwarten.

„Herr Pfarrer, wir haben die Kirchensilber. Alles. Wir wissen, wer sie an wen verkauft hat."

„Nein!", rief Pfarrer Jan und wusste nicht recht, ob er sich nun freuen sollte oder nicht. Der Kommissar sagte ja nur ‚Kirchensilber'. „Und die Heiligtümer?", fragte er mit schwacher Stimme. Seine Frage verhallte und Schweigen legte sich auf die Leitung. Er setzte sich wieder hin.

„Die haben Sie nicht, habe ich recht?"

„Es tut mir unendlich leid."

Kommissar Lobig log nicht. Es war ihm sehr unangenehm, dies sagen zu müssen. Auch er war mittlerweile von der ganzen Reliquiensache mitgenommen. Das durfte er als Polizist, und dazu noch Kommissar zwar nicht, das war nicht professionell, aber es war nun mal so. Vielleicht war auch Nina ein bisschen daran schuld. Aber darum ging es jetzt nicht.

„Ich bin am Ende", flüsterte Pfarrer Jan mehr zu sich selbst als zu Kommissar Lobig.

„Herr Pfarrer! Es ist noch nicht alles verloren. Immerhin wissen wir, wer die Silber hatte. Es ist nur eine Frage von Stunden, maximal einem Tag, bis Sie sie wieder haben. Gedulden Sie sich bitte noch ein bisschen. Wir kriegen auch die Reliquien zurück, das verspreche ich Ihnen."

„Hoffentlich auch rechtzeitig. Aber trotzdem, vielen Dank, Herr Kommissar." Pfarrer Jan legte auf und seufzte so laut, dass Frau Matzke wieder erschrocken in sein Büro hereinplatzte:

„Das geht so nicht weiter. Herr Pfarrer, was läuft hier ab?"

„Frau Matzke, lassen Sie mich alleine." Pfarrer Jan sah blass und vollkommen erschöpft aus.

„Das können Sie vergessen! Haben Sie sich heute im Spiegel gesehen? Sie sehen aus, als ob Sie gerade von den Toten auferstanden wären. Ähm, das heißt ..." Frau Matzke bekreuzigte sich angesichts einer solch blasphemischen Ausdrucksweise, die ihr unwillkürlich herausgerutscht war. Diese Situation war aber auch nicht mehr auszuhalten!

„Sie sehen krank aus, wollte ich gesagt haben", korrigierte sie sich. „Was haben Sie nun erfahren? Ich darf es auch wissen. Sie haben es doch selbst gesagt."

„Frau Matzke, reden Sie nicht so viel und vor allem nicht so schnell. Ich verkrafte das heute nicht. Mein Kopf ..."

„Soll ich Ihnen eine Schmerztablette holen?", unterbrach sie ihn.

„Nein, nein. Ich nehme das Zeug nicht. Das wissen Sie doch."

„Ist ja gut. Ich wollte nur helfen. Aber nun, was haben Sie erfahren?"

„Nur die Kirchensilber wurden gefunden, und die Reliquien sind immer noch nicht da."

„Ha!", rief Frau Matzke. „Die Polizei! Die sind ja entweder unfähig, oder sie haben keine Lust." Die Haushälterin hatte offenbar keine gute Meinung von der Effizienz der Polizeiarbeit.

„Frau Matzke, giften Sie nicht. Sie tun, was sie können."

„Ja, ja. Und nun? Was können wir machen?"

„Nichts, Frau Matzke, nichts. Nur warten."

„Gut, ich mache jetzt Mittagessen für Sie. Und dann schauen wir mal", entgegnete sie etwas enttäuscht. Eine Untätigkeit vertrug sie nicht gut.

Frau Matzke drehte sich auf ihrem flachen Absatz um und ging in die Küche. Pfarrer Jan hörte sie im Flur leise murmeln und schüttelte den Kopf. Die Frau hatte Energie für ein ganzes Bataillon, dachte er. Energie und Beharrlichkeit.

42_KAPITEL

Am frühen Nachmittag klingelte Frau Möllen bei Frau Schmitz. Die Tür öffnete sich sofort:

„Komm in die Küche. Dort ist es hell und wir können die Stoffe auf dem großen Tisch ausbreiten. Da sehen wir alles besser. Ich habe gerade das Waschmittel aufgelöst."

Frau Schmitz befand sich im Zustand freudiger Erregung. Da tat sich endlich etwas Spannendes, und obendrauf in ihrer Wohnung! Sie wusste nicht mehr, wann es das letzte Mal gewesen war. Sie überlegte kurz, und plötzlich erhellte sich ihr Gesicht: Ja, das war das gemeinsame Backen der Zimtsterne gewesen. Die Kinder von Frau Möllen wollten ihre Mutter mit den Keksen überraschen, doch das Backen war zu einer großen Party geworden, und die ganze Küche hatte ausgesehen wie eine Großstadtbäckerei zu Stoßzeiten. Frau Schmitz hatte eine ganze Woche gebraucht, um die Küche wieder sauber zu kriegen. Aber ihren Spaß hatten die Kinder gehabt. Es war über die Jahre ihr gemeinsames Geheimnis geblieben. Frau Möllen hatte erst viel später davon erfahren. Sie hatte bei der Geschichte zwar gelacht, aber es war ein etwas erzwungenes Lachen gewesen. Als hätte sie sie um diesen Spaß beneidet.

„Warum aufgelöst?", wunderte sich Frau Möllen und folgte ihrer Freundin.

„Na ja, es ist ein Pulver, welches man zuerst auflösen muss." Frau Schmitz ging direkt zum Küchentisch.

„Komisch. Waschmittel für Gardinen sind immer flüssig."

„Mag sein, dieses aber nicht. Ich habe dir ja gesagt, dass es ein spezielles Mittel ist. Für alte Stoffe."

„Ja, ja", erinnerte sich Frau Möllen an ihr Gespräch von vorgestern – und seufzte. Sie begann zu bereuen, Frau Schmitz die Stoffe bereits gestern gebracht zu haben.

In der geräumigen, altmodisch eingerichteten Wohnung von Frau Schmitz nahm die Küche einen wichtigen Platz ein. Der Raum ging nach hinten, zur Terrasse hin. Durch zwei große Fenster und eine teilweise buntverglaste Tür konnte man in den Garten schauen. Die Vormittagssonne drang durch die Glasscheiben und ließ bunte Muster an der Wand entstehen. Wie in der Kirche, dachte Frau Möllen auf einmal, und dieser Anblick versetzte sie in Verzückung. Sie ließ sich auf einen Stuhl nieder und betrachtete schweigend die Glasmuster. Sie wunderte sich auch, dass sie bis zum heutigen Tag nicht darauf geachtet hatte, obwohl sie seit vielen Jahren ihre Freundin besuchte und diese Küche sehr gut kannte. Vielleicht lag es aber an den Ereignissen der letzten Zeit, dass sie plötzlich aufmerksamer wurde und mehr Details registrierte.

„Martha, was hast du?", wunderte sich Frau Schmitz über die Stille, die auf einmal in der Küche herrschte.

„Ach, nichts." Frau Möllen staunte selbst über ihren Gemütszustand.

Sie stand auf und ging an die Arbeitsplatte, auf der eine große Schüssel stand. Sie schaute in die Schüssel, dann nahm sie einen Holzlöffel und rührte vorsichtig in einer rosa schimmernden Flüssigkeit. Irgendetwas sagte Frau Möllen, dass das nicht die richtige Lösung sein konnte.

„Hilde, wir können die Stoffe nicht in diese ..."

„Was willst du wieder?", Frau Schmitz unterbrach sie ungeduldig. „Was mache ich schon wieder falsch, mhm?"

Sie regte sich so sehr auf, dass ihre Wangen erröteten. Sie war fest davon überzeugt, das richtige Mittel gefunden zu haben. Was sollte da noch schief gehen? Endlich hatte sie die Initiative übernommen, hatte etwas Vernünftiges gemacht, und nun motzte ihre Freundin.

Sicherlich gönnte sie ihr diese Idee nicht, neidisch und bestimmend wie sie immer war! Frau Schmitz stampfte mit dem Fuß und stützte beide Arme ganz undamenhaft in die Seiten. Ein Schnaufen entrang sich ihr, und sie setzte zu einer Beschimpfung an.

„Hilde, beruhige dich", bremste sie Frau Möllen.

„Was soll das heißen, ich soll mich beruhigen?! Du machst mich schon wieder zu einer Dummen, die keine Ahnung von Dingen hat. Aber jetzt ist es einmal richtig, was ich mache, und nicht du! Wir machen es auf meine Art!"

Frau Möllen staunte über die plötzliche Aufmüpfigkeit ihrer Freundin und über so viel Körpereinsatz bei diesem Redeschwall. So etwas war sie bei der guten Hilde gar nicht gewohnt. Frau Schmitz bebte am ganzen Körper und die nicht mehr straffe Haut an ihren Wangen zitterte mit. Was war denn in sie gefahren?

„Hilde, lass mich nun ausreden, bevor du mir Dinge unterstellst, die völlig aus der Luft gegriffen sind."

Ruhig redete Frau Möllen auf Frau Schmitz ein, als hätte sie Angst, dass ihre Freundin eine falsche Bewegung machen und damit die Reliquien zerstören könnte. Das war ganz neu für sie und auch für Frau Schmitz. Diese schaute sie immer noch misstrauisch an. Sie blieb fürs erste bei ihrer Kampfhaltung, doch die Muskeln entspannten sich langsam.

„Gut, dann erklär mir, warum ich deiner Meinung nach wieder alles falsch gemacht habe."

Frau Schmitz wollte nicht gleich klein beigeben. Unkontrolliert rieb sie sich den Nacken und zwinkerte mehrmals schnell mit den Augen.

„Hilde, es ist sicherlich nicht falsch, dieses Mittel zu verwenden. Aber eher für moderne Stoffe. Da ist pure Chemie drin. Ich glaube, dass es falsch ist, solch alte Stoffe mit den heutigen Mitteln zu behandeln."

Frau Möllen sprach langsam und ihre Stimme blieb ruhig.

„Ich habe noch Kernseife!", rief Frau Schmitz aus, in einem letzten Versuch, die Initiative beizubehalten.

„Was hältst du davon, dass wir zuerst versuchen, den Stoff trocken zu säubern. Das ist ja vor allem Schlamm, der am Stoff haftet."

„Und wie willst du das machen? Er ist sehr, sehr … ähm, frigid", sagte Frau Schmitz verunsichert.

„Frigid? Du meinst wohl fragil."

„Oder so", gab sie zu. „Ich habe es ja versucht …"

„Was?!", explodierte Frau Möllen. Mit der Ruhe hatte es doch nicht so ganz funktioniert. „Zeig's mir. Zeig mir diesen Teil!"

„Ja, aber …"

„Zeigen!", schrie Frau Möllen. Ihr Gesicht nahm einen bedrohlichen Ausdruck an, und Frau Schmitz bekam es mit der Angst zu tun. Ihre anfängliche Sicherheit war nun vollends verschwunden.

Frau Schmitz holte einen Stoff vom Stapel hervor, von ganz unten. Frau Möllen sah sofort, dass das Gewebe an einer Stelle leicht durchgescheuert war.

„Hast du das gemacht?"

„Nein, das war ich nicht. Das war schon so." Frau Schmitz wurde kleiner und kleiner. „Ich habe mich auch gewundert, woher das kam. Aber es war vorher schon so halbdurchsichtig."

„Es ist noch kein Loch. Noch ist es keins", fügte Frau Möllen hinzu und blickte ihre Freundin tadelnd an.

„Verrücktes Huhn", murmelte sie, während sie den Stoff sorgfältig auf dem Küchentisch ausbreitete. Sie überprüfte ihn ganz genau, Quadratzentimeter um Quadratzentimeter, und rieb vorsichtig mit ihrem langen Fingernagel an den schmutzigen Stellen. Der vertrocknete Dreck sprang hin und wieder ab, was sie jedes Mal mit einem Seufzer der Erleichterung begrüßte.

Frau Schmitz schien gar nicht zu atmen, während sie Frau Möllen beobachtete. Schließlich setzte sie sich auf einen Stuhl. Traurige Gedanken kreisten in ihrem Kopf: Warum bin ich so dumm, so dumm? Warum komme ich nicht selbst auf solche Ideen? Es ist immer Martha, die alles richtig macht.

„So", atmete Frau Möllen auf. „Einen Stoff haben wir. Sieh mal!"

Sie schaute hoch und bemerkte, wie traurig ihre Freundin dreinschaute.

„Komm, Hilde, was hältst du von einem Gläschen deines Holunderlikörs?", sagte sie, um sie aufzumuntern – und es schien tatsächlich zu funktionieren. Frau Schmitz sprang auf und ging energischen Schrittes ins Wohnzimmer. Sie wollte sich mindestens auf diese Weise nützlich machen. Frau Möllen vernahm bald ein leichtes Klirren der Gläser und ein Knacken der Vitrinentür. Kurz darauf erschien Frau Schmitz mit zwei Gläschen Likör in der Küche.

„So, Martha. Dann lass uns auf den Erfolg unserer Unternehmung trinken."

„Ja. Darauf trinken wir", bestätigte schmunzelnd Frau Möllen und leerte das Glas.

„Ach Martha, ich freue mich schon auf die Heiligtumsfahrt", schwärmte plötzlich Frau Schmitz, als wäre nichts geschehen.

Frau Möllen unterdrückte die Versuchung, es zu kommentieren, und beugte sich über die nächste Reliquie. Nachdem alle drei Stoffe geprüft und gereinigt worden waren, nahm Frau Möllen sie wieder an sich. Sicher ist sicher, dachte sie.

43_ KAPITEL

Gegen Mitternacht kam Elke völlig erschöpft von der Arbeit nach Hause zurück. Nirgendwo in der Wohnung brannte Licht, obwohl Erwin sonst immer gerne länger aufgeblieben war, um Elke vor dem Schlafengehen noch sehen zu können. Wo ist er denn?, wunderte sie sich und schaute in jedem Raum nach. Zum Schluss ging sie ins Schlafzimmer. Ihr Freund schlief bereits fest und schnarchte leise.

Na gut, dann reden wir eben morgen, sagte sie sich im Stillen. Sie beschloss, ihn abzupassen, damit er nicht verschwinden konnte, bevor sie aufgestanden war.

Sie legte sich ins Bett, doch sie konnte nicht gut schlafen, wälzte sich ständig herum, wachte auf, schlief wieder ein und beruhigte sich erst kurz vor Morgengrauen. Dann schlief sie endlich ein. Aber als Erwin dann leise aus dem Schlafzimmer schlich, öffnete sie plötzlich die Augen:

„Wohin des Weges, mein Lieber?"

Elke setzte sich im Bett auf.

Erwin blieb abrupt stehen, dann drehte er sich langsam und verunsichert um.

„Elke, warum erschreckst du mich? Was ist denn los?"

„Erwin, spiel keine Spielchen mit mir. Gestern war die Polizei hier und fragte – wie ich ja vorausgesagt habe – nach den Kirchensilbern."

„Ach, was?" Erwin erschrak richtig. „Und? Du hast denen nichts gesagt, oder?", fragte er voller Panik in der Stimme.

„Nein, aber sie wissen, dass wir sie haben. Oder eher: gehabt haben. Ich musste ja einige bereits versteigern."

„Was musstest du?! Warum hast du sie verkauft, bist du denn irre?!", rief er entsetzt aus. Er dachte an das Geld, das er für die Kirchensilber nun nicht bekommen würde. Plötzlich ergriff ihn Panik: Und wenn dahinter irgendeine Mafia steckte. Schweißperlen traten ihm auf die Stirn.

„Und wer bezahlt die Rechnungen? Du bist dir ja zu schade fürs Geldverdienen. Also habe ich ein paar Dinge gewinnbringend versteigert. Die Polizei ist allerdings dahinter gekommen und wollte jetzt wissen, woher wir sie haben. Ich habe denen gesagt, du hast sie auf dem Flohmarkt gekauft, aber der Polizist hat mir das, glaube ich, nicht abgenommen. Er will mit dir reden und es wäre besser für dich, wenn du selbst zum Polizeipräsidium gehst, bevor sie dich holen."

Erwin wurde schlecht. Er setzte sich aufs Bett, dann stand er auf und setzte sich wieder. Er drehte sich zu Elke um und dann wieder von ihr weg.

„Hallo! Hat es dir jetzt die Sprache verschlagen?", keifte Elke. „Was machen wir nun? Und was hast du mit den Stoffen gemacht? Ich konnte sie nicht finden."

Erwin seufzte.

„Hör zu." Und Erwin erzählte ihr die ganze Geschichte mit den Stoffen und dem Trödler. Nur die Abmachung mit Frank ließ er weg. Er wollte ihr nicht noch mehr Angst machen. Vielleicht konnte er noch etwas unternehmen. Er musste dringend Frank sprechen. Warum hatte er sich von ihm bloß dazu überreden lassen?

„Das darf doch nicht wahr sein! Warum hast du das gemacht? Und warum hast du vorher nicht mit mir darüber gesprochen?", empörte sie sich.

„Du wolltest die Stoffe doch sowieso nicht behalten!"

Elke sammelte sich. Sie wollte mit ihm nicht weiter diskutieren.

Wenn es sein musste, würde sie alles selbst zurück beschaffen und der Polizei geben, damit sie endlich ihre Ruhe hatte.

„Wo wohnt er?"

„Wer?"

„Der Trödelsammler."

„Du willst doch nicht ..."

„Wo wohnt er?" Elke war richtig sauer, und Erwin mochte es überhaupt nicht, wenn sie sauer war.

„In Kornelimünster, aber ..."

„Genauer."

„Am Frankensteg ganz hinten. Aber Elke ...", wiederholte er verzweifelt und wusste, dass es absolut nicht brächte, weiter herumzubetteln. Sie war stark, und er war ein Jammerlappen. In solchen Momenten wie diesem verabscheute er sich.

„Die Hausnummer!"

„Fünfzehn", gab Erwin kleinlaut an.

„Und du suchst dir heute einen Job. Meinetwegen als Nachtwächter. Da musst du nicht früh aufstehen. Mir reicht´s!"

Elke stand energisch auf und ging ins Bad. Sie ließ Erwin wie ein Häufchen Elend dasitzen, doch sie hatte kein Mitleid mit ihm. Nicht heute.

Während Elke Kaffee aufsetzte, rief sie Nina an.

„Nina? Sorry, dass ich dich so früh anrufe, aber du wolltest es ja sofort wissen."

„Morgen, Elke."

Nina wischte sich noch die Schlafreste aus den Augen, als die Nachricht in ihr Gehirn drang. Dann sprang sie wie elektrisiert aus dem Bett und lief in die Küche. Sie wollte nicht, dass Alex das Gespräch mitbekam.

„Erwin, der Tuppes, hat die Stoffe an einen Trödelsammler verkauft."

„Hat was?!"

„Ja, weil er sie sonst nirgendwo loswerden konnte, und weg-werfen wollte er sie auch nicht. Er fand sie nicht so dreckig, der Ästhet."

In Elkes Stimme schwang wieder diese Härte mit. Sie war sehr enttäuscht von ihm. Sie hatte Erwin einiges durchgehen lassen, jetzt aber war das Maß voll.

„Aber das ist ja toll. Ich meine, nun wissen wir, wo sie sind. Wir müssen unbedingt zu diesem Trödler. Du hörst dich an, als ob du mehr wüsstest?"

„Das stimmt. Erwin bekam Gewissensbisse. Ha, dass ich nicht lache: er und Gewissensbisse! Aber egal. Er ist zu dem Trödler nach Hause gegangen und wollte sie zurück haben. Aber der wollte sie nicht herausrücken. Angeblich hat er sie weiterverkauft, aber das glaube ich nicht."

„Oje, das klingt nicht gut. Wir müssen unbedingt zu ihm, am besten heute noch."

„Wann immer du möchtest. Mittlerweile habe ich aus Erwin herausbekommen, wo er wohnt."

„Super! Ich mache mich fertig und komme bei dir vorbei. Gib mir eine Stunde."

Eine knappe Stunde später hielt Nina vor Elkes Haus und hupte kurz. Im selben Augenblick kam Elke aus dem Haus heraus und eilte zum Auto.

„Huh! Mir ist etwas bange, wenn ich ehrlich sein soll. Aber wer ,a' sagt, muss auch ,b' sagen können", sagte Elke und schnallte sich an.

„Ein süßer Wagen übrigens", bemerkte sie noch beiläufig.

„Mhm", entgegnete Nina, die in Gedanken schon woanders war.

„Ich frage mich, wie so einer lebt. Und wie kann man von so etwas überhaupt leben?" Sie dachte an den Trödler, den sie beim Joggen schon mal gesehen hatte. War er das womöglich?

Einige Minuten später erreichten sie das Ende des Frankenstegs.

Nina schaltete den Motor ab. Um sie herum herrschte Ruhe. Nur die Vögel zwitscherten laut und wild, als wollten sie ihre Ankunft ankündigen. Die Frauen stiegen aus und nach einigen Metern erreichten sie das Haus des Trödelsammlers.

Nina klopfte mutig an die Tür. Nichts bewegte sich und niemand antwortete auf das Klopfen. Sie klopfte noch einmal. Wieder nichts.

„Ist er schon weg?", wunderte sie sich.

„Klopf noch einmal, aber heftiger. Vielleicht schläft er", ermutigte Elke sie und schaute sich um, doch niemand war in der Nähe.

Nina indessen drückte auf die Klinke. Sie gab nach.

„Okay, ich gehe rein", sagte sie und drückte sachte gegen die Tür.

Langsam und knarrend ging die Tür auf. Nina machte einen Schritt in das Innere des Hauses und blieb hinter der Schwelle stehen.

„Soll ich? Es ist so unheimlich hier ..."

„Ich bin direkt hinter dir, hab keine Angst", antwortete Elke und schob sie hinein.

„Pass auf! Es ist dunkel hier und ich sehe nirgendwo einen Lichtschalter."

„Na, dann mach die Tür weit auf, und lass das Sonnenlicht hinein."

Nina öffnete die Tür sperrangelweit und machte einen weiteren Schritt in den Raum.

„Hallo?"

Niemand antwortete.

„Hallo? Ist da jemand?", fragte Nina ohne Hoffnung, eine Stimme zu hören.

„Schauen wir uns ein bisschen um. Vielleicht kommt er auch gleich zurück." Elke machte Nina Mut, obwohl sie sich selbst unsicher fühlte. Die Atmosphäre des Hauses war wie nicht von dieser Welt. Es war so unendlich alt, als stünde es seit Jahrhunderten hier, halb verfallen, halb durch die menschliche Anwesenheit belebt, auch wenn diese Präsenz vergangen schien.

„Mein Gott, hier ist tatsächlich nur Trödel drin, überall in allen Ecken, in allen Regalen. Nur Plunder. Unglaublich! Ich hätte nicht gedacht, dass Menschen so leben können."

„Siehst du die Stoffe irgendwo?"

„Nein. Ich weiß ja auch nicht, wie sie aussehen. Ihr habt sie doch in irgendeine Tüte gesteckt, oder?"

„Hör auf. Erwin hat sie in eine simple weiße Plastiktüte gesteckt. Aber woher soll ich wissen, wo der Trödler sie aufbewahrt. Falls sie denn überhaupt noch hier ist."

Wo man auch hinschaute, war der Raum mit verschiedenen Gegenständen zugestellt, die der Trödler im Laufe der Jahre angesammelt hatte: Töpfe, Eimer, Werkzeuge, Holz- und Metallkisten, Dosen, Schränkchen, Vasen, Besteck und was man sonst so im Haushalt ausmustert. Am Fenster stand ein Tisch, auf dem sich Bücher und Karten türmten. Mit Sicherheit gab es interessante Sachen darunter, dachte Nina. Sie wäre am liebsten länger hier geblieben, um in diesem Stapel zu stöbern. Doch sie waren nicht deswegen hierher gekommen. Außerdem herrschte im Raum ein intensiver Gestank, der es ihr unmöglich machte, frei zu atmen. Sie hatte stets das Gefühl zu ersticken. Auch Elke erging es nicht besser, sie hüstelte immer wieder flach und hielt sich die Hand vor den Mund.

„Mensch, ist das ein Chaos hier! Wie kann man so leben?", fragte Nina sich laut.

„Vielleicht hat er keine Wahl."

„Man hat immer eine Wahl", sagte Nina und fühlte auf einmal, dass es nicht so selbstverständlich war, wie sie es sagte. Sie holte ein Taschentuch aus der Tasche und hielt es sich vor die Nase.

„Da bin ich mir nicht so sicher", entgegnete Elke und dachte an ihre und Erwins Lage.

Sie lebten vielleicht unter nicht ganz so schlimmen Bedingungen, aber finanziell abgesichert waren sie noch lange nicht. Sie bekam es mit der Angst zu tun. Wenn das hier möglich war, dann war alles möglich. Sie fühlte sich unwohl in diesem Haus und wollte so schnell wie möglich wieder hinaus.

„Komm! Lass uns hier verschwinden. Es gefällt mir hier nicht", sagte sie zu Nina.

„Nicht? Warum? Früher waren Menschen glücklich, wenn sie so ein Haus hatten. Manche waren sogar stolz darauf", spöttelte Nina. Sie hörte das Unbehagen in Elkes Stimme.

„Ja, ja, was du nicht alles weißt. Doch glauben kann ich das irgendwie nicht. Egal welche Bücher du gelesen haben magst."

Nina verstummte. Sie schaute sich weiter um und blieb vor etwas stehen, was als Schlaflager dienen konnte.

„Aa!", schrie sie leise.

„Was?"

„Oh, Gott! Nein!"

„Was ist?" Elke sträubten sich die Nackenhaare. Sie bereute es zum wiederholten Mal, hierher gekommen zu sein.

„Guck mal! Da!" Nina zeigte auf etwas hinter der Lagerstätte: „Da liegt jemand."

Sie sprach diesen Satz noch nicht zu Ende aus – schon rannte Elke aus dem Haus hinaus.

„Nein, ich will das gar nicht sehen! Lass uns hier verschwinden!", rief sie Nina zu. Nina folgte ihr nach draußen.

„Elke, wo willst du hin? Lass uns schauen, ob er noch lebt."

„Nein, das mache ich nicht. Niemals! Geh du da wieder rein."

Nina kehrte ins Haus zurück. Ihr Unbehagen wuchs, je mehr sie sich der Lagerstätte näherte. Sie sammelte ihren ganzen Mut zusammen, hielt den Atem an und beugte sich über den Mann.

„Hallo", flüsterte sie. „Hören Sie mich?", hoffte sie noch kurz, doch sie wusste, dass es zu spät für ihn war.

Genauso hatte ihr Großvater ausgesehen. Damals war sie sechs gewesen, aber sie konnte sich immer noch sehr gut an alles erinnern. Ihr Großvater war die Treppe heruntergefallen und hatte sich die

Hüftknochen an mehreren Stellen gebrochen. Ans Bett gefesselt, hatte er die letzten sechs Monate seines Lebens verbracht. Die Großmutter hatte sich liebevoll um ihn gekümmert. Aber er war ein alter Mann gewesen.

Eines Morgens hatte er in seinem Bett gelegen und nicht auf Großmutters Zurufe reagiert. Nina war an sein Bett gegangen und hatte versucht, ihn zu wecken. Sein Gesicht war weißblau gewesen und die Lippen leicht geöffnet.

„Opa, Opa, wach auf!", hatte sie mehrere Male zu ihm gesagt, aber er hatte nicht darauf reagiert, war nicht mehr wach geworden. Der Mann hier rief ihr dieses Bild von damals in Erinnerung, und es schüttelte sie plötzlich. Sie liebte ihren Opa, diesen sanftmütigen alten Mann, der immer zufrieden gelächelt hatte und den alle Kinder aus der Gegend vergötterten. Jetzt sah sie den alten Mann, genauso bläulich im Gesicht und genauso abwesend. Genauso tot. Sehen Tote immer so abwesend aus? Weil ihre Seelen die Körper verlassen haben? Sie musste sich vergewissern, ob der Trödler wirklich tot war. Vorsichtig legte sie zwei Finger an seinen Hals. Der Puls war nicht spürbar. Er war auch bereits kalt. Schnell zog sie die Hand zurück und wischte die Finger an einer Decke ab, dann sah sie die Decke an, und ihr wurde übel. Sie lief aus dem Haus hinaus, ging in die Hocke und rieb wie verrückt ihre Hand mit dem Gras ab. Wie sinnlos das war, realisierte sie erst nach ein paar Sekunden, als sie Elkes Blick spürte.

„Was? Ich, ich habe ihn berührt. Er ist tot. Das denke ich jedenfalls. Er ist schon kalt." Sie wollte sich schnell irgendwo die Hände waschen. Am liebsten würde sie jetzt duschen oder baden, so sehr schmutzig-klebrig fühlte sie sich.

„Widerlich!" Elke schaute Nina angeekelt an, als wäre sie der Tote selbst.

„Guck mich nicht so an. Wir müssen uns etwas überlegen. Wir sollten die Polizei anrufen und einen Krankenwagen kommen lassen."

„Ach ja?", schnaubte Elke nach Luft.

„Ja, so macht man das."

„Toll, und was sagst du denen? Warum wir hier sind? Vielleicht vermuten sie dann, dass wir etwas mit seinem Tod zu tun haben? Und was sollen die von mir denken?"

„Ach Elke, ich bitte dich. Es ..."

Nina brach ab und musste Elke recht geben. So klar war die Sache ja gar nicht, und sie waren auch nicht ganz legal vorgegangen.

„Also, was machen wir?", fragte Elke leise. Ihre angsterfüllten Augen flehten Nina um Rat an.

„Am besten bringe ich dich jetzt nach Hause. Du bist einfach nicht hier gewesen, Punkt. Und um den Rest kümmere ich mich selbst."

Diese Lösung gefiel Elke. Doch dann kamen bei ihr Zweifel auf:

„Und was erzählst du deinem Lieblingspolizisten?"

„Na ja, dass ich ihn hier tot gefunden habe." Nina ignorierte Elkes Bemerkung. Es war ein Zeichen, dass es Elke wieder gut zu gehen schien.

„Und wer hat dir sein Haus gezeigt?"

„Elke, ich bitte dich. Ich kann sprechen und ich kann auch Fragen stellen. Ich habe hier im Ort nach ihm gefragt. Ganz einfach. Mach keinen Stress."

„Na gut. Hier." Sie reichte Nina ein feuchtes, parfümiertes Taschentuch. „Wisch dir die Hände ab."

Nina rieb sich die Hände sauber und warf das Tuch in einen alten Topf, der vor dem Fenster stand.

„Du, Nina, diese Reliquien hast du da drinnen aber nicht gesehen?"

„Oh, daran habe ich jetzt gar nicht gedacht. Außerdem weiß ich nicht, wie sie aussehen. Du hast sie ja mindestens einmal richtig in Original gesehen. Gehst du lieber nachschauen?"

„Nein, bitte nicht. Alles, nur nicht das."

„Unsinn! Hast du etwa Angst vor den Toten? Vor Lebenden sollst du dich fürchten. Ein toter Mensch tut dir doch nichts an."

„Ich weiß, aber es ist so. Ich habe noch nie einen Toten gesehen. Ich habe Angst vor dem bloßen Anblick, weißt du?"

„Ist schon gut. Du musst ihn aber nicht angucken. Du sollst dich lediglich nach den Reliquien umschauen."

„Na gut", sagte Elke und ging vorsichtig ins Haus zurück. Sie blieb aber an der Schwelle stehen und schaute von dort aus ins Innere des Hauses.

„Elke", mahnte Nina sie.

„Ja, ja." Elke ging aber nicht weiter hinein. „Ich sehe nichts. Weißt du was, Nina, ich habe so ein Gefühl, dass Erwin mir die Wahrheit gesagt hat und dass der Trödler sie wirklich nicht mehr hat. Ich hätte doch sonst diese Tüte wieder erkannt, oder?" Sie fühlte sich schuldig gegenüber Nina, hatte aber keine Kraft, dieses furchtbare Haus zu betreten.

„Okay, lass uns fahren."

Nina stellte mit Unbehagen fest, dass sie wieder am Anfang ihrer Suche standen. Sie überlegte, was der Tod dieses Trödlers bedeuten sollte. Wurde er ermordet? Wenn ja, warum? Sie hatte allerdings keine Anzeichen von Gewalt sehen können. Sie war zwar keine Ermittlerin, aber so etwas wie Blutspuren oder Blutergüsse an seinem Hals hätte sie doch bemerkt. Andere Todesursachen konnte sie sich nicht vorstellen. Sollten sie beide jetzt etwa Angst haben? Ein Schauer lief ihr wieder über den Rücken. Sie rieb sich an der Schulter, als wollte sie dieses Gefühl abschütteln und ging mit Elke zum Auto.

Die beiden Frauen stiegen ein und fuhren langsam in den Ort zurück, und dann in die Stadt. Bloß keinen Verdacht erwecken. Es hätte ja noch gefehlt, dass die Polizei sie anhielte!

„Uff! Ich hoffe, niemand hat uns bemerkt."

Nina bog rechts in die Hauptstraße ein und fuhr Richtung Aachen. Oben, direkt vor der Kreuzung hielt sie an. Elke stieg aus.

„Meldest du dich bei mir, sobald du was erfährst?", bat Elke.

„Na klar, Kopf hoch. Es wird schon!", sagte Nina. Sie wollte ihr Handy herausnehmen und Dirk anrufen, als es klingelte.

„Oho, wieder bist du um einen Sekundenbruchteil schneller. Was ist denn, junger Mann?"

„Hallo Nina. Ich muss dich sprechen. Dienstlich." Nach dem Gespräch mit Alex war es Dirk unangenehm, Nina zu vernehmen, aber er musste jetzt da durch.

„Stell dir vor, ich muss auch dringend mit dir reden."

„Warum das?"

„Ja. Ich war gerade bei dem Trödler. Und er ist tot."

„Was für ein Trödler?"

„Dirk, der Mann ist tot und seine Leiche liegt in seinem Haus." Sie gab ihm die Adresse durch.

„Aber was hat er mit der Sache zu tun?" Dirk wurde ungeduldig.

„Das werde ich dir gleich erklären. Ich bin in Kornelimünster. Mach, was du machen musst, und lass uns vor dem Haus des Trödlers treffen. Wir müssen miteinander reden."

Nina war wieder die alte – entscheidungssicher und souverän verteilte sie die Aufgaben, als organisierte sie eine Veranstaltung. Schnell übernahm sie die Rolle der Chefin, auch wenn sie es nicht bewusst tat. Eigentlich hätte Dirk das Kommando übernehmen müssen, aber Nina kam ihm zuvor. Und sie handelte vernünftig, doch er versuchte, ihr zu widersprechen.

„Das will ich ja gerade, Nina. Aber …"

„Di-hirk! Fahr bitte zuerst hin und ruf vielleicht einen Rettungswagen an. Wenn du sie anrufst, kommen sie schneller. Ich warte auf dich." Sie legte auf, um ihm keine Chance zur Widerrede zu geben.

Nach außen hin wirkte sie selbstsicher, doch sie fühlte bereits, wie ihre Selbstsicherheit sie allmählich verließ: Ein schwieriges

Gespräch stand ihr bevor. Wie sollte sie nun Dirk alles erklären, ohne dass er sie direkt verdächtigen würde? Dumme Sprüche hatte er sich schon mal erlaubt. Und darauf hatte sie nun wirklich keine Lust.

44_ KAPITEL

Die ohrenbetäubende Sirene des Polizeiwagens unterbrach das Gespräch der beiden Frauen. Sie blieben stehen und schauten dem Wagen hinterher, wie er um die Ecke bog und weiter, hinter der Kirche bergauf fuhr. Das Signal kam von immer größerer Höhe.

„Hilde, du glaubst doch wohl nicht, dass wir jetzt nach Hause gehen. Wir warten hier. Irgendwas ist passiert. Komm, wir setzen uns hierhin." Frau Möllen zeigte auf die Bank vor der Grillbar, diesem neuen orientalischen Imbiss.

Der Grillbarverkäufer kam heraus, musterte die Frauen kritisch und fragte dann, ob sie etwas möchten.

„Nein, danke. Wir warten ein bisschen, bis wir mehr erfahren."

„Mehr von was?"

„Wovon, junger Mann, wovon!" Frau Möllen beschloss dem Mann ordentliches Deutsch beizubringen. „Lernen Sie es richtig. Dafür ist es nie zu spät."

„Is gut." Der Grillbarverkäufer zog sich schnell auf seinen Posten zurück. Er kannte die beiden Frauen und wusste, wie aufsässig sie sein konnten.

Frau Matzke ging gerade von der Bushaltestelle zurück zum Pfarrhaus und blieb nun auch vor der Grillbar stehen. Bald kam ein Mann herangeeilt, als er die Frauen sah:

„Der Helmut ist tot!"

Es war Herr Hansen, der Nachbar von Frau Schmitz. Ihm folgte ein Notfallwagen. Mit lautem Grollen zog er über das Kopfsteinpflaster an ihnen vorbei. Die beiden Frauen zuckten beim Anblick des Notfallwagens zusammen.

„Wer?", fragte Frau Möllen, nachdem sie dieses unangenehme Gefühl der Vergänglichkeit abgeschüttet hatte. Ihre Neugierde gewann wie immer schnell Oberhand.

„Na, Helmut, Helmut Classen. Der Trödler. Er wohnte doch da oben im Frankensteg."

„Ach, der. Warum ist er gestorben?" Frau Möllen bemühte sich um ruhigen Ton und versuchte so, von ihrer Aufregung abzulenken, denn beide Frauen bekamen Herzklopfen und liefen rot an.

Dann senkte Frau Möllen ihren Kopf und murmelte, an ihre Freundin gewandt:

„Sag jetzt nichts, Hilde. Ich flehe dich an."

Doch es war zu spät.

„Der hat ihn umgebracht, das sag ich dir", rutschte es Frau Schmitz über die Lippen.

„Wie? Wer? Umgebracht?", interessierte sich plötzlich der Grillbarverkäufer.

„Wie: wer?" Herr Hansen bekam die Frage nicht ganz mit.

„Niemand!" Frau Möllen war wie immer um die Schadensbegrenzung bemüht.

„Sie hat gesagt, ein Mann umgebracht", sagte der Mann etwas beleidigt und zeigte mit dem Finger auf Frau Schmitz. Er hatte Frau Schmitz sehr wohl verstanden und wollte sich nicht unterstellen lassen, dass er die Leute hier nicht verstehen würde.

Frau Möllen presste die Lippen zusammen, verärgert über die ungezügelte Zunge ihrer Freundin.

„Sie hat doch gar nichts gesagt. Was reden Sie da? Warum sollte jemand den Classen umbringen?"

„Sicher wegen seines märchenhaften Vermögens", entgegnete Hansen und schüttelte entsetzt den Kopf.

„Escht? Hatte der Kohle?", dem Grillbarverkäufer war die Neugierde deutlich anzusehen.

„Herr Hansen, wie können Sie so etwas sagen? Man scherzt nicht über den Tod. Sie sehen, was Sie angerichtet haben. Er denkt jetzt, der – der Classen hätte ein Vermögen gehabt."

„Ich scherze gar nicht. Aber Sie sind dafür ein richtiger Aasgeier. Sie stürzen sich doch auf jede Neuigkeit. Darf auch mal ein Todesfall sein. Was?", wandte er sich in giftigem Ton an Frau Schmitz.

Frau Schmitz schaute ihn herablassend an und drehte sich demonstrativ von ihm weg.

„Martha, hör gar nicht hin!"

Frau Möllen dachte aber nicht daran. Sie musste alles erfahren: „Und weiß man schon was? Warum er gestorben ist und so?"

„Ach, er ist sicher ganz normal gestorben. Er war krank. Das weiß doch jeder. Hatte sich die ganze Zeit die Lunge aus dem Leib gehustet. Mein Gott, ihr sucht ja Abgründe in jeder Sache. Verdammte Klatschweiber!" Herr Hansen schüttelte den Kopf und ging davon. Sein „Ne, ne, ne!" konnte man noch lange hören.

Auch Frau Matzke schüttelte schweigend den Kopf und wollte gerade weitergehen, doch sie hielt inne – das Gespräch schien noch nicht zu Ende zu sein.

„Aber einer hat gefragt", sagte der Grillbarverkäufer in die Runde.

Das war jetzt zu viel für die beiden Frauen. Ihr Blutdruck müsste bereits die Grenze erreicht haben, wo im Normalfall die Adern platzten. Frau Schmitz, die zwischendurch aufgestanden war, um ihrer Empörung über die unbegründeten Vorwürfe von Herrn Hansen mehr Ausdruck zu verleihen, plumpste wieder auf die Bank.

Frau Möllen kam wie immer als erste wieder zu sich: „Wer war das? Wann?"

„Na, einer. Keine Ahnung. Ein Mann", sagte er und zog sich wieder in seine Grillbar zurück. Er fand es auf einmal vernünftiger, nichts mehr dazu zu sagen.

„Ich glaube es nicht! Vielleicht ist das der, den wir ...", dann bemerkte sie, dass sie zu viel sagte, und biss sich auf die Lippen. Sie schaute sich um, aber niemand befand sich in der Nähe. Sie seufzte erleichtert auf. Frau Matzke hatte sie längst wieder vergessen.

Den letzten Satz von Frau Möllen hätte vielleicht tatsächlich niemand mitgekriegt, wenn da nicht Frau Matzke auf der Lauer gestanden hätte. Sie schaltete sich nie ein, sie hörte immer nur zu, aber dafür sehr genau. Ihr war es nicht entgangen, dass Frau Möllen ihren Satz abgebrochen hatte. Sie beschloss, die zwei Klatschweiber zu beobachten. Es war mehr ein Gefühl als eine Gewissheit, dass sie mehr wussten, als sie bisher gesagt hatten. Sie hatte keine Ahnung, was das sein könnte, aber im besten Fall hatte es mit den Reliquien zu tun. Sie stellte ihre Tasche auf eine Bank in der Nähe der Grillbar und suchte scheinbar etwas darin. Sie atmete flach, um nichts von dem Gespräch zu verpassen. Das wird mich noch umbringen, flog ihr durch den Kopf.

„Hilde, das war bestimmt dieser Mann gewesen! Ich sage dir, hier läuft was ab …"

„Welcher Mann?"

„Na, der, der Classen die Re… die Stoffe verkauft hat."

„Aber das kann doch nicht sein. Warum sollte er diesen Classen wieder sehen wollen? Oder gar töten. Doch nicht wegen der Stoffe. Oder?!" In Frau Schmitz' Stimme klang jetzt Panik mit.

„Oh, Gott! Nein! Das darf nicht wahr sein. Du, Hilde, wir müssen etwas unternehmen. Aber was?"

Aber was?, fragte auch Frau Matzke sich leise. „Verdammt!" sagte sie ganz unchristlich und, weil die beiden Freundinnen verstummten, nahm ihre Tasche und ging zum Pfarrhaus.

45_ KAPITEL

Nina sah Dirks Polizeiwagen, wie er auf dem letzten möglichen Parkplatz vor dem Gehweg rangierte. Der Motor verstummte, Dirk stieg aus und schaute sich etwas unsicher um.

„Hier bin ich!", rief sie leise.

„Wo?", rief er zurück und in demselben Moment erblickte er sie. „Hier?"

„Ja. Hier wohnt ... wohnte er ja." Sie kam Dirk entgegen. „Komm rein, da liegt er."

„Hast du was angefasst?"

„Na, klar."

„Wie: klar?!", rief er empört aus.

„Die Tür war offen, also bin ich hineingegangen. Ich sah ihn zuerst nicht, und da lag er auf einmal und bewegte sich nicht."

„Okay, Nina. Und jetzt bitte der Reihe nach, wenn's geht." Dirk fuhr sich mit beiden Händen über das Gesicht. „Wir gehen es so durch, wie du es gemacht hast."

„Du brauchst jetzt nicht ungeduldig zu sein. Und außerdem: warum bist du so sauer?"

„Nicht jetzt, Nina. Später. Zuerst das hier." Dirk fühlte sich unwohl in seiner Haut. Nina sah es ihm an, doch der Grund für sein Verhalten war ihr nicht klar. Männer, dachte sie nur.

Während der Leichnam von den Polizeibeamten hinausgetragen wurde und die Männer von der Spurensicherung ihre Arbeit verrichteten, erzählte Nina, wie sie in das Haus gelangt war und was sie dort gemacht hatte. Sie vermied es, Elke zu erwähnen.

„Und was suchtest du eigentlich bei ihm? Und wer ist das?",
fragte Dirk sachlich. „Wer war das?" korrigierte er sich.

„Na, der Trödelsammler. Ich habe ihn schon mal in der Stadt gesehen. Nur zu diesem Zeitpunkt wusste ich nicht, dass er unsere
Reliquien hatte."

„Aber woher wusstest du überhaupt von ihm? Und was soll er
damit zu tun gehabt haben?"

„Sind wir hier nicht schon fertig? Darüber können wir ja woanders sprechen, oder?", fragte Nina mit einer Nüchternheit, die
Dirk unangenehm überraschte. „Ich möchte nicht mehr hier sein. Es
ist so bedrückend."

„Gut, dann lass uns ins Café unten gehen. Einen Kaffee könnten
wir wohl beide verkraften. Wir fahren mit meinem Wagen." Den
letzten Satz sagte Dirk mit Nachdruck.

„Aha, und ich schätze, du brauchst jetzt meine Autoschlüssel, um
mein Auto zu untersuchen, ja? Unauffällig, versteht sich."

Dirk senkte den Blick. Nina seufzte und reichte ihm den
Schlüsselbund.

„Aber dann will ich wenigstens mit meinem Auto nach Hause
fahren dürfen", sagte sie, und es klang nicht wie eine Bitte.

Dann stieg sie in Dirks Wagen ein. Nina war enttäuscht, dass er
sie verdächtigte, ihm das übel nehmen konnte sie aber auch nicht. Er
war ja Polizist, mitten in der Ermittlungsarbeit. Dirk schwieg die
ganze Fahrt hindurch. Erst als sie im Café saßen und auf ihren
Kaffee warteten, begann er:

„Nina, hör zu. Es tut mir leid, aber es muss sein. Ich arbeite
zufällig an diesem Fall, und du steckst in dieser Sache mit drin",
bestätigte er ihre nicht ausgesprochenen Gedanken. „Wir haben den
Käufer und den Verkäufer der Kirchensilber ermittelt. Trotzdem
sind die Reliquien immer noch nicht aufgetaucht. Nimm es mir nicht
übel, ich muss dich aber dazu befragen."

„Leg los", erwiderte sie knapp.

„Was hast du damit zu tun? Erzähl mir einfach alles, was du weißt."

Nina lehnte sich zurück und begann, ihre Version zu erzählen. Auch wie sie Elke kennengelernt und diese ihr über Erwin erzählt hatte, und dass er die Reliquien an diesen Trödler verkauft hatte.

„Und warum hast du mir das nicht erzählt?", fragte er empört.

„Warum, warum? Ich wollte sie selbst finden."

„Aber das ist doch Behinderung ..."

„... der Polizeiarbeit. Ein Quatsch ist das! Ich habe nichts Falsches gemacht, und du hast ebenfalls alles für dich behalten und mir nichts darüber erzählt, dass du mit Elke gesprochen hast."

„Eben das ist Polizeiarbeit. Ich kann dir doch nicht alles über die laufende Ermittlung berichten. Sei doch kein Kind!"

Bei seinem letzten Satz sprang Nina auf und schleuderte ihm ihre plötzlich entbrannte Wut ins Gesicht:

„Sag nie wieder so etwas zu mir! Nie wieder! Verstehst du?!", rief sie so laut, dass sich alle im Café voller Entsetzen nach ihnen umschauten, und die Kellnerin lief erschrocken aus dem Gebäude heraus, um zu sehen, was da los war.

„Nina! Beruhige dich. Die Leute schauen zu." Dirk war überrascht über ihre heftige Reaktion.

Sie löste sich langsam aus ihrer Verkrampfung und atmete tief durch.

„Sollen sie ruhig. Ich hasse es, so angesprochen zu werden. Ich bin kein Kind, ich bin kein Mädchen. Sag das nie wieder zu mir."

Oh, doch. Du bist ein Mädchen, ein schönes Mädchen, dachte Dirk und lenkte das Gespräch auf Alex:

„Hat es Alex zu dir gesagt?"

„Nein, er war es nicht. Aber was weißt du schon von Alex. Oder mir."

„Nicht viel", gab Dirk zu.

„Eben."

„Also? Was ist mit Alex?" Oje, das war ungeschickt. Doch es war zu spät. Nina war wieder auf der Hut.

„Was meinst du mit Alex? Was hat der damit zu tun?"

„Na ja, erzähl du es mir", murmelte Dirk etwas unbestimmt.

Nina begriff auf einmal.

„Du verdächtigst doch nicht Alex? Bist du krank im Kopf? Er hat damit überhaupt nichts zu tun!"

Nina fasste es nicht, dass der total uninteressierte Alex als Verdächtiger überhaupt in Frage kommen konnte.

„Wie lange kennst du ihn?"

„Vier Jahre. Und? Was hat das mit alledem zu tun?"

„Erzähl mir von ihm. Was ist er für ein Mensch?"

Nina verdrehte die Augen:

„Was soll der Quatsch hier?"

„Noch zwei Tassen Kaffee, bitte." Dirk gab der Kellnerin ein Zeichen und wandte sich wieder an Nina:

„Antworte mir einfach."

„Er ist Informatiker. Interessiert sich nicht die Bohne für meine Arbeit und auch nicht für die Geschichte. Er kann gut kochen, und ich glaube, er liebt mich."

„Und du ihn?"

Nina ließ sich Zeit mit der Antwort.

„Und?", wiederholte Dirk.

„Keine Ahnung. Ich weiß es nicht mehr."

„Nicht mehr? Warum nicht? Seit wann?"

„Keine Ahnung. Seit dieser Sache. Er ist so komisch geworden. Ich glaube, er ist eifersüchtig."

„Doch nicht auf mich?"

„Vielleicht. Vielleicht aber auf meine Arbeit und diese ganze Sache jetzt. Warum fragst du?"

Jetzt ließ sich Dirk etwas Zeit. Nina bemerkte in seinem Gesicht etwas, ein Zucken, das sie beunruhigte.

„Er hat doch nicht etwas damit zu tun, oder?", fragte sie ihn, und ihrer Stimme schwang eine verzweifelte Bitte mit.

„Nun, wie gesagt. Ich kann nicht …"

„Verdammt noch mal! Sei ein Mann, und sag es endlich!", explodierte Nina wieder, doch diesmal etwas gedämpfter. Aber umso beeindruckender, dachte Dirk und fand sie in diesem Moment wunderschön. Ihre grünen Augen schleuderten Blitze und das Gesicht bekam mehr Farbe. Eine wunderbare Furie. Am liebsten würde er sie jetzt umarmen, aber – woran dachte er jetzt denn überhaupt? Er sollte sich lieber auf seine Arbeit konzentrieren. Er begann zu schwitzen, hüstelte und trank erst einmal einen Schluck Kaffee.

„Er ist der Käufer", sagte er leise und stellte die Tasse ab.

„Nein. Nicht. Bitte nicht!"

Nina schaute ihn mit weit aufgerissenen Augen an. Das konnte, das durfte nicht wahr sein. Nicht schon wieder ein Mann in ihrem Leben, der ihr Vertrauen missbrauchte. Dazu so einer wie Alex, ein unschuldiges Lamm. Nina sackte in sich zusammen und senkte den Kopf. Sie schaute stumpf auf ihre Knie herunter. Nichts schien sie mehr zu interessieren. Sie machte keine Anstalten, Dirk ihre Gedanken mitzuteilen, und er war nun an einem Punkt angelangt, an dem er nicht wusste, in welcher Richtung er das Gespräch weiterführen sollte. Er mochte sie, sogar sehr, aber diese Tatsache durfte seine Ermittlungen nicht beeinflussen.

„Nina! Nina! Sag etwas." Besorgt berührte Dirk Ninas Hand.

Sie reagierte nicht. Große Tränen kullerten über ihr Gesicht, fielen auf die Jacke und versanken im Stoff. Dirk reichte ihr sein Taschentuch. Sie nahm es, doch dann hielt sie es in der Hand, anstatt sich die Augen zu trocknen. Regungslos saß sie da und schwieg.

Dirk ließ ihr noch etwas Zeit. Er wollte zwar den Grund ihres Verhaltens wissen, aber es war ihm auch klar, dass dies kein guter Zeitpunkt war, danach zu fragen. Sie würde jetzt nichts mehr sagen. Und ihre Reaktion war nicht gespielt. Da war etwas, was sie in

diesen Zustand versetzte, was aber nicht unbedingt mit der Ent-
hüllung zu tun hatte.

„Darf ich jetzt nach Hause fahren?", fragte Nina leise.

„Wir haben noch deine Autoschlüssel."

„Ach ja", sagte sie gedankenverloren und starte auf den Tisch,
auf dem ihre Hand mit einem Kaffeelöffel spielte. Es schien, als
gehörte diese Hand nicht zu Ninas Körper.

In diesem Moment hielt ein Polizeiwagen direkt vor ihrem Tisch
an, ein Beamter stieg aus und reichte Dirk den Schlüssel zu Ninas
Wagen.

„Bis später im Büro", sagte Dirk nur und nickte dem Polizisten
dankend zu.

„Hier." Dirk drückte ihr den Autoschlüssel in die Hand. „Kannst
du denn überhaupt noch fahren?", fragte er, besorgt um ihren
Zustand.

„Mhm", entgegnete Nina leise und stand auf, ohne ihn anzusehen.

„Aber ich muss dich heute noch sprechen. Ich rufe dich an", sagte
Dirk mit beruhigender Stimme. Nina ging, ohne ihm zu antworten.

Dirk sah ihr noch eine Weile nach. Dass ihm Alex alles über die
ebay-Versteigerung gestanden und die Silber zurückgegeben hatte,
konnte er ihr auch später sagen.

46_ KAPITEL

Nina hatte keine Lust, nach Hause zu fahren. Sie wählte Elkes Handynummer, dann legte sie wieder auf. Sie wollte jetzt niemanden sprechen. Sie lief über die Straße und betrat die Kirche. Hier würde sie niemandem begegnen, mit dem sie reden müsste. Um diese Zeit war das Gotteshaus leer. Die Touristen, hungrig nach dem langen Besichtigen, suchten in Restaurants und Bars nach Stärkung für den Körper. Nur wenige Tische im Freien waren trotz des schönen Wetters besetzt. Die große Touristen- und Pilgerwelle würde bald über den Ort hinwegrollen, doch noch war es still hier.

Das Innere der ruhigen Propsteikirche lag im Halbdunkel. Nur durch die Bleifenster kam buntes Licht herein. Nina setzte sich auf eine Bank und schaute auf die Wandmalereien in dem nördlichen Seitenschiff. Sie waren stark verblasst. Leichte Farbunterschiede ließen die Stellen eher erahnen als sehen, an denen Figuren sich zu einer Gruppe gesammelt hatten. Man konnte sie jedoch ausmachen: drei Kreuze, darunter mehrere stehende Gestalten. Die beiden Männer, die neben Jesus an den Kreuzen hingen, waren einigermaßen deutlich zu sehen, doch die Figur Christi war fast nicht mehr sichtbar. Tja, er ist wohl schon weg, im Himmel, dachte Nina. Das ist auch eine Art, Christi Himmelfahrt bildhaft und in Kurzfassung darzustellen, spekulierte sie weiter und prustete leise.

Die Betrachtungen über die sakrale Kunst waren eine schwache Ablenkung, stellte Nina fest und wandte sich wieder den Gedanken zu, die sie seit Tagen beschäftigten. Sie wollte es nicht fassen, dass ihr Alex etwas mit dem Diebstahl zu tun haben sollte. Wieder so ein Lügner, dem sie vertraut hatte. Sie würde es wohl nie lernen. Auf einmal fühlte sie sich unendlich einsam. Das Vertrauen, das sie ihrem Freund bisher entgegenbrachte, war weg, einfach weg, mit einem Strich, einem Klick auf der Tastatur. Hatte er die Reliquien wirklich gestohlen? Sie konnte sich nicht vorstellen, dass er es selbst getan hatte. Vielleicht hatte er einen Komplizen. Alex? Und wenn doch? Was wollte er damit erreichen? Wohl kaum, um ihr zu imponieren. Warum sprach er mit ihr nicht darüber? Und wie sollte sie ihm jetzt gegenübertreten?

„Sie wollen mir doch nicht weiß machen, dass Sie hier beten?"

Die ruhige Stimme Pfarrer Jans riss sie aus den Gedanken. Er lächelte, als er auf sie zukam und sich zu ihr setzte:

„Darf ich?"

„Ja", sagte sie nach einer Weile leise, ohne ihn anzuschauen.

„Was ist passiert, Nina? Was haben Sie? So kenne ich Sie gar nicht."

„Ach, nichts. An allem sind die verd… die Reliquien schuld."

„Na, na, na. Das habe ich jetzt nicht gehört. Erzählen Sie besser, was passiert ist. Vielleicht finden wir gemeinsam eine Erklärung, wenn wir schon die Reliquien nicht finden können. Wie Sie sehen, versuche auch ich trotz alledem die Kirche auf die Heiligtumsfahrt vorzubereiten. Man soll die Hoffnung nicht verlieren. Das wäre ein schlechtes Zeichen."

Nina räusperte sich und atmete tief durch. Sie schaute den Pfarrer immer noch nicht an, während sie ihm über die neuesten Erkenntnisse berichtete.

„Tja. Dass die Silber wieder da sind, hat mir Kommissar Lobig erzählt. Das freut mich natürlich. Bedenken Sie aber Folgendes: Vielleicht hat Ihr Freund all das gemacht, gerade weil er sie liebt?"

„Warum? Was wollte er mir damit beweisen? Er hat mich schlicht und einfach hintergangen. Und er weiß, was ein solches Verhalten für mich bedeutet, und welche Konsequenzen es nach sich zieht."

„Vielleicht dachte er, dass er alles Silber aufkauft und es Ihnen zu Füßen wirft, wie der Höhlenmensch vor Jahrtausenden dem Weibchen seine Beute dargeboten hatte. Das sind die männlichen Urinstinkte. Er gehört vielleicht zu der aussterbenden Sorte, die den Instinkt noch verspürt."

„Dass ich nicht lache. Und gerade Sie sollten davon Ahnung haben? Ein Geistlicher?"

„Warum auch nicht? Ich bin zwar Pfarrer, aber auch ein Mann. Ich denke, ich würde auch alles für die Frau machen, die ich liebte."

„Aber so?!"

„Zugegeben: die Art, es Ihnen zu zeigen, ist etwas ungewöhnlich. Aber ich kann mir gut vorstellen, dass dies seine Absicht war. Verurteilen Sie ihn nicht, bevor Sie nicht mit ihm gesprochen haben."

„Am besten schicke ich ihn direkt zu Ihnen, denn mit mir redet er nicht. Kein Wort."

„Lassen Sie ihm etwas Zeit. Er wird es Ihnen schon sagen."

„Vielleicht wird es aber zu spät sein, wenn er es überhaupt tut. – Wann wird übrigens der Classen beerdigt?"

Nina wechselte unerwartet das Thema, um nicht mehr über Alex reden zu müssen. Es war ihr alles zu nett, zu optimistisch, was Pfarrer Jan zu ihr gesagt hatte. So einfach war es aber bestimmt nicht.

„Die Polizei muss zuerst den Leichnam freigeben. Ich lasse Sie es wissen, sobald ich den Termin kenne. Warum fragen Sie?"

„Ich möchte hingehen. Bin auch gespannt, ob Alex mit mir kommen wird. Dann können Sie ja mit ihm reden – ohne, dass Sie ihm gleich die Beichte abnehmen. Ich möchte unbedingt wissen, was er im Schilde führt."

„Schlaues Mädchen", lächelte Pfarrer Jan und schaute sie von der Seite an. „Gibt es denn wirklich nichts Neues über die Reliquien?"

„Nein. Wir wissen zwar mehr, stehen aber trotzdem vor dem Nichts. Pfarrer Jan, darf ich Ihnen eine, mhm, eine Frage stellen?"

„Nur zu, Nina, nur zu."

„Ich sitze hier, schaue mir die Kreuzigungsgruppe an und frage mich, warum die Reliquien den Menschen so viel bedeuten. Ich verstehe das nicht. Vor allem, wenn man nicht beweisen kann, ob es tatsächlich die Gegenstände sind, für die sie stehen."

„Das stimmt. Es ist nicht einfach, sich mit diesen Dingen auseinanderzusetzen. Für manche sind sie ja die, sagen wir mal, Originale. Die hegen keine Zweifel, für die ist alles klar. Die, die an Jesus glauben und gleichzeitig die Authentizität der heiligen Stoffe anzweifeln, können damit ein Problem haben. Manche von denen sehen in ihnen lediglich ein Zeichen, ein Zeichen des Glaubens. Sie müssen nicht alles untersucht und bewiesen wissen. Die Idee dahinter ist ihnen wichtiger. – Ach!", schrie Pfarrer Jan plötzlich laut auf, legte sich sodann die Hand auf den Mund und schaute Nina mit großen Augen an.

„Nina, Sie wissen gar nicht, wie sehr ich Ihnen für dieses Gespräch dankbar bin."

„Aber was haben Sie denn? Habe ich etwas nicht mitgekriegt?"

„Das ist genau das, was ich jetzt brauche", sprach Pfarrer Jan weiter, ungeachtet ihrer Fragen.

„Pfarrer Jan, hallo! Geht es Ihnen gut?"

Nina schaute ihn besorgt an, wie er da schnaubte und unruhig auf der Bank rutschte.

„Hören Sie. Ich habe eine Idee. Das ist eine wahre Eingebung, ach was, eine Offenbarung! Hören Sie zu. Sie haben doch gerade gesagt, dass wir immer noch keinen Hinweis auf den Verbleib der Reliquien haben. Und das wird wohl ein paar Tage noch so bleiben. Dabei steht die Heiligtumsfahrt ja vor der Tür. Ich muss die Sache irgendwie vertreten. Und ich weiß, was ich jetzt machen werde. Ich wende mich an die Presse."

„Nein, das dürfen Sie doch nicht tun!"

„Doch. Das kann ich und das werde ich tun", sagte er mit einer Überzeugung, die Nina überraschte.

„Aber Sie wollten doch den Diebstahl ...", begann sie.

„Ja, aber jetzt sehe ich keinen anderen Weg. Ich muss nun aus der Not eine Tugend machen."

„Und wie?"

„Ich werde die Heiligtumsfahrt nach Kornelimünster zu einem besonderen Fest erklären. Es wird eine neue Auffassung und ein neues Verständnis der Reliquienverehrung darstellen. Der Mensch, der Pilger, der zu uns kommt, soll sich auf die Bedeutung der Reliquie und nicht auf die Reliquie selbst konzentrieren. Wofür steht sie, welche Werte vermittelt sie. Der Aspekt des Unsichtbaren, und doch Omnipräsenten im Glauben, erfährt eine besondere Wertstellung. Ja, und die Hoffnung ... Das ist ein richtiger Durchbruch!"

Nina sah ihm an, dass er noch um die richtige Formulierung seiner Gedanken rang.

„Pfarrer Jan, ich bewundere Sie. Sie sind ein Genie. Und dazu noch ein PR-Genie."

Nina freute sich, ihm dabei ein bisschen geholfen zu haben.

„Na, na. Das bin ich nicht. Das ist der Wille Gottes."

Er lächelte aber, denn letztendlich gefiel ihm ihre Anerkennung. Der Mensch ist eben nur ein Mensch.

„So, jetzt kann ich zumindest den Bischof benachrichtigen. Seine mögliche Reaktion hatte mir die heftigsten Magenschmerzen bereitet. Aber nun kann ich ihm direkt auch die Lösung vorstellen. Und dann schauen wir weiter."

„Das wird die erste Heiligtumsfahrt in meinem Leben sein. Und dazu ohne Reliquien. Ich werde mit echter Neugier daran teilnehmen, das können Sie mir glauben."

„Tja", Pfarrer Jan atmete erleichtert auf. „Na dann, bis bald", sagte er und stand auf. „Kommen Sie. Ich habe jetzt beide Hände voll zu tun."

„Wie? Und die Vitrinen bleiben leer?!", rief Frau Matzke empört. Sie wollte nicht glauben, dass Pfarrer Jan seine Idee tatsächlich umsetzen würde. Wie peinlich!

„Ja, Frau Matzke. Und das hat schon seine Richtigkeit, glauben Sie mir." Pfarrer Jan ging in der Küche auf und ab, und Frau Matzke sah ihm nervös nach. Nicht dass er mit den Ärmeln an den Walnusskuchen kommt, den sie gerade gebacken hatte. Zum Abkühlen hatte sie ihn auf den Tisch gestellt, um gleich noch die Glasur drüber zu gießen. Das war Pfarrer Jans Lieblingskuchen, aber in diesem Moment schien er ihn nicht wahrzunehmen.

„Aber warum? Warum wollen Sie das machen?"

„Um den Menschen zu verdeutlichen, worum es eigentlich bei der Reliquienverehrung geht."

„Aha."

Sie verstand nichts, aber sie sah in Pfarrer Jans Augen, dass seine Entscheidung fest stand, und es war nicht daran zu rütteln. Sie hoffte nur, dass die Reliquien doch noch vor der Heiligtumsfahrt gefunden werden würden und diese verrückte Idee nicht verwirklicht werden musste.

„So, jetzt gehe ich ins Büro und möchte nicht gestört werden. Ich muss mich auf das Gespräch mit dem Bischof und der Presse vorbereiten."

„Auch das noch. Sie wollen wirklich die Presse informieren, dass uns die Reliquien gestohlen wurden?", sie senkte ihre Stimme bei den letzten Worten.

„Nein, natürlich nicht. Aber ich werde die Gläubigen über die Presse informieren – wie denn sonst? –, dass dieses Mal die Heiligtumsfahrt nach Kornelimünster einen besonderen Charakter hat. Von den leeren Vitrinen erfahren die Pilger erst vor Ort."

„Aha, sehr schlau, sehr schlau", murmelte Frau Matzke anerkennend.

„So, und auch das behalten Sie bitte für sich, nicht wahr, Frau Matzke?"

„Aber selbstverständlich. Wo denken Sie hin?", empörte sie sich wieder, zuckte die Achseln und machte dem Pfarrer die Küchentür auf. „Ich schweige wie ein Grab", fügte sie noch verschwörerisch hinzu.

Pfarrer Jan ging in sein Büro und fühlte sich nicht besonders gut bei dem Gedanken an das bevorstehende Gespräch mit dem Bischof. Die einzige Hoffnung lag darin, dass dieser letztendlich mitspielen musste, weil die Situation keine andere Lösung zuließ. Man musste retten, was zu retten war, und Pfarrer Jan fand seine Idee gar nicht so schlecht. Die Vorbereitungen zur Heiligtumsfahrt liefen bereits, als ob nichts passiert wäre. Niemand war informiert, niemand außer der kleinen Gruppe wusste etwas. Bis jetzt.

Er setzte sich an den Schreibtisch und wählte die Telefonnummer des Generalvikariats in Aachen.

47_ KAPITEL

Der Abend warf seine kühlen Schatten voraus, am Benediktusplatz, umgeben von Hügeln, etwas früher als drüben am höher ge-
legenen alten Bahnhof. Es war Zeit, nach Hause zu gehen. Frau
Möllen und Frau Schmitz bezahlten ihren Kaffee, gingen langsam
über den Korneliusmarkt und dann über den Benediktusplatz, und
kommentierten die letzten Ereignisse:

„Ach Hilde, es ist komisch ruhig hier. Wie die Stille vor dem
Sturm. Ich habe so ein merkwürdiges Gefühl in der Brust, dass bald
etwas passieren muss."

„Du spinnst vielleicht ein bisschen, Martha, kann das sein?"

Frau Schmitz knöpfte ihre Strickjacke zu und legte den Schal
etwas höher um den Hals. Ein leichter Wind umwehte ihren emp-
findlichen Nacken.

„Ich bitte dich, Hilde!", empörte sich Frau Möllen. „Die Reliquien
sind weg. Lauter Fremde kommen in den Ort, und es sind keine
Touristen und auch keine Pilger!"

„Liebe Martha, wir werden bald noch mehr Menschen im Ort
haben. Die Heiligtumsfahrt steht vor der Tür. Du hast sie schon so
oft erlebt. Und es war immer eine schöne Zeit. Es wird auch wieder
so kommen. Warum soll sich etwas ändern?"

„Ja, ja, ich weiß." Frau Möllen war noch immer mit ihren eigenen
Gedanken beschäftigt.

„Mhm. Stell dir vor, wir hätten die Reliquien nicht gefunden",
sprach Frau Schmitz weiter.

„Oder noch schlimmer – sie hätten sie gefunden." Frau Möllen
war wieder voll dabei.

„Wen meinst du mit ‚sie'? Das hat doch keinen Sinn!"

„Wenn wir sie dem Classen nicht abgekauft hätten und die Polizei sie dort gefunden hätte, hätten wir den Pfarrer und die Heiligtumsfahrt nicht retten können. Und wenn wir die Heiligtümer dem Pfarrer feierlich übergeben, sind wir die Heldinnen der Heiligtumsfahrt. Verstehst du das? Der Pfarrer wird sich aber wundern, wenn er uns mit den Reliquien sieht. Es wird herrlich sein, du wirst schon sehen."

Sie sah sich bereits von allen bewundert, von allen beneidet, und wie der Pfarrer ihnen dankbar die besten Plätze in der Kirche wies. Ach, das würde der richtige Höhepunkt der Heiligtumsfahrt sein! Aber: ist das nicht blasphemisch? Erschrocken über ihre Gedanken blieb sie stehen.

Frau Schmitz ging noch zwei Schritte weiter, bis sie merkte, dass Frau Möllen hinter ihr stehen geblieben war. Sie drehte sich zu ihr um:

„Ja, und außerdem sind sie jetzt sauber. Pfarrer Jan wird sich freuen."

„Na klar. Er weiß ja ganz genau, dass sie zwischendurch dreckig geworden sind." Frau Möllen schüttelte verzweifelt den Kopf. Und woher sollte der das erfahren haben? Sie fand es müßig, diese Frage mit Frau Schmitz zu erörtern. Es wäre sowieso nichts Vernünftiges dabei herausgekommen.

„Warum haben sie noch keinen Finderlohn bekannt gegeben? Der Polizist ..."

„Ach, der Polizist hat uns vielleicht veräppelt", unterbrach Frau Möllen sie forsch.

„Aber schön wäre es ...", Frau Schmitz nahm ihren träumerischen Faden wieder auf.

„Mhm", musste Frau Möllen, wenn auch ungern, zugeben. „Dass die Polizei nicht auf die Idee gekommen ist, verstehe ich auch nicht. Sind die Reliquien nur für uns so wichtig? Wir haben sie doch gerettet. Wir und nur wir." Sie dachte über diesen Aspekt nach. So hatte sie es bisher gar nicht betrachtet.

Sie brauchte eigentlich kein Geld, um sich Wünsche zu erfüllen. Reisen mochte sie nicht. Die Wohnung reichte ihr vollkommen aus. Bloß der Gedanke, viel Geld zu besitzen, reizte sie. Wenn sie wüsste, wie sehr sie ihrer Freundin in dieser Hinsicht glich. Und trotzdem, oder gerade deswegen …

„Komm, Martha. Lass uns überlegen, wie wir ihm die Stoffe überreichen", riss Frau Schmitz sie plötzlich aus den Überlegungen heraus.

„Es muss auf jeden Fall so sein, dass alle vor Neid platzen." Das war Frau Möllens innigster Wunsch. „Das wäre das Mindeste, wenn ihnen die Reliquien schon nicht den geringsten Finderlohn wert sind!"

„Mäßige dich, Martha!" Frau Schmitz gefiel ihr Geltungsdrang nicht. „Sollen wir sie als Geschenk verpacken?", fragte sie glücklich über ihren plötzlichen Einfall.

„Hilde!" Frau Möllen verdrehte die Augen und ging weiter. „Du hast Ideen! Und was weiter? Ein Glückwunschskärtchen dranpappen und per Post schicken?" Manchmal zweifelte sie am Verstand ihrer Freundin.

„Warum per Post? Wir wohnen ja hier. Wir können doch zu ihm gehen."

„Und was weiter? Denkst du, er wird uns keine Fragen stellen? Direkt vor der Messe kann er das nicht tun. Er kann uns nicht ausfragen, er muss die Reliquien einfach dankbar annehmen. Ja, so machen wir es."

„Weißt du, Martha, du machst mir Angst, wenn du so sprichst. Und außerdem will ich die Stoffe gar nicht zu Hause haben. Stell dir vor, die Polizei kommt zu mir …"

„Warum soll sie kommen? Die wissen ja von nichts."

„Das stimmt, aber …"

„Nix aber. Wir nehmen das kleine Köfferchen, das mein Sohn immer in die Ferien mitgenommen hat. Wir tun die Stoffe in dieses Köfferchen hinein und nehmen es zur Heiligtumsfahrt einfach mit. Eine halbe Stunde vor der Messe gehen wir in die Sakristei, und ..."

Frau Möllens Idee war vielleicht gut, aber Frau Schmitz sollte sie nicht erfahren, zumindest jetzt noch nicht. Plötzlich erschien Frau Matzke um die Ecke, und Frau Möllen brach abrupt ab.

„Und weiter?"

Frau Schmitz bemerkte nicht, dass ihre Freundin die Augen so verdrehte, dass sie dabei fast ihr Gleichgewicht verlor.

„Was machen wir dann mit dem Köff... Koffie?"

Frau Schmitz schaffte doch noch den Schwenk, als sie fast direkt Nase an Nase vor Frau Matzke stand.

Das war knapp! Frau Möllen sah sie mit einer Mischung aus wahrer Bewunderung und einem Rest von Unzufriedenheit an. Frau Schmitz hatte noch nie in ihrem langen Leben so schnell mitten im Satz umschwenken können. Ihre langsame Ausdrucksweise folgte sonst ihren genauso langsamen Gedanken. Da gab es keine Möglichkeit für eine Wendung, geschweige denn für eine so plötzliche.

„Oh, Frau Matzke, das ist aber eine Überraschung", grinste Frau Möllen sie an und hoffte nur, dass diese nichts von dem Gespräch mitbekommen hatte.

„Das ist es in der Tat. Einen schönen Tag noch", brummte Frau Matzke und ging weiter, ohne sich auch nur umzudrehen.

„Ebenso, ebenso", entgegnete Frau Möllen und blickte Frau Schmitz scharf an.

„Uh, gerade noch geschafft!"

Spontaner Stolz hob die Brust von Frau Schmitz. Sie spürte, dass sie gerade etwas Großes geleistet hatte.

„Da sagst du was Wahres", pflichtete Frau Möllen ihrer Freundin bei. „So, aber jetzt zurück zum Thema. Wir geben die Reliquien erst direkt vor der Messe zurück. Wir müssen den richtigen Zeitpunkt abpassen. Hast du das verstanden, Hilde?!"

„Ist ja gut, ist ja gut", wiederholte Hilde nicht ganz überzeugt, und man konnte ihr ansehen, dass sie dieses Thema noch beschäftigen würde. Sie zupfte nervös an ihrem Handschuh.

„Hilde, hast du nicht das Gefühl, dass uns Frau Matzke ständig beobachtet?"

„Nein, meinst du wirklich? Warum sollte sie das tun?"

„Warum, warum? Hilde, stell solche Fragen nicht. Hast du ihr vielleicht etwas von uns erzählt?"

„Was sollte ich ihr erzählen haben? Martha, ein bisschen gegenseitiges Vertrauen täte uns beiden gut, findest du nicht?"

„Mhm", murmelte Frau Möllen grimmig, denn sie hatte keine Erklärung für dieses unangenehme Gefühl gefunden.

Beide Frauen blieben an der Ampel stehen, während ein kleiner Fiat 500 an ihnen vorbeifuhr.

„Guck mal – die schon wieder! Was sucht sie denn ständig bei uns in Kornelimünster?" Frau Möllen zeigte missmutig mit dem Schirm auf Ninas Wagen.

Nina bemerkte es nicht. Ihre Augen waren mit Tränen gefüllt. Sie blinzelte mehrmals, bis zwei große Tropfen sich endlich den Weg über ihre Wangen herunter bahnten.

48_ KAPITEL

Unterwegs nach Hause überlegte Nina, wie sie das Gespräch mit Alex anfangen sollte. Sie fühlte, wie sie sich von ihm entfernte. Sie hatte sich bis jetzt keine besonderen Gedanken über ihre Beziehung zu Alex gemacht, jedenfalls schon lange nicht mehr. Ihr Leben war so normal verlaufen: ruhig, entspannt, berechenbar. Nachdem sie Dirk kennengelernt hatte, hatte ein Prozess in ihr begonnen. Sie mochte Dirk sehr, das war aber auch alles. Sie ging mit ihm doch nicht fremd, wenn also Alex eifersüchtig war, dann war er auf dem Holzweg. Es ging hier um das gegenseitige Vertrauen. Bis jetzt hatten sie einander immer vertraut. Und nun die Geschichte mit den Kirchensilbern, in die Alex irgendwie verwickelt sein sollte. Ach, was waren das für Gedanken? Sie schüttelte den Kopf. Die Welt geht schon nicht zugrunde, ich muss nur mit Alex reden, dann wird sich alles klären.

Sie parkte ihren kleinen, perlmuttweißen Italiener in einer Nebenstraße und ging langsam nach Hause, als wollte sie den Augenblick hinauszögern, die Tür zu öffnen und ihrem Freund in die Augen zu sehen.

„Hallo, Alex!"

„Nina", Alex fing sie im Flur ab, und sie folgte ihm in sein Arbeitszimmer. „Wir müssen reden."

„Genau das wollte auch ich sagen." Nina ließ sich auf einen Sessel am Fenster nieder. „Du bist zuerst dran", forderte sie ihn auf.

„Okay, was willst du wissen?"

„Nein, so einfach mache ich es dir nicht. Nicht dieses Mal. Ich werde dir keine Fragen stellen. DU möchtest mit mir reden. Also?"

Nina blieb sachlich, doch ein Kloß begann sich in ihrem Hals auszubreiten, und das Schlucken wurde zunehmend schwieriger.

„Also", begann Alex unsicher. „Du bist doch sauer auf mich, ja? Weil ich nicht koche?"

„Alex, bleib bitte sachlich. Das wird wohl nicht der echte Grund sein, oder?"

„Aber das stimmt. Ich koche nicht für dich. Ich bin nämlich sauer."

„Ach, nein. Das wäre mir fast entgangen. Und warum?"

„Ich glaube, ich glaube …" Alex machte eine Pause.

„Ja, du glaubst…" Nina ließ die Pause nicht zu lang werden.

„… dass du mich nicht mehr … magst", schoss es aus Alex heraus.

„Wie kommst du darauf?!" Seine so simpel formulierte Behauptung überraschte sie. „Das ist doch albern", fügte sie hinzu, doch sie fühlte, wie schwach und lachhaft ihre Gegenwehr in diesem Moment war.

„Lass mich bitte ausreden."

„Also?"

„Ich habe dich einmal mit diesem Polizisten gesehen. Und …"

Alex' Stimmte stockte. Er musste sich richtig zusammenreißen, um diesen Satz vollständig zu formulieren, und Nina machte es ihm auch nicht leicht.

„Was hat der mit uns zu tun?"

„Ich habe gesehen, wie du ihn anschaust", setzte Alex unwillig und mit Mühe fort.

„Und wie habe ich ihn denn angeschaut? Er ist doch nur ein Bekannter."

„So schaut man Bekannte nicht an."

„Alex, du bildest dir da etwas ein", erwiderte Nina müde. Ihr Blick wanderte von seinem Gesicht zum Bild an der Wand hinter ihm. Auf dem Foto standen sie umarmt vor einem kleinen Wasserfall in der Eifel? Wo war es noch mal gewesen? Oder die Ardennen, damals auf der kleinen Wandertour? Damals hatten sie solche Gespräche nicht geführt.

„Nina. Ich habe es genau gesehen. Magst du ihn?"

„Klar, mag ich ihn. Und? Das hat nichts zu bedeuten. Er ist nur ein netter Bekannter, mehr nicht. Ich habe dir keinen Anlass zur Eifersucht gegeben. Das alles spielt sich nur in deinem Kopf ab. Ist das der Grund dafür, dass du all die gestohlenen Silber bei ebay ersteigert hast? Willst du mir eins auswischen?" Ihre Stimme wurde kalt.

„Wo... woher weißt du das? Alex erstarrte. „Ach ja, klar – dein Polizist." Er sah sie vorwurfsvoll an.

„Mein Gott! Was hast du mit dem ,meinen' Polizisten?" Seine sture Haltung regte sie mehr auf, als seine fixe Idee, sie wäre in Dirk verliebt. „Und was hast du mir dazu zu sagen?", fragte sie schon ruhiger, aber nicht freundlicher.

Alex gab auf und war sehr sachlich, als er ihr die Geschichte erzählte. Wie er auf einer Tauschbörse etwas gesucht hatte, wofür er lediglich ein paar Kirchensilber hatte besorgen müssen, und diese eben bei ebay gefunden und ersteigert hatte.

„Woher hätte ich wissen sollen, dass es euere sind? Die gestohlenen. Da stand doch nichts drauf", verteidigte er sich.

„Und warum hast du mir nichts davon erzählt?"

Alex sah über Nina hinweg, als suchte er etwas hinter ihr.

„Ich fand das nicht wichtig."

Er vermied es auch, auf seine Motive einzugehen. Sollte er ihr etwa erzählen, wie es dazu gekommen ist?

„Und gegen was wolltest du die Silber tauschen?"

Das musste jetzt natürlich kommen, seufzte er.

„Ist egal, ist nix daraus geworden", log er. „Außerdem hat jetzt sowieso die Polizei all das Zeug."

Nina hörte aber nicht mehr zu. Sie wartete nur auf irgendeinen Satz, der die Behauptung Pfarrer Jans bestätigen würde. Der Satz kam aber nicht. Kein Höhlenmensch, keine Beute, kein Liebesbeweis. Nina senkte enttäuscht den Blick.

„Tja, dann eben nicht", murmelte sie mehr zu sich selbst, stand auf und ging in ihr Zimmer, ohne etwas zu sagen.

Sie holte aus der Tasche die Canon heraus, dann ging sie vor den Spiegel. Ihr Gesicht kam ihr so ausdruckslos und leer vor, als hätte sie noch nichts im Leben erlebt. Oder als hätte sie ihre ganze Hoffnung verloren. Sie spürte, wie sich die Geschehnisse der letzten Tage schwer auf ihr Gemüt legten. Nun wollte sie wissen, ob man diesen seelischen Zustand einem Menschen ansehen könnte. Sie hatte ein Verlangen, trotz des gerade durchlebten Leidens sich selbst aus einer anderen Perspektive zu sehen. Das hatte ihr schon in der Vergangenheit geholfen, mit tiefen Schmerzen fertig zu werden. Sie versuchte, sich wie ein Außenstehender anzuschauen, als ob sie ihren Körper verlassen würde.

Sie aktivierte die Kamera, stellte alle Einstellungen auf Nahaufnahmen und stellte sie im Regal so auf, dass sie sich selbst fotografieren konnte. Dann drückte sie auf den Selbstauslöser. Ein kurzes Flackern eines rot leuchtenden Punktes, der Blitz explodierte, die Aufnahme war fertig. Nina schaltete auf Ansicht um. Auf sie schaute eine traurige junge Frau. Ja, man konnte es ihr ansehen, dass sie einen langen inneren Kampf durchlaufen hatte und nun glaubte, ihn verloren zu haben.

„Was machen wir nun?"

Alex' Frage riss sie aus ihren Gedanken. Er stand unsicher an der Schwelle zu ihrem Zimmer, als wagte er nicht, hineinzugehen.

„Ich weiß es nicht", sagte sie und legte die Kamera auf die Kommode.

Sie musste zuerst darüber nachdenken, was sie gerade erlebt und gehört hatte. Aber nicht jetzt, jetzt nicht. Plötzlich klingelte ihr

Handy. Sie griff danach und schaute auf das Display und dann auf Alex.

„Ist klar", murmelte er und drehte sich um.

„Wie meinst du das?"

„Nichts, nichts", gab er zurück und verschwand in seinem Zimmer. Das mit diesem Geschenk würde wohl nichts mehr werden.

Nina schüttelte den Kopf und nahm ab.

„Ja?"

„Hallo Nina, kann ich jetzt mit dir reden?"

„Sprich", sagte sie knapp.

„Können wir spazieren gehen? Bei dir ist doch ein schöner Park in der Nähe."

„Kaiser-Friedrich-Park heißt er."

Sie mochte nicht, wenn die Menschen, die in Aachen lebten, sich keine Mühe machten, sich Namen von Gebäuden oder Parks zu merken, die sie besuchten.

„Nina, was ist denn? Bist du sauer?"

„Ich? Nein", sie zog das ei in die Länge.

„Gut, ich bin in fünf Minuten vor deiner Haustür."

„Ja", seufzte sie. „Ich komme runter."

Nina nahm ihren Rucksack und mit einem knappen „Bin kurz weg" verließ sie die Wohnung. Alex' Antwort wartete sie nicht ab.

„Heißt der Park wirklich so?", fragte Dirk, als er Nina aus der Haustür kommen sah.

„Mhm", murmelte Nina und schwieg eine Weile.

Sie gingen in den Kaiser-Friedrich-Park bis zu der kleinen Brücke, von der aus man den Paubach sehen konnte, wie er plätschernd in den Teich floss.

„Woher kommst du eigentlich, Dirk? Ich weiß fast gar nichts über dich."

Nina wurde es erst jetzt bewusst, dass sie bisher immer nur seine Fragen beantwortet hatte. Er wusste schon einiges über sie, sie aber nicht einmal, woher er kam, ob er Familie hatte? Wie war der Mann, auf den Alex so eifersüchtig war?

„Aus Berlin."

„Und was hast du in Aachen verloren? Am Ende der Welt, oder zumindest Deutschlands."

„Es hat sich so ergeben. Keine Ahnung. Aus Liebe war es jedenfalls nicht", lächelte er, um die Atmosphäre etwas zu lockern. Vergeblich. Nina war nicht in Stimmung für solches Geplauder.

„Na gut." Dirk wurde sachlich. „Kannst du mir sagen, was du bis jetzt in Erfahrung gebracht hast?"

„Ich habe dir doch alles erzählt! Ist das jetzt eine offizielle Vernehmung?", wollte sie wissen.

„Ja. Tut mir leid, es muss sein. Was weißt du also von Alex' Aktivitäten?"

„Nichts."

„Ihr lebt doch zusammen."

„Und? Er interessiert sich sonst überhaupt nicht für meine Arbeit. Und ich sitze auch nicht ständig in seinem Büro und sehe nicht auf seinen Bildschirm. Außerdem hat er mir bisher nichts darüber erzählt."

„Warum nicht?"

„Keine Ahnung. Vielleicht, weil er eifersüchtig ist."

„Das ist doch nicht wahr, oder?"

„Frag ihn."

„Hab schon."

„Hast du ihn wirklich danach gefragt?"

Nina wollte es nicht glauben. Da erdreistete sich der Kommissar tatsächlich, in ihr Privatleben hineinzuplatzen.

„Und?" fragte sie, da sie schon dabei waren, ihr Leben zu durchleuchten.

„Er hat mir nichts dazu gesagt."

„Mir aber." Sie atmete erleichtert auf. „Aber erst heute, gerade vorhin. Und er ist sauer auf mich. Obwohl ich ihm sagte, dass das alles Quatsch ist, was er da behauptet." Nina stockte auf einmal, als ihr etwas bewusst geworden war. „Moment mal, du hast mit ihm gesprochen und mir nichts davon gesagt? Warum?" Sie blieb stehen und schaute Dirk empört an. „Wie konntest du?"

„Aber jetzt sage ich es dir." Dirks sachlicher Ton beruhigte Nina ganz und gar nicht.

„Reichlich früh", sagte sie enttäuscht.

„Nina, fang nicht wieder damit an."

„Ich weiß, Ermittlung", seufzte sie. „Ich bin aber trotzdem sauer. Du hast es hinter meinem Rücken gemacht."

„Hallo? Wie bitte? Du bist die Freundin eines Mannes, der vielleicht wissentlich gestohlene Güter ersteigert hat. Was sollte ich mir dabei denken? Was machen? Dich um Erlaubnis bitten?"

„Na klar. Ich bin ja ein Teil einer großen Verschwörung."

„Nun lass mich einfach meinen Job machen. Sonst kommen wir nicht weiter", sagte Dirk langsam.

Sie entgegnete nichts und auch Dirk verstummte. Sie gingen weiter, um den Teich am Hangeweiher herum. Plötzlich blieb Dirk stehen. Auch Nina hielt an und zog die Augenbrauen fragend hoch.

„Und kommst du denn jetzt überhaupt damit weiter?", fragte sie.

„Im Moment nicht", sagte er knapp und trat ein Steinchen vom Gehweg auf die Straße.

„Gehst du zu Classens Beerdigung?"

Nina wechselte das Thema, als sie merkte, dass es Dirk wurmte, dass sich diese Sache so lange ohne nennenswerte Ergebnisse zog.

„Mhm", kam als Antwort zurück. „Ich muss hin. Vielleicht bringt das was. Ich weiß echt nicht mehr, was wir noch tun können, um die Reliquien zu finden. Ein Wunder vielleicht?"

„Ja, klar."

Das Gespräch entwickelte sich nicht so richtig. Nina war in ihren Gedanken weit weg von hier. Und an Wunder glaubte sie sowieso nicht. Dazu fehlte ihr der Glaube, wie sie immer sagte.

„Wie ist der Mann denn überhaupt gestorben?", wollte sie wissen.

„Einfach so. Er war sehr krank. Herzversagen."

„Also kein Mord. Ist schon mal gut."

„Das fehlte noch, dass der Trödler in den Diebstahl verwickelt und deswegen ermordet worden wäre."

„Möglich wäre es, aber unwahrscheinlich."

„Warum denn?"

„Und was hätte er davon? Der lebte hier. Er hätte die Reliquien weder stehlen noch verkaufen können. So etwas machen die Leute hier nicht. Ich meine, wenn er denn überhaupt gewusst hätte, dass er tatsächlich kurz im Besitz der Reliquien war", sagte sie und seufzte.

„Da spricht wieder die Kennerin aus dir."

„Ja, ja. Lach du nur."

„Ich lache nicht. Aber du weißt viel mehr über diese Dinge als ich. Ich bin nur ein Berliner." Bei diesem Satz lachte er.

„Warum lachst du jetzt?"

„Na ja, ein Berliner ist doch ein Pfannkuchen. Immer wenn ich diesen Satz sage, muss ich an Kennedy denken, der ihn damals in Berlin gesagt hat: ,Ich bin ein Berliner'. Kurz bevor er ermordet wurde. Sein Dolmetscher war wohl kein guter Kenner der deutschen Sprache."

Nina lächelte.

„Na endlich."

„Was?"

„Du lächelst endlich. Es war schlimm, dich anzuschauen, während du so abwesend und traurig dreingeblickt hast."

„Ach", sie winkte seine Bemerkung mit der Hand weg und merkte, dass sie sich allmählich entspannte.

Sie erreichten das Ende der Kaiser-Friedrich-Allee.

„Und das ist der Tritonenbrunnen", wechselte sie das Thema. Dirk lächelte in sich hinein. Er verstand den Wink.

Er blieb stehen und schaute auf den Triton, der anstatt in eine Schneckenschale wie in ein Horn zu blasen, eine Wasserfontäne spuckte. Flankiert war der altgriechische Gott von zwei Wölfen. Das Wasser plätscherte leise, als es in das Auffangbecken fiel, und verließ es wieder, um sich den Weg weiter Richtung Hangeweiher inmitten der Kaiser-Friedrich-Allee zu bahnen. Ein paar Steinbänke luden zum Verweilen ein. Nina und Dirk kehrten um und gingen langsam zurück.

Es wurde dunkler. Der warme Abend verführte zahlreiche Parkbesucher zu ausgedehnten Spaziergängen. Sie begegneten auf ihrem Weg älteren Paaren, kleinen Familiengruppen und jungen verliebten Pärchen, die Händchen haltend hin und wieder anhielten, um kurz zu schmusen oder sich zu küssen. Früher fand Nina an dieser öffentlichen Liebesbekundung junger Menschen nichts Anstößiges, heute aber war ihr dieser Anblick unangenehm. Ihr Magen zog sich zusammen und die Augen brannten schmerzlich, so dass sie zwinkern musste.

Dagegen hätte Dirk sie am liebsten an der Hand gehalten, sie berührt. Sie wirkte fragil, ganz anders als noch vor einigen Tagen, als sie sich kennengelernt hatten und Nina sich fröhlich, angriffslustig, gar zickig gezeigt hatte. Es waren nur einige Tage vergangen, ihm aber schienen sie wie eine Ewigkeit. So viel war passiert, so oft hatten sie sich gesehen, gesprochen.

„Magst du Berlin?"

Aus seinen Gedanken herausgerissen, blieb Dirk überrascht stehen.

„Ja, klar. Berlin hat eine wunderbare Atmosphäre. Es ist eine Weltstadt, aber auch diese riesige Stadt hat ihre kleinen Ecken, ihre Plätze, Stadtteile, wo man sich ganz schnell heimisch fühlen kann.

Wo sich Menschen beim Namen grüßen, als lebten sie in einem Dorf, wo jeder jeden kennt. Wenn du das meinst, dann mag ich Berlin sehr."

„Und wie fühlst du dich nun in unserer Provinzstadt?"

Dirk lachte bei dieser Frage, als erinnerte er sich an ein lustiges Ereignis.

„Aachen mag ich auch. Die Stadt hat auch ihre besondere Stimmung. Ich lebe hier seit zwei Jahren, und habe schnell gemerkt, dass die Stadt ihren spezifischen Charakter hat. Sie möchte sich zwar weltoffen geben, aber aus jeder Ecke lächelt einem ein Kleinstädter, eigentlich ein Provinzler, entgegen – mit all seinen Mätzchen und Allüren. Das ist komisch, ja, aber auch sympathisch. Oje, hoffentlich hört das jetzt keiner", fügte Dirk hinzu und schaute sich um. „Der Aachener möchte-gern großstädtische Stolz würde jetzt womöglich darunter leiden. Die Aachener sind ja superempfindlich. Das ist mir sofort aufgefallen. Ich bin aber auch ein Tollpatsch und als solcher spazierte ich schnurstracks in die ersten Fettnäpfchen, die sich angeboten haben, kaum dass ich hier angekommen bin."

„Ja, das stimmt", kicherte Nina. „Die Öcher und ihr Stolz. Du darfst auch nichts Falsches über die Geschichte der Stadt sagen und über Karl den Großen schon mal gar nicht. Das bringt nur Ärger."

Sie lachten und jeder dachte an seine Erfahrungen mit den Aachenern. Nina hatte einmal ein neues Buch über die Geschichte der Stadt gelobt. Ihre Kollegen waren von diesem Buch nicht besonders angetan. Es hatte geheißen, der Autor hätte keine Ahnung, denn nur Aachener verstünden die Stadt und ihre bewegte Vergangenheit. Die Aachener, oder besser gesagt, die Öcher. Und sie war nun mal kein Öcher Mädche. Sie schmunzelte.

„Dafür sind die Öcher fröhlich."

„Ja, das sind sie. Woher aber kommt das Wort Öcher? Es passt ja gar nicht zu dem Namen Aachen."

„Das ist wieder mal eine ungeklärte Sache. Es heißt, man wisse nicht, ob der Ort im Mittelalter Och oder Ach oder gar Ahha geheißen hat. Dieses Wort kommt aus dem Altfränkischen und bedeutet Wasser. Da man diesen ersten Namen aber in den Dokumenten nicht fixierte, blieb die Antwort bis heute offen. Du kannst natürlich spekulieren, aber es gibt genug Argumente für beide Seiten. Und im Karneval gewinnt jedes Jahr die Option Oche. Das ist dir sicherlich auch zu Ohren gekommen." Nina sah Dirk fragend an.

„Du meinst ‚Oche Alaaf!'? Ist es das?"

„Genau das", nickte sie zufrieden. „Mit diesem Spruch grüßen sich die Öcher in der Karnevalszeit."

„Eine verrückte Zeit ist das hier. Wir in Berlin schüttelten immer den Kopf, wenn eine karnevalistisch verkleidete Gruppe durch die Straßen zog. Und es waren auch Promis dabei. Bei uns wäre das etwas peinlich gewesen. Aber jetzt verstehe ich einiges besser. Mir ist bereits auch viel Gutes hier begegnet: freundliche Seelen, hilfsbereite Menschen. Ich habe einmal eine Straße im Frankenberger Viertel gesucht. Da habe ich eine ältere Dame um Hilfe gebeten. Sie sagte mir nicht nur, wo die Straße ist, sondern erzählte direkt eine kleine Geschichte dazu. Total nett!"

„Wie? Nur sie? Kam da nicht sofort noch einer dazu, und wollte auch etwas erzählen? Das machen die Aachener häufig. Da meldet sich sofort ihr ganzer Öcher Stolz."

„Das ist tatsächlich passiert. Es kam wirklich ein Mann hinzu und fing an, mit uns zu plaudern. Irgendwann habe ich die beiden da stehen lassen, und sie haben sich weiter munter unterhalten. Sie merkten gar nicht, dass ich schon weg war. Offenbar brauchten sie keinen Zuhörer, wo sie schon mal unter sich waren", lachte Dirk.

„Vielleicht hast du gerade Glück gehabt, irgendwelche berühmten Aachener Originale zu treffen, und wusstest nicht einmal davon?"

„Möglich wäre es", pflichtete Dirk ihr bei. „Na ja, jedenfalls leben die Öcher fröhlich. Und wie ich hörte, sind sie fast alle katholisch.

Dann muss es stimmen. Sogar ich kenne diese Nummer von Jürgen Becker von Trübsal blasenden Protestanten und lustigen Katholiken. Aber sag mal, du als Polin bist doch auch katholisch, oder?"

„Das schon wieder. Lass doch Polen Polen sein. Warum muss du mich ständig danach fragen?" Nina seufzte laut und verdrehte die Augen.

Sie hatte sich mindestens tausendmal diese pauschale Meinung anhören müssen. Immer wieder dieselben Fragen oder eher Behauptungen. Polnisch musste gleich katholisch sein. Früher hatte Nina noch allen alles ausführlich erklärt, bis sie gemerkt hatte, dass die Menschen nicht immer daran interessiert waren, die Wahrheit zu erfahren. Sie war enttäuscht, dass sie sich für Polen nicht wirklich interessierten, sondern nur die Bestätigung ihrer Vorurteile suchten. Irgendwann akzeptierte sie das schweren Herzens als eine der urmenschlichen Eigenschaften. Doch hin und wieder, wenn sie jemanden mochte und dann von ihm eines der Vorurteile hörte, dann war sie erst recht enttäuscht. Wie jetzt gerade. In Berlin lebten doch viele Polen, Dirk musste also welche gekannt haben.

„Ja klar, in Polen sind sogar Katzen katholisch", sagte sie schließlich entnervt. „Du meinst, alle Polen müssen katholisch sein, nicht wahr? Wie viele Vorurteile über meine Landsleute kennst du noch? Prüfst du denn nach jedem unseren Treffen, ob du noch dein Portemonnaie bei dir hast?"

„Mensch, Nina. Jetzt übertreibst du doch gewaltig. Den Polen, die ich bisher kennenlernen musste, konnte ich diese Frage nicht stellen. Sie gehörte, so zusagen, nicht zum Fragenkatalog der Polizei."

„Schön. Aber langsam muss sich rumgesprochen haben, dass Polen normal sind. Europäisch normal", sagte sie mit Nachdruck.

„Mein Gott, Nina. Du reagierst immer extrem empfindlich, wenn man dich nach deiner polnischen Vergangenheit oder nach Polen fragt. Was ist schlimm daran, wenn die Leute von dir etwas darüber erfahren wollen?"

„Sie wollen es gar nicht erfahren."

„Wie meinst du das?"

„Sie stellen Fragen und hören sich die Antworten gar nicht an. Und wenn sie es doch tun, sind sie manchmal mit der Antwort nicht zufrieden, weil sie nicht zu ihrem Bild von Polen passt. Man trennt sich ungern von geliebten Stereotypen, nicht wahr?"

„Da sagst du was Wahres. Bei mir erwartet man auch immer die Berliner Schnauze. Und dabei bin ich ein ganz Lieber." Dirk schaute Nina von der Seite an. Sie schmunzelte. Ja, das hatte sie doch einmal selbst gesagt. Und so meinte sie es auch.

„Ja, das stimmt. Du schnauzt mich nicht an."

„Warum sollte ich auch?"

„Warum sollten es andere tun? Menschen tun so etwas eben."

„Stimmt. Du hast mich sogar einmal angeschrien."

„Ich hatte meine Gründe", sagte Nina knapp.

„Jeder behauptet, welche zu haben."

„Ich hatte aber wirklich einen."

„Aber natürlich."

„Du, Berliner, pass auf!", rief Nina aus, als sie merkte, dass sie sich wieder hatte provozieren lassen. Sie lachte und gab Dirk einen Schubs. „Provozier mich nicht noch mal!"

49_ KAPITEL

Frau Möllen hatte schlecht geträumt. Sie war zwar nicht ängstlich, und an Geister oder Besuche von Seelen verstorbener Menschen glaubte sie nun wirklich nicht. Doch der Traum, den sie in dieser Nacht geträumt hatte, hatte ihr richtig Angst gemacht. Sie war in diesem Traum über weite Wiesen gelaufen, Nebelschwaden legten sich über das Gras in der Dämmerung, sie fürchtete sich vor etwas und hatte nach etwas oder jemandem gesucht. Sie hatte mehrmals etwas rufen wollen, aber aus ihrer Kehle war kein Laut herausgekommen, als hätte sie ihre Stimme verloren. Und plötzlich hatte sie Hilde gesehen, wie diese an einem Bach gestanden und in das dunkle, schnell dahinfließende Wasser geschaut hatte. Sie hatte sich nicht bewegt, nur in das Wasser gestarrt. Frau Möllen hatte befürchtet, Hilde würde sich in den Bach stürzen, und sie hatte sie daran hindern wollen. Frau Möllen wollte schreien, sie warnen, sie davon abhalten. Aber auch diesmal hatte sie keinen Laut von sich geben können. Sie hatte das Gefühl gehabt, bald zu ersticken. Auch die Farben waren in diesem Traum anders als in Wirklichkeit gewesen: der Himmel in grünlichem Rot, welches am Horizont ins Violette überging, die Erde in Hellgrau, die Pflanzen, Gras und Bäume in Blau bis Blauschwarz, und der Nebel war hellrosa wie die Zuckerwatte, die sie früher gerne gegessen hatte. Er sah aber sehr künstlich aus. Die ganze Szenerie erinnerte sie an einen Horrorfilm, dessen Fragment sie einmal zufällig im Fernsehen gesehen hatte. Frau Möllen mochte keine Horrorfilme und schaltete immer ganz schnell auf einen anderen Sender um. Nun hatte sie in diesem Traum gesteckt. Sie atmete schwer, wollte schreien – und wachte schließlich schweißgebadet auf. Sie sah verängstigt umher. Alles war beim Alten. Ihr Wecker tickte beruhigend. Sie stand auf und schaute aus dem Fenster. Die Natur draußen behielt ihre gewohnten Farben, auch die Vögel zwitscherten ihre gewohnten Lieder. Sie atmete erleichtert auf.

Frau Möllen war eine resolute Person, die mit beiden Füßen auf dem Boden der Tatsachen stand. Sie wollte sich nicht länger mit diesem Alptraum beschäftigen, versuchte ihn also nach ihrer bewährten Methode aus dem Gedächtnis zu löschen, indem sie sehr laut das Lied „Kann denn Liebe Sünde sein?" in der Version von Zarah Leander sang. Manchmal tanzte sie auch dazu – jedenfalls bewegte sie sich auf eine Art, die man freien Tanz nennen könnte. Sie wusste zwar, dass der Nachbar von unten bald an ihre Tür mit der nachdrücklichen Bitte klopfen würde, dass sie umgehend aufhörte, wie er sagte „diese furchtbaren Laute von sich zu geben". Aber jetzt war die Situation kritisch, und sie kalkulierte seinen Unmut einfach mit ein.

Der Nachbar klopfte nicht an ihre Tür. Er war wohl nicht zu Hause, oder hatte wieder mal sein Hörgerät verlegt. Das passierte ihm manchmal, und in solchen Fällen hätte man Granaten direkt vor seinen Fenstern detonieren lassen können, und er hätte es nicht gehört. Nach drei Strophen hörte Frau Möllen erschöpft auf zu singen. Der Traum verschwand wie erwartet, machte aber anderen Gedanken Platz, die ebenso unangenehm waren. Sie dachte wieder an die heiligen Stoffe.

Nachdem die beiden Frauen sie gereinigt hatten, nahm sie sie in ihre Wohnung mit. Sie wollte sicher gehen, dass Hilde nicht schon wieder etwas Verrücktes mit ihnen anstellen würde. Plötzlich übermannte sie ein unbestimmtes Angstgefühl. Vielleicht war es doch falsch, die Reliquien in der Wohnung aufzubewahren? Vielleicht gehörten sie wirklich an einen heiligen Ort und nicht etwa in eine private Wohnung? Sie spürte, wie sich ihre Nackenhaare sträubten, das war kein gutes Zeichen.

Sie beschloss, nach dem Frühstück ihre Freundin zu besuchen. Sie würde die Stoffe direkt mitnehmen und sich mit ihr beratschlagen, wo sie die Stoffe bis zur Heiligtumsfahrt deponieren könnten. Wenn sie sich dann besser fühlen würde und der Traum nicht zurückkehrte, wovor sie die größte Angst hatte, wäre das für sie ein eindeutiges Zeichen, dass die Reliquien doch einen besonderen Einfluss auf die Menschen ausübten, auch wenn sie das bisher selbst nie gemerkt hatte.

Sie wickelte die Stoffe vorsichtig in ein dünnes Papier ein und steckte sie dann in eine große Plastiktüte. So waren sie sicher vor unerwünschten Blicken geschützt.

Sie schaute aus dem Fenster. Der Tag war sonnig und warm. Am Himmel schwebten träge kleine Wölkchen vorbei, nicht einmal ein Windhauch bewegte die Blätter an den am Haus stehenden Bäumen. Sie zog ihre Schuhe und den Sommermantel an, nahm die Tasche und die Tüte mit und verließ die Wohnung. Kaum, dass sie die Haustreppe erreichte, knallte es aus heiterem Himmel, ein Blitz entlud sich in direkter Nähe und in wenigen Sekunden folgte ein Donnerschlag, laut und bedrohlich. Frau Möllen blieb abrupt stehen und stand noch eine Weile wie gelähmt da, unfähig auch nur einen Schritt, eine Armbewegung zu machen. Was war das denn? Und warum gerade jetzt? Nein, sie wollte nicht glauben, dass darin der Wille Gottes sein sollte, sie zu warnen. So ein Quatsch, schüttelte sie den Kopf und ging auf die Straße hinaus. Ihre Freundin wohnte nur ein paar Straßen weiter. Es würde schon nichts passieren.

Trotzdem ging sie schnell und sah sich hin und wieder um, als fühlte sie sich verfolgt. Nach wenigen Minuten erreichte sie die Wohnung von Frau Schmitz.

„Hilde, mach auf!", rief sie und klingelte gleichzeitig an der Tür.

Die Tür ging sofort auf, als hätte Hilde den Besuch erwartet.

„Hoho, du bist aber schnell. So schnell hast du mir noch nie die Tür geöffnet."

Hilde schaute sie mit einem müden Blick an. Sie sah erschöpft aus, blass, ihre Augen lagen wie tief gedrückt in ihrem plötzlich schmal gewordenen Gesicht.

„Was ist, Hilde?"

„Komm rein", sagte Frau Schmitz und schloss die Tür hinter ihr zu.

Sie ging ins Wohnzimmer und setzte sich in den alten Ohrensessel ihrer Tante. Frau Möllen stellte die Tüte im Flur ab und folgte ihrer Freundin. Sie sah sie aufmerksam an und fasste einen Entschluss. Dann ging sie zur Anrichte:

„Wollen wir zuerst?", und sie zeigte mit dem Kopf auf die Karaffe Eifler Holunderlikör.

„Bitte." Frau Schmitz nickte.

Frau Möllen füllte fachmännisch zwei winzig kleine Likörgläschen mit der klaren Flüssigkeit und reichte Hilde eins davon. Sie schauten einander an, nickten einander zu, tranken etwas Likör und stellten die Gläschen wieder ab.

„Und?", fragte sie.

„Ach, hör mir bloß auf. Ich habe heute sehr schlecht geträumt. Der Traum war richtig furchtbar, ein schlimmer Alptraum. Martha, ich habe Angst." Hilde sackte in sich zusammen und schaute schweigend auf ihre Hände, die sie in den Schoss gelegt hatte. Auch Frau Möllen fühlte sich unbehaglich. Sie setzte sich auf das Sofa und überlegte.

„Hilde, was hast du geträumt?", fragte sie sachlich und ruhig. Sie befürchtete das Schlimmste.

„Nun, in dem Traum ging ich über eine Wiese und da war ein Bach. Und die Farben waren so anders, so ..."

„... verkehrt?", beendete Frau Möllen.

„Ja", wunderte sich Frau Schmitz. „Woher weißt du das?"

„Ähm, Hilde. In den Träumen ist es manchmal so", sie räusperte sich.

„Aber nicht immer. Und woher weißt du, wie die Farben in meinem Traum waren?"

„Hilde, das weiß ich nicht. Aber ich habe diese Nacht auch einen Traum gehabt. Und da waren auch eine Wiese und ein Bach, an dessen Ufer du gestanden hast ...", sie brach ab. Sie wollte ihrer Freundin nicht alle Details aus ihrem Traum erzählen. Diese war schon durch ihren eigenen Traum ausreichend verängstigt. „Die Farben waren auch anders als in der Wirklichkeit", setzte sie fort.

„Kann doch nicht sein!", rief Hilde aus. „Es kann doch nicht sein, dass wir beide denselben Traum hatten. Martha! Ich bitte dich. Hast du denn keine Angst gehabt?"

„Doch, die hatte ich, aber du willst doch nicht behaupten, dass der Traum irgendeine Bedeutung hat. Hilde, ich bitte dich", Frau Möllen fühlte sich auf einmal sehr müde. Der Traum hatte auch ihr zugesetzt.

„Eigentlich ja", sagte Frau Schmitz mit Nachdruck. „Ich hatte furchtbare Angst und musste plötzlich an die Reliquien denken. Martha, ich will sie nicht mehr haben. Lass uns sie zurückgeben."

„Hilde. Das wollen wir doch beide. Das machen wir schon. Ich habe sie sogar hier dabei."

„Was?! Warum hast du sie zu mir gebracht? Ich will sie hier nicht haben!" Frau Schmitz begann schnell zu atmen, so dass Frau Möllen Angst bekam, sie könne in Ohnmacht fallen.

„Hilde, beruhige dich", redete sie auf ihre Freundin ein.

„Ich, ich will sie nicht! Nimm sie weg! Nimm sie hier weg!", Hilde sprang auf und lief auf und ab, gestikulierte und stieß kurze Schreie aus. Frau Möllen hatte sie noch nie so erlebt. Nach einer Weile fiel Frau Schmitz erschöpft in den Sessel zurück. Sie schwieg und schaute Frau Möllen vorwurfsvoll an, die begann, sich unbehaglich unter dem Blick ihrer Freundin zu fühlen.

„Wir gehen heute zu Pfarrer Jan und geben ihm die Reliquien zurück", hörte sie Frau Schmitz entschlossen sagen.

„Nein, das können wir nicht tun. Dann sind wir erledigt."

„Egal! Ich will, dass es ein Ende hat!"

„Na gut, Hilde, pass auf. Wir machen Folgendes ..."

Frau Möllen weihte sie in ihren Plan ein.

„Welche Kapelle meinst du?"

„Na, die Antoniuskapelle an der Breiniger Straße. Du kennst sie doch."

„Selbstverständlich", empörte sich Frau Schmitz und errötete leicht.

Frau Möllen bemerkte die unerwartete Reaktion ihrer Freundin:

„Hilde, woran denkst du jetzt? Warum bist du rot geworden? Ist da etwas, was ich wissen müsste?"

„Ach nichts, nichts. Ich dachte nur an – na ja, alte Zeiten."

„Na komm, erzähl, sei nicht so! Du weißt, ich mag Geschichten von damals." Frau Möllen hoffte, dass sich Hilde etwas beruhigte, wenn sie sich an die alten Zeiten erinnerte. Und wer weiß, was sie dort einmal erlebt hatte, vielleicht war etwas Aufregendes dabei.

„Nein", Frau Schmitz wurde plötzlich streng und kurz angebunden. „Da gibt es nichts mehr zu erzählen."

Frau Möllen merkte, an etwas Unangenehmes aus dem Leben ihrer Freundin gestoßen zu haben, und bohrte nicht weiter.

„Na gut. Wenn du nicht willst, dann wechseln wir das Thema. Ich habe mich, wie du weißt, viele Jahre um die Blumen in der Antoniuskapelle gekümmert. Und den Schlüssel habe ich immer noch. Wir verstecken dort die Reliquien. Dort wird sie niemand suchen. Und direkt vor der Heiligtumsfahrt gehen wir einfach dorthin spazieren."

Sie konnte förmlich hören, wie sich die Muskeln von Frau Schmitz entspannten. Sie rutschte auf dem Sessel höher und setzte sich darin aufrecht. Dann schaute sie auf das Gläschen mit Holunderlikör, dann auf Martha und nickte schweigend. Diese verstand. Sie füllte beide Gläschen erneut und reichte eins Frau Schmitz.

„Ja", sagte diese knapp und leerte das Glas.

Frau Möllen tat es ihr nach.

50_ KAPITEL

„Lass uns gehen. Ich glaube, es ist dunkel genug. Hast du deine Taschenlampe dabei?"

Frau Möllen war dunkel gekleidet, auf dem Kopf hatte sie ein Kopftuch, das sie unter dem Kinn zusammengebunden hatte. In einer Hand hielt sie ein kleines Köfferchen mit den Reliquien und in der anderen eine Taschenlampe. In der Tasche ihres Mantels klimperten ein paar Schlüssel.

„Taschenlampe, Taschenlampe", Frau Schmitz schaute sich etwas ratlos im Flur um, bis ihr Blick auf die untere Garderobenablage fiel. „Ach, da ist sie. Wir können gehen."

Sie war nicht so elegant gekleidet wie sonst: auf dem Kopf ein dunkler Hut, der musste sein, den hatte sie sich aber diesmal tief in die Stirn gezogen.

„Ach, es ist so aufregend, Martha!", sagte sie entzückt und lächelte plötzlich verschmitzt wie ein Kind in freudiger Erwartung eines Abenteuers.

„Was? Dass wir in der Kapelle Reliquien verstecken müssen, weil du Angst hast, sie die paar Tage bei dir zu Hause aufzubewahren?"

Das war gemein, und Frau Möllen wusste das. Hilde wurde traurig.

„Du aber auch", entgegnete Hilde leise. Sie zog die Tür leise an, bis sie ins Schloss fiel, und ging an ihrer Freundin vorbei, ohne sie eines Blickes zu würdigen.

Frau Möllen zog es vor, nicht darauf einzugehen. Es war schon schlimm genug, dass die Sache nicht ganz wie geplant verlief. Sie holte Frau Schmitz auf der Straße ein.

„Hak dich ein. Wir gehen einfach spazieren, ja?", sagte sie. „Ich meine, falls wir jemanden treffen sollten", fügte sie hinzu.

Sie gingen nicht wie üblich über den Korneliusmarkt, denn dort war die Gefahr zu groß, jemandem zu begegnen, sondern den Napoleonberg entlang bis zur Straßenüberquerung, wo die Breiniger Straße begann. Sie gingen gerade über die Straße, als sie einen Mann bemerkten, der vom Antoniusberg hinunterging. Sie schauten zu Boden und beschleunigten ihre Schritte.

„Guten Abend, meine Damen", der Mann nahm die Mütze in einer Begrüßungsgeste ab.

„Guten Abend", entgegneten beide gleichzeitig, beide gleich erschrocken.

„Oh, ein Koffer. Sie wollen doch nicht um diese Zeit verreisen?", lachte der Mann.

„Nein, ähm, wir müssen nur zu … ähm … Ach, was interessiert es Sie eigentlich?" Frau Möllen wurde ungeduldig.

„Ich wollte ja nur … Naja. Guten Abend also noch mal. Und bleiben Sie nicht zu lange draußen. Es wird kalt."

„Ja, ja. Guten Abend."

Frau Möllen winkte ihm mit der freien Hand zu, als wollte sie ihn verscheuchen. Ihre Nerven lagen blank. Der Mann ging weiter, ohne sich noch einmal umzudrehen.

Nur noch fünfzig Meter bis zum Ziel. Den Rest des Weges legten die Frauen schweigend zurück. Ihr Atem beruhigte sich schließlich. Frau Möllen seufzte erleichtert, als sie die Tür zur Antoniuskapelle erreichten.

Gegenüber der Kapelle befand sich ein Bistro. An diesem Tag war es jedoch geschlossen. Das machte die Sache einfacher, aber nur ein bisschen. Das Restrisiko blieb, da die Breiniger Straße eine relativ häufig befahrene Straße war. Nur eben nicht zu diesem Zeitpunkt, darauf spekulierte jedenfalls Frau Möllen. Die Gegend sah tatsächlich wie ausgestorben aus. Frau Möllen blieb stehen, schaute sich langsam um und kramte in der Manteltasche nach dem Schlüssel.

„Guten Abend, die Damen! Kann ich Ihnen helfen?" ertönte plötzlich hinter ihnen, und ein Fahrrad blieb stehen.

„Ach!", schrie Frau Schmitz und fasste sich ans Herz.

„Frau Schmitz! Sie sind das. Was suchen Sie hier um diese Zeit?", wunderte sich Herr Kranzen, denn er war es, der mit seinem Fahrrad gerade in die Straße einbog. Er war ein Mann um die Vierzig, sehr sportlich und agil. Jeden Abend fuhr er seine Runden durch die Gegend. Er arbeitete in einem Architektenbüro und brauchte nach der Arbeit Bewegung, wie er sagte. Er war immer sehr freundlich und hilfsbereit. Leider.

Frau Möllen fuhr hoch, ebenso erschrocken wie ihre Freundin, doch sie riss sich schnell zusammen.

„Nein, vielen Dank. Wir brauchen keine Hilfe. Es reicht, wenn Sie uns einfach nicht erschrecken", entgegnete Frau Möllen zusammenhangslos. „Hilde, geht es dir gut?", fragte sie besorgt. Es konnte jedoch sein, dass sie ihre Fürsorge einfach nur vorspielte, um bei dem Mann keinen Verdacht aufkommen zu lassen.

„Ja, ja. Es geht mir schon besser. Aber ich glaube, ich muss mich hinsetzen."

Frau Schmitz fand ein kleines Bänkchen in der Nähe und ließ sich darauf nieder.

„Es tut mir furchtbar leid. Ich wollte Sie nicht erschrecken. Brauchen Sie wirklich nichts?", wollte er sich vergewissern.

„Nein, fahren Sie. Wir kommen schon klar."

Frau Möllen hatte keine Lust, Nettigkeiten auszutauschen. Auch ihr hatte der Mann großen Schrecken eingejagt.

„Na dann, gute Nacht. Aber bleiben Sie nicht lange draußen, es wird kalt."

Na klar, dachte Frau Möllen. Wir wissen natürlich nicht, wie kalt die Nächte im Juni sein können, jung, wie wir sind. Klugsch… Sie dachte das Wort nicht zu Ende. Mit ihren Gedanken war sie bereits bei ihrer abendlichen Unternehmung.

„Bleib du so lange hier sitzen, Hilde. – Aha, da ist er."

Sie zog den Schlüsselbund aus der Tasche und fischte daraus einen großen altmodischen Schlüssel.

„Der ist es", sagte sie und steckte ihn ins Schloss. Sie versuchte ihn ein paar Mal umzudrehen, nach links und nach rechts, doch er bewegte sich nicht.

„Vielleicht ist das Schloss eingerostet?", wagte Frau Schmitz eine leise Vermutung zu äußern.

„Na toll. Daran haben wir gar nicht gedacht."

Frau Möllen überlegte kurz, nach Hause zurückzukehren, um Öl zu holen, aber schon der Gedanke, den Weg heute noch einmal gehen zu müssen, machte sie nervös.

„Warte mal, ich habe Vaseline in meiner Handtasche. Ich nehme sie doch immer mit, wegen meiner spröden Lippen, du weißt ja." Frau Schmitz ging es schon deutlich besser. Sie stand auf und ging an die Tür. Ein paar Mal drehte sie sich allerdings um. Die Angst saß ihr noch im Nacken.

Frau Möllen blickte erstaunt auf ihre Freundin. Manchmal konnte sie wirklich nützlich sein. Sie nahm von Hilde die kleine Tube, öffnete sie und drückte etwas Vaseline auf den Schlüssel und auch direkt in das Schlüsselloch.

„Nun wollen wir hoffen …", und sie versuchte noch einmal, den Schlüssel umzudrehen.

Es krachte leise und quietschte – und das Schloss öffnete sich.

„Hurra!", schrie Frau Schmitz vor Freude, und Frau Möllen schlug ihr erbost auf die Schulter.

„Hilde! Sei leise! Wir sind nicht auf einer Kirmes", wies sie sie zurecht und schaute sich besorgt um. Sie konnte jedoch niemanden ausmachen. „Ne, ne, ne. Diese Frau macht mich wahnsinnig", murmelte sie.

Frau Möllen trat in die Kapelle. Im Raum herrschte Dunkelheit, kein Lämpchen, keine Kerze brannte. Es wurde ihr unheimlich, obwohl sie diesen Ort so gut kannte. Über Jahre hatte sie hier die Blumen versorgt und nach dem Rechten geschaut. Das war in der Zeit gewesen, als Pfarrer Peter noch gelebt hatte. Sie war sehr stolz auf diese Aufgabe gewesen. Frau Möllen versank kurz in der Vergangenheit. Ach, die guten, alten Zeiten! dachte sie und gab sich einen Ruck.

„Komm, gib mir das Köfferchen", sagte sie zu Frau Schmitz. Diese reichte ihr den Koffer mit den Reliquien und ging wieder zum Eingang. Sie fühlte sich in der Kapelle nicht wohl. Kirchen in der Nacht machten ihr immer Angst. Und jetzt noch so was. Das war nichts für ihre schwachen Nerven, und sie fragte sich, warum sie sich darauf eingelassen hatte, auf diese verrückte Geschichte.

„Ich gucke nach, ob jemand kommt", sagte sie und huschte hinaus. Draußen bereiteten sich nicht nur die Menschen, sondern auch die Natur auf die Nachtruhe vor. Nicht einmal ein leichter Wind bewegte die Blätter der umstehenden Bäume. Es war still, unheimlich still.

In der Rückwand des Altars direkt über dem Boden gab es eine kleine Nische. Frau Möllen musste nur noch das Brett davor entfernen und das Köfferchen dort deponieren. Es passte perfekt. Sie verstaute es und schob das Brett wieder vor.

„Martha, beeile dich. Ich will hier weg."

„Aber ja. Selbstverständlich. Wie Sie wünschen, Gnäd'gste", neckte Frau Möllen sie, kam aber auch zügig aus der Kapelle heraus. Schnell verschloss sie die Tür wieder und steckte den Schlüssel in die Tasche.

„So, fertig. Erst übermorgen kommen wir wieder hierher."

„Kannst du das nicht alleine machen?" Frau Schmitz startete einen vorsichtigen Versuch, sich aus der unangenehmen Aufgabe herauszuwinden.

„Das hättest du wohl gerne", empörte sich Frau Möllen. „Nix da. Wir machen alles gemeinsam. Schluss. Keine Diskussionen. Kein Lamento."

Ein leises „Na, gut." als Antwort musste ihr genügen.

51_ KAPITEL

„Und was wird jetzt mit Elke und ihrem Freund?", wollte Nina wissen.

Dirk wusste, dass er ihr einmal diese Frage würde beantworten müssen. Und nun, als sie kam, fühlte er sich äußerst unwohl. Aber da war leider nichts zu machen, er musste seine Arbeit tun.

Sie saßen am Hof im ‚Café zum Mohren'. Die Sonne schien, und sie waren froh, einen freien Tisch draußen gefunden zu haben. Nina sonnte sich und aß genüsslich ihr Eis – eine eigene Geschmackskomposition aus Zimt und Karamell, Schokoladensoße und, selbstverständlich mit Schlagsahne, denn Eis hatte mit Schlagsahne zu sein. Punkt. Dieser Eisbecher hatte sie im Café durch wiederholtes Bestellen durchgesetzt. Es hatte zwar gedauert, aber da der Chef ihn auch einmal probiert und für interessant befunden hatte, wurde er kurzerhand eingeführt. Nina verzichtete großzügig auf ihr Copyright.

„Und?", forderte sie Dirk auf.

„Nun, ohne Folge bleibt das Ganze für sie natürlich nicht. Sie haben sich strafbar gemacht. Auch wenn Elke vielleicht die Wahrheit sagt, und nichts von dem Diebstahl wusste. Sie kann es schlecht einwandfrei nachweisen. Über die Strafe habe aber nicht ich zu entscheiden, sondern der Richter."

Sie schwiegen eine Weile. Nina musste doch noch eine Frage stellen, obwohl sie sich vor der Antwort fürchtete:

„Und Alex?"

Dirk seufzte. Was sollte er ihr sagen? Alex hatte sicher gewusst, dass die Silber gestohlen worden waren. Und warum er so gehandelt hatte? Mildernde Umstände waren in seinem Fall so kitschig wie in einem Groschenroman. Die hätte ihm niemand, außer vielleicht Dirk, abgenommen.

„Du, das weiß ich nicht. Auch über seine Strafe entscheidet der Richter. Er hätte sich einfach sofort melden sollen, nachdem er die ersten Silber ersteigert hatte. Da wäre er noch glaubwürdig gewesen. Aber am besten hätte er sie gar nicht gekauft. Er hätte sie melden sollen. Wir hätten dann den Rest gemacht. Hatten wir sowieso. Das ist der Lauf der Dinge."

„Zu dumm." Nina schüttelte den Kopf.

„Wie meinst du das?"

„Vier Menschen sind darin verwickelt. Einer ist schon tot. Und die Reliquien haben wir immer noch nicht."

Die Stille, die sich über sie legte, wog schwer. Nina rührte in den Resten ihrer Eiscreme, Dirk saß einfach nur da und schwieg.

„Ja. Wir haben immer noch keinen Hinweis. Es ist wie verhext", sagte Dirk endlich.

„Genau, es ist wie verhext", gab Nina zu. Sie lehnte sich zurück und schaute Dirk plötzlich an.

„Was?"

„Sag mal, hast du schon mal geliebt?"

„Nina, das ist nicht die Zeit, drüber zu reden."

„Und?", insistierte sie weiter.

„Ja, und was? Warum willst du das wissen?"

„Hättest du damals alles für die Frau, die du liebtest, getan?"

„Ich denke schon."

„Ich denke schon", äffte sie ihn nach. „Ja oder nein?"

„Also wenn du mich so fragst: jain. Nicht alles, aber extrem viel. Man kann nicht verlangen, dass einer alles für jemanden anderen tut. Es ist illusorisch. Warum fragst du mich danach?"

„Nur so", wich Nina aus.

„Ach ja, nur so. So, so. – Steckt da nicht Alex dahinter?", fragte er.

„Ich bin sauer auf ihn. Und ich denke, dass er die Silber für mich ersteigert hat. Er wollte es aber nicht zugeben, jedenfalls nicht in unserem Gespräch ..."

„Ich habe ihn aber danach gefragt."

„Wie? Wie bist du denn darauf gekommen?"

„Weil ich auch einmal geliebt habe. Ich wollte mich lediglich vergewissern."

„Und?"

„Er beantwortete meine Frage nicht eindeutig, aber ich denke, er hat es für dich getan. Das konnte ich ihm ansehen."

„Gesagt hat er es aber nicht", sie senkte den Kopf.

„Muss man euch Frauen denn alles sagen?", wollte Dirk wissen.

„Definitiv! Wir Frauen brauchen das. Warum kapiert ihr Männer das denn nicht? Wir wollen es hören, nicht nur erraten, vermuten, spekulieren. Das Leben ist kein Krimi. Wir wollen keinen Spuren folgen. Wir wollen es hören. Laut und deutlich!"

„Uh! Das war ein klares Statement!" Dirk lachte herzlich auf.

Nina schaute ihn gespannt an und dann lachte auch sie.

„Jawohl. Jetzt ist also alles klar", setzte sie nach und schaute plötzlich auf die Uhr. „Oh! Zeit für mich. Wir sehen uns", sagte sie und stand auf.

Dirk winkte ihr zum Abschied. Er schaute ihr nach, wie sie unter den pseudorömischen Bögen das Kaiserbad ansteuerte. Ihr blondes Haar tanzte im Wind. Sie hüpfte einmal und verschwand in einem versteckten Durchgang zum Kaiserbad. Warum müssen Frauen alles genau wissen, alles hören?, fragte Dirk leise und lehnte sich zurück. Er hatte noch ein paar Minuten Zeit, bevor er ins Büro zurück musste. Sein Zwischenbericht war fällig.

52_ KAPITEL

Frau Möllen war schon um neun Uhr bei ihrer Freundin. Sie wollte sicher gehen, dass diese wirklich alles richtig machte und durch nichts verriet, dass sie etwas von den Reliquien und dem Trödler wussten, und schon gar nicht, dass sie selbst die Reliquien hatten. In den letzten Tagen hatte Frau Schmitz, wenn sie es auch nicht bemerkt hatte, die Nerven ihrer Freundin mehrere Male auf die härteste Probe gestellt.

„Hilde, du schweigst bei der Beerdigung wie ein Grab ... ich meine ..." Frau Möllen merkte, dass der Vergleich an diesem Morgen vielleicht etwas unangebracht war. „Du sagst einfach nichts. Du weißt einfach von gar nichts."

„Wovon weiß ich gar nichts? Mach mich jetzt nicht meschugge." Frau Schmitz war gerade damit beschäftigt, ihren schwarzen Hut mit zwei großen Nadeln an den Haaren festzumachen.

„Von dem Trödler, Hilde, von dem Trödler. Wir gehen zu der Beerdigung nur, weil er hier im Ort wohnte. Wir kannten ihn nicht, nicht persönlich. Ist das klar?"

„Selbstverständlich. Ich kannte ihn auch gar nicht. Martha, warum sagst du das alles? Denkst du etwa, ich sei dumm?"

Diese Frage ließ Frau Möllen unbeantwortet im Raum stehen. Ihre Antwort wäre für die Freundin vielleicht nicht schmeichelhaft ausgefallen. Sie wollte sie aber nicht verärgern. Verärgerte Menschen sind manchmal unberechenbar, und sie durften jetzt nichts riskieren.

„Martha?"

„Was denn?" Frau Möllen bekam Angst, dass sie jetzt ihre Meinung zu Frau Schmitz' intellektuellem Potential äußern müsste.

„Kann ich die hellgrauen Handschuhe dazu anziehen? Die dunklen kann ich nirgendwo finden."

Frau Möllen schluckte laut. Solche Banalitäten brachten sie jedes Mal zur Verzweiflung. Da half nicht, dass es sich um ihre beste Freundin handelte, und dass sie sie gut kannte und hätte wissen müssen, was jetzt kommen würde. Da riss der Geduldsfaden bei Frau Möllen wegen dieser Lappalie – vielleicht aber auch deswegen, weil sie selbst nur vier paar Handschuhe hatte, zwei für den Winter und zwei für den Sommer, jeweils in Schwarz und Braun, passend zu ihren modischen Taschen. Sie fand, dass wäre auch für eine Dame ausreichend, denn diese wusste, wie man Garderobe richtig zusammenstellt. Frau Schmitz teilte ihre Meinung nicht.

„Hilde!" rief Frau Möllen. „Du bist nicht die wichtigste Person auf der Beerdigung. Niemand wird sich deine verdammten Handschuhe ansehen. Vielleicht wird dich nicht einmal jemand bemerken!"

„Martha! Was hast du? Warum bist du so gehässig? Warum sollte mich niemand bemerken? Ich werde dabei sein wie viele andere auch. Ich werde sie doch auch alle sehen. Und da will ich richtig angezogen unter die Leute gehen. Warum verstehst du das nicht?"

Frau Schmitz war von ihrer Freundin enttäuscht. Sie schnaubte kurz – und Frau Möllen gab nach.

„Du hast ja so recht, Hilde." Wenn sie jetzt nicht einlenkte, bräuchten sie gar nicht zu der Beerdigung zu gehen. Sie würde nämlich bereits vorbei sein, dachte Frau Möllen. „Die hellgrauen passen wunderbar. Komm Schätzchen, wie müssen gehen."

Frau Schmitz warf noch einen letzten kritischen Blick in den großen Spiegel im Flur, nickte ihrem Gegenbild zu und folgte Frau Möllen. Die Wohnungstür fiel ins Schloss, als die beiden die Treppe hinunterstiegen.

Frau Schmitz hakte sich bei ihrer Freundin ein und so gingen beide Damen gleichen Schrittes über die Straße, den Korneliusmarkt und Benediktusplatz, dann die steile Dorffer Straße hinauf zum Friedhof am Sankt Stephanus.

Auf dem Friedhof waren erstaunlich viele Menschen versammelt. Auch der Pfarrer und die Messdiener standen bereits vor dem Grab. Sie waren offenbar zu spät gekommen, also blieben sie etwas hinter der trauernden Gruppe. Frau Möllen beobachtete die Menschenmenge.

„Schau Martha, wie viele Menschen zu der Beerdigung gekommen sind", rief Frau Schmitz fröhlich überrascht.

„Hilde, das gefällt mir gar nicht", Frau Möllen teilte die Freude ihrer Freundin offenbar nicht.

„Warum denn nicht?"

„So viele Freunde hatte der Mann nicht. Er war ja Trödler. Hilde, du bleibst jetzt still, und ich schaue mich ein bisschen um."

„Mein Gott, Martha, du bist mir ein Angsthase. Was soll hier schon passieren? Was sind das alles für Leute? Kennst du sie?"

„Nein. Und das macht mich noch mehr nervös."

„Oh, guck mal! Da ist Pfarrer Jan."

Frau Schmitz winkte ihm zu, bevor Frau Möllen sie daran hindern konnte.

Je weniger Aufmerksamkeit sie erfuhren, desto besser war es für sie. Denn Frau Möllens Plan war, so viel wie möglich zu erfahren, was man sich über den Diebstahl im Ort erzählte. Merkwürdigerweise sprach man darüber zwar viel, aber es waren nur wilde Spekulationen, über die sie höchstens herzlich lachen konnte. Niemand wusste ja, was gestohlen worden war.

Pfarrer Jan reagierte nicht auf die spontane Begrüßungsgeste von Frau Schmitz. Er war im Dienste des Herrn. Und dieser Dienst bedeutete jetzt eine würdevolle Beerdigungsfeier eines Bewohners von Kornelimünster, unabhängig von seinem Lebenswandel und der materiellen Situation. Seine Rede vor dem ausgehobenen Grab war recht kurz. Er kannte den verstorbenen Helmut Classen nicht, zur

Sonntagsmesse kam der nie, geschweige denn zur Beichte. Classen hinterließ weder Familie, noch Freunde. So sammelten sich an seinem Grab tatsächlich nur Fremde, höchstens Nachbarn. Und die meisten waren eher aus Neugierde oder dienstlich hier. Nur wenige Bewohner von Kornelimünster begleiteten den Alten anstandshalber auf seinem letzten irdischen Weg.

Als die Beerdigungsfeier beendet war und Erdklumpen auf den bescheidenen Sarg prasselnd herunterfielen, bildeten die Trauergäste kleine Grüppchen und unterhielten sich leise. Niemand wollte den Friedhof direkt nach der Beerdigung verlassen. Einige warteten auf etwas, was vielleicht kommen sollte oder könnte. Was wollten die Menschen hier? Frau Möllen fragte sich das und beobachtete alle Personen ganz genau. Schnell machte sie Frau Matzke, Nina und den jungen Polizisten in der Menge aus. Alle drei standen etwas abseits und warteten wohl auf Pfarrer Jan, der auch kurz darauf zu ihnen stieß. Frau Möllen beschloss, zunächst einen großen Bogen um die Gruppe zu machen. Sie ging von einer Gruppe zur anderen und blieb hin und wieder stehen, um Bekannte aus dem Ort zu begrüßen. Nun, da sie alle kannte – das jahrelange Beobachten des Lebens im Ort zahlten sich aus –, dauerte der Reigen einige Minuten. Frau Schmitz folgte ihr auf Schritt und Tritt und lächelte freundlich. Auch sie kannte alle, sie lebte hier seit Jahrzehnten, doch sie zog es vor, stets hinter ihrer Freundin zu bleiben. Auch ihr Nachbar, Herr Hansen, war da. Er schaute feindselig beide Frauen an:

„Ha, da sind Sie", keifte er Frau Möllen mit gedämpfter Stimme an. „Sie konnten es nicht lassen, den Alten unter der Erde zu sehen, nicht wahr?"

„Herr Hansen!", schaltete Frau Schmitz sich ein. „Wie reden Sie denn mit meiner Freundin?"

„Ist doch wahr. Sie sucht immer nach irgendetwas, worüber sie tratschen könnte." Hansen suchte in der Menge Unterstützung, fand aber keine.

Frau Möllen schnappte nach Luft, doch Frau Schmitz war wieder mal schneller.

„Und was ist schon schlimm daran?" Sie verteidigte sie mit einem überraschenden Engagement. „Sie tut damit doch niemandem weh."

„Wollen Sie etwa sagen, ich tue jemandem weh?" Herr Hansen wurde zunehmend ungehalten. So aggressiv und angriffslustig hatte ihn Frau Schmitz noch nie gesehen.

„Nein. Und es ist besser, Sie reißen sich jetzt zusammen. Sie sind ziemlich aufgeregt. Wir sind hier auf einer Beerdigung."

„Ich bin nicht aufgeregt!", grollte Hansen.

Langsam wuchs die Menschenmenge um sie herum, was Frau Möllen gar nicht gefiel. Sie schnappte Frau Schmitz am Ärmel und zog sie energisch weg von der Gruppe. Jemand musste Herrn Hansen wohl beruhigt haben, denn man hörte seine sonore Stimme nicht mehr.

„Hilde, fang jetzt nicht noch einen Streit mit dem alten Sa...", den Rest verkniff sie sich.

„Ich sagte doch gar nichts. Er hat angefangen."

„Ja und wir sind hier im Kindergarten. Hilde, bist du noch zu retten?"

Frau Möllen blieb stehen und schaute sie eindringlich an. Ihr Blick war streng und konzentriert. Überhaupt benahm sich Frau Möllen heute ausgesprochen zurückhaltend. Frau Schmitz spürte mehr, als dass sie es verstand, dass ihre Freundin etwas vorhatte, sie aber nicht einweihen wollte. In der letzten Zeit hatte sie das häufiger gemacht. Frau Schmitz bemerkte es, aber sie sagte nichts. Sie wartete nur, dass es endlich vorbei sein würde.

„Hör zu", begann Frau Möllen. „Wir gehen jetzt ganz langsam dahin, wo Pfarrer Jan und die Anderen stehen, und du hältst den Mund, ist das klar? Ich will die etwas belauschen. Wer weiß, was wir hier noch erfahren, was uns nützlich sein könnte."

„Mein Gott, Martha. Mach doch daraus keinen Krimi. Aber wie

du willst. Ich werde schweigen wie ein To... Nun ja", sie senkte den Blick, beschämt über den Vergleich.

Beide Frauen gingen langsam, wie zufällig, in Richtung der Gruppe und schauten hin und wieder auf die Grabmäler. Sie schienen sich besonders für das eine oder andere der älteren Grabmäler zu interessieren. Dann und wann blieben sie stehen und lasen halblaut die Namen der Verstorbenen. Manche Gräber waren richtig alt, viele dafür sehr frisch. Da lag jemand, eine junge Frau, erst vor fünf Jahren bestattet. Und direkt daneben eine ältere, aber erst seit zwei Jahren unter der Erde. Frau Schmitz wurde nachdenklich. Sie kannte die Ältere vom Hörensagen. Sie soll eine Künstlerin gewesen sein. Tja, Große und Kleine, Junge und Alte nimmt der liebe Gott zu sich, wann Ihm danach ist.

Zwei Gräber von der Gruppe entfernt hielt Frau Möllen plötzlich an. Zu plötzlich für Frau Schmitz, die nicht rechtzeitig abbremste und sie anrempelte. Frau Möllen spürte einen heftigen Schmerz an ihrem linken Fuß und zischte wütend ihre Freundin an:

„Hilde, das war mein Hühnerauge. Mein altes Hühnerauge. Du weißt seit Jahren, wo ich welche habe, nicht wahr?"

„O, es tut mir leid, Martha, ich habe nicht bem...", Frau Schmitz brach ab, völlig mit den Grabmälern beschäftigt:

„Guck, Martha. Der ist aber alt geworden, einhundertzwei Jahre", wunderte sie sich leise, während sie den Namen des vor Jahren Verstorbenen langsam entzifferte. In Gedanken rechnete sie, wie lange sie noch leben müsste, um dieses Alter zu erreichen.

Frau Möllen entgegnete nichts. Dafür spitzte sie ihre Ohren. Von dieser Stelle aus konnte sie die Stimmen gut hören und verstehen.

„... Ja, ich musste heute noch schnell eine Übersetzung machen, bevor ich hierher kam. Es war dringend. Wie immer", sagte Nina zu Pfarrer Jan, und er nickte verständnisvoll.

„Sie sind auch Übersetzerin?"

„Habe ich das nicht erzählt?"

„Bisher noch nicht." Pfarrer Jan klang leicht vorwurfsvoll, vielleicht wollte er sie aber nur necken.

„Ja, hin und wieder dolmetsche ich und übersetze, aber davon leben könnte ich nicht. Außerdem mag ich meine Arbeit als Stadtführerin", lächelte Nina. Pfarrer Jan nickte wieder.

„Immerhin sind Sie hierher gekommen. Es gibt nichts Traurigeres als eine einsame Beerdigungsfeier. Es ist eigentlich keine Feier, wenn nur Messdiener und ein Priester dabei sind."

„Das ist tatsächlich furchtbar. Aber wenn jemand so einsam lebte wie dieser Mann hier, woher sollten dann die Menschen kommen? Man muss sie doch einmal gekannt haben", fragte Kommissar Lobig ganz sachlich.

„Kannte ihn hier überhaupt jemand?", fragte Nina.

„Ja, es sind ja auch welche gekommen", berichtigte Frau Matzke sie. „Die Älteren im Ort kannten ihn. Er war nicht immer Trödler. Er hatte mal eine ganz normale Familie gehabt, Frau und zwei Kinder und arbeitete bei der Stadt. Aber als sie alle bei einem Busunfall ums Leben gekommen waren, da drehte er einfach durch. Er war nicht mehr derselbe. Er wollte keine Menschen mehr sehen und ging auch nicht mehr zur Arbeit. Nach und nach verließen ihn alle Freunde. Er machte es ihnen aber auch leicht." Frau Matzke beantwortete die Frage ausführlich und souverän wie eine Gesellschaftschronistin.

Ihre Antwort war so bedrückend, dass darauf eine lange Stille folgte. Pfarrer Jan, Nina, Dirk und auch Frau Matzke schwiegen bereits eine gute Weile, und Frau Möllen begann, hinter dem Grabmal versteckt, ungeduldig mit den Füßen zu scharen. Mit einem so schnellen Ende des Gesprächs hatte sie nicht gerechnet. Irritiert drehte sie sich zu ihrer Freundin – im letzten Moment –, um sie daran zu hindern, den Lauschposten zu verlassen.

„Ich höre ja sowieso nichts", flüsterte Frau Schmitz.

„Ja, weil sie jetzt schweigen. Warte doch mal!", entgegnete Frau Möllen leise, aber mit Nachdruck.

Frau Matzke waren die Manöver der beiden Frauen nicht entgangen. Sie freute sich bereits, als sie sie kommen sah. Ihr Plan schien sich wie von alleine umzusetzen. Jetzt kam endlich ihre Stunde.

„Wie ist es eigentlich, Herr Kommissar", fragte sie förmlich, „mit den gestohlenen Stoffen? Kommen Sie mit Ihrer Ermittlung voran?"

Kommissar Lobig zog eine Augenbraue verwundert hoch und räusperte sich, bevor er antwortete:

„Es ist, wie Sie ja wissen, nicht einfach. Zumindest haben wir jetzt die gesamten gestohlenen Kirchensilber. Doch was die heiligen Stoffe angeht …", Lobig holte tief Luft.

„Das dachte ich mir", unterbrach sie ihn. „Ich habe schon einiges verstanden und viel dazugelernt. Doch eine Sache verstehe ich immer noch nicht."

Frau Möllen hörte auf zu atmen und griff nach der Hand von Frau Schmitz. Diese sah sie verdutzt an, tat es ihr aber nach – beide erstarrten in ihren Posen.

„Was denn, Frau Matzke?", fragten Pfarrer Jan und Kommissar Lobig gleichzeitig.

„Pfarrer Jan. Sie haben doch gesagt", Frau Matzke sprach langsam und deutlich, damit die zwei Frauen aber auch alles gut verstehen konnten. „Sie haben doch gesagt, dass man schon vor Jahrhunderten verboten hätte, Reliquien zu verkaufen. Und dass das eine große Sünde sei. Der Dieb oder Händler müsste sich also der höchsten Gottesstrafe sicher sein. Wie kann er also …?"

Weiter kam sie nicht, gestört von einem heftigen und lauten Schluckauf, der hinter zwei hohen Grabmälern zu hören war. Alle schauten gleichzeitig in die Richtung, aus der dieses Geräusch kam. Es war Frau Schmitz, die tief Luft holen wollte und nun ununterbrochen hickste. Sie verdrehte die Augen und lief rot an. Frau

Möllen versuchte ihr zu helfen, sie fächerte sie hektisch, dann klopfte sie ihr heftig auf den Rücken, bis diese zwischen zwei Hicksern sogar ein „Aua!" herauspresste. Doch nichts half. Frau Schmitz wurde immer wieder vom ständigen Schluckauf geschüttelt.

„Frau Schmitz, was ist passiert?" rief Pfarrer Jan besorgt aus und lief auf sie zu. „Brauchen Sie Hilfe?"

Frau Schmitz versuchte etwas zu sagen, aber es gelang ihr nicht. Ihre Augen füllten sich mit Tränen, die jetzt ihre Wangen hinunterflossen. Sie keuchte und schüttelte den Kopf, bis ihr schwindelig wurde. Sie schwankte plötzlich. Kommissar Lobig begriff schnell die Lage, sprang auf sie zu und griff nach ihrem Arm. Er und Pfarrer Jan stützten Frau Schmitz zu beiden Seiten und führten sie zu der Sitzbank, die direkt vor der Kirchenmauer stand. Frau Schmitz setzte sich schwer auf die Bank, sah sie mit einem dankbaren Blick an und wollte etwas sagen, doch die nächste Schluckaufattacke nahm ihr wieder die Luft weg. Sie wedelte schwach mit den Armen, als sollte ihr diese Bewegung helfen, den Schluckauf loszuwerden. Frau Möllens Stimmung wechselte zwischen Verärgerung, Mitleid und Ratlosigkeit. Das war ja peinlich mit der Hilde. Dass sie immer so ein Theater machen musste. Ihr Mitgefühl für die Freundin hielt sich in Grenzen. Sie schüttelte den Kopf.

Nina, Kommissar Lobig und Pfarrer Jan standen ratlos um sie herum. Nur Frau Matzke lächelte in sich hinein. Sie wusste, dass das alles seinen Grund hatte. Nina sah gerade noch das von Frau Matzkes Gesicht verschwindende Lächeln und hielt kurz inne. Was wurde hier gespielt?, fragte sie sich. Frau Matzke direkt danach zu fragen, würde nichts bringen, also was tun? Sie beschloss kurzerhand, zuerst bei den beiden alten Damen zu bleiben. Sie ging auf sie zu und blieb neben Frau Schmitz stehen:

„Meine Herren, lassen sie uns hier allein. Ich helfe der Dame schon. Sie braucht jetzt Ruhe."

Sie deutete auf Frau Schmitz und nickte Pfarrer Jan und Dirk zu.

„Und wie wollen Sie das anstellen?", wollte Pfarrer Jan wissen.

„Gehen Sie nur", wiederholte sie.

„Na dann", sagte der Pfarrer zum Abschied, und beide Männer gingen, von Frau Matzke gefolgt, hinunter zum Ort. Nina setzte sich zu Frau Schmitz. Frau Möllen tat es ihr nach.

„Atmen Sie jetzt aus, so gut Sie können. Dann halten Sie den Atem eine Weile an und erst dann versuchen Sie langsam wieder einzuatmen", sagte Nina zu Frau Schmitz.

Frau Schmitz öffnete weit ihre Augen, schaute Frau Möllen fragend an, tat aber, was Nina ihr empfohlen hatte.

„Uuuh", endlich kam ein ruhiger Atem aus ihrer Brust.

„Noch einmal", wiederholte Nina.

„Was sind das für Methoden?", Frau Möllen pflegte ihre Skepsis gegenüber Neuem. Sie ließ sich nicht so leicht beeindrucken.

„Das ist eine alte Methode meiner Oma. Sie hat sie immer beim Schluckauf angewandt", sagte Nina ruhig.

„Aha. Und woher hatte sie sie?"

„Keine Ahnung. Aber sie hatte gegen alles ein gutes Mittel. Und es hat auch immer funktioniert. So wie jetzt auch. Sehen Sie?" Nina zeigte auf Frau Schmitz, die nun zufrieden strahlte. Ihr Schluckauf war endlich verschwunden.

„Und woher kam Ihre Oma?"

„Sie lebte in Polen."

„Polen?" Frau Möllen wusste im Moment nichts mit der Information anzufangen. „Polen? Das ist ja im Osten!"

„Ja. Dort kennen die Menschen noch alte Heilmethoden, wenn auch niemand mehr weiß, woher sie kommen. Die Hauptsache ist, dass sie funktionieren."

„Na ja, da wäre ich mir nicht so sicher", äußerte Frau Möllen ihren Zweifel.

„Das brauchst du nicht. Mir geht es jedenfalls besser. Grüßen Sie Ihre Oma von mir." Frau Schmitz lächelte dankbar und klopfte Nina leicht auf die Hand.

„Das wird leider nicht möglich sein. Sie ist schon seit Jahren tot."

„Ach, das tut mir leid. Hat sie Ihnen viele solche Behandlungsweisen weitergegeben?", wollte Frau Schmitz wissen.

„Hilde, willst du jetzt noch Heilerin werden?" Frau Möllen wurde ungeduldig.

„Ach, Martha. Hör doch auf. Ich darf doch wohl etwas mehr erfahren." Und sie wandte sich wieder Nina zu. „Sie kommen also aus Polen, ja?"

Nina schwankte zwischen ungeduldig werden und weglaufen, oder ... Nein, sie würde jetzt hier bleiben. Das Gespräch verlief gut, vielleicht würde sie den zwei Frauen doch noch etwas entlocken. Sie lehnte sich bequem zurück und schaute vor sich hin.

„Ja. Ich komme aus Polen", sprach sie langsam. „Kennen Sie das Land?", fragte sie.

„Nein. Wozu auch? Ich lebe hier", antwortete Frau Möllen knapp, irritiert über die Frage, die in ihren Ohren beinahe als Vorwurf klang.

Anders Frau Schmitz. Sie legte direkt los:

„Nein. Ich kenne Polen nicht, aber ich habe viel Gutes darüber gehört", sagte sie. Frau Möllen schaute sie perplex an, schnaubte – und sagte erst einmal nichts.

„Tatsächlich?", wunderte sich Nina ehrlich. „Was haben Sie denn gehört?"

„Na ja, vor allem, als der Pole, der Wol...Wojtyla oder so, Papst wurde, da hat man viel über ihn und seine Heimat berichtet. Das hat mich sehr interessiert. Ich habe vieles über ihn im Fernsehen gesehen, wissen Sie?"

„Johannes Paul II. war schon ein großer Mann", bestätigte Nina. „Und jetzt ist er tot, und bald wird er heilig gesprochen werden."

„Meinen Sie? Ich dachte, man muss zuerst abwarten, bevor man einen heilig spricht."

Frau Möllen gähnte diskret. Sie fand die Unterhaltung langweilig, wollte aber nicht unhöflich erscheinen. Letztendlich hatte Hilde tatsächlich aufgehört zu hicksen. Außerdem schien die Sonne schön warm. Warum den Vormittag nicht genießen? Sie schloss die Augen.

„Das stimmt. Er ist noch nicht heilig gesprochen worden. Zuerst muss man selig gesprochen werden. Wie schnell darauf die Heiligsprechung folgt, hängt von vielen Faktoren ab. Manchmal geht es eben etwas schneller."

„So, so", wunderte sich Frau Schmitz.

„Und wenn jemand heilig gesprochen wird, kann es sein, dass seine Knochen oder Gegenstände aus seiner Umgebung als Reliquien betrachtet werden", sprach Nina weiter.

„Das ist ja interessant", Frau Schmitz gefiel auf einmal die junge Frau, der sie noch vor ein paar Tagen misstrauisch begegnet war.

Frau Möllen, die langsam in einen Halbschlaf fiel, wurde plötzlich hellwach. Reliquien? Welche Reliquien? Das Gespräch entwickelte sich in eine unerfreuliche Richtung. Jetzt musste sie aufmerksam sein.

„Ich kann nicht glauben, dass Sie das wundert. Sie leben ja hier in Kornelimünster, mit einem großen Schatz beinahe in Sichtweite."

„Wie meinen Sie das?", griff Frau Möllen in das Gespräch ein.

„Ich meine die Salvatorreliquien. Sie sind für Kornelimünster doch sehr wichtig. Alle sieben Jahre kommen ja Pilger aus der ganzen Welt hierhin, nur um sie zu sehen."

„Das stimmt schon, aber ob sie wirklich aus der ganzen Welt kommen, wage ich zu bezweifeln", schränkte Frau Möllen ein.

„Das sagt man nur so", korrigierte Nina. „Aber wichtig sind sie schon. Und schön", fügte sie noch hinzu.

„Das stimmt", pflichtete ihr Frau Schmitz bei. „Aber woher wissen Sie das? Haben Sie sie schon gesehen?"

„Nein, noch nicht. Nur auf Fotos. Und eins kann ich sagen, sie sind schöner als die in Aachen."

Frau Schmitz lächelte zufrieden, als ob dieses Lob ihr persönlich galt.

„Das sind sie. Aber sie sind ..." Sie spürte einen leichten Tritt in die linke Wade und verstummte.

„Was ist mit ihnen?"

„Mit wem?", fragte Frau Schmitz plötzlich desorientiert.

„Nicht mit wem. Mit den Reliquien. Was ist mit ihnen?", lächelte Nina unschuldig.

„... ähm, ja, also Martha. Das stimmt doch, oder?"

„Wie meinst du das, Hilde?" Frau Möllen blickte sie eindringlich an.

„Sind sie nicht immer in der Kirche?" Nina ging in die Offensive.

„Jetzt aber nicht, oder?" Frau Schmitz suchte verzweifelt Hilfe bei ihrer Freundin.

„Hilde, was redest du da? Wo sollen sie denn sonst sein?" Frau Möllen spielte auf Zeit, in der Hoffnung, dass Frau Schmitz verstehen würde, wo sie sich gerade hineingeritten hatte.

„Na, weil sie jetzt in dieser Kapelle sind", rutschte es ihr heraus – und sie schlug sich die Hand vor den Mund, als sie Frau Möllens niederschmetternden Blick sah. Aber es war zu spät.

„Hauptsache, sie sind in Sicherheit", antwortete Nina seelenruhig, um die Frauen nicht zu verschrecken. Sie begriff sofort, dass sie nun mehr gehört hatte, als die Beiden ihr sagen wollten.

„Hilde, dir geht es schon viel besser. Wir sollten nach Hause gehen", sagte Frau Möllen und stand energisch auf. „Guten Tag noch, junge Frau."

„Das sollten wir", bestätigte Frau Schmitz eifrig. „Also guten Tag", sie schaute Nina nicht einmal mehr an. Demutsvoll folgte sie Frau Möllen. Sie wusste, dass sie wieder einmal zu viel gesagt hatte. Aber was hatte sie denn eigentlich gesagt? Was war so schlimm daran? Wissen die Leute immer, wovon gesprochen wird? Frau Schmitz schaute ihr aus dem Augenwinkel nach. Was ist sie so ängstlich? Wird sie vielleicht senil?, ein kleiner Verdacht kam in Frau Schmitz auf. Erstaunt darüber betrachtete sie ihre Freundin auf einmal mit ganz anderen Augen.

Frau Möllen würde ihre Freundin am liebsten am Kragen packen und sie den ganzen Weg zurück nach Hause schleifen. Aber diese marschierte gemächlichen Schrittes den Berg hinunter. Wie kann man so unvorsichtig sein?, empörte sie sich. Sie schwor sich, nie wieder mit Frau Schmitz gemeinsame Sache zu machen. Kein Geheimnis war bei ihr sicher. Wird sie denn senil, oder was?

53_ KAPITEL

Nina hätte vor Freude am liebsten laut gelacht. Die Chance, die Reliquien doch noch vor der Heiligtumsfahrt wieder zu bekommen, rückte in greifbare Nähe. Sie wollte sofort zu Pfarrer Jan und Dirk, aber es war vernünftiger, noch eine Weile abzuwarten. Die beiden Frauen durften nicht bemerken, dass sie tatsächlich verstand, was sich hinter dem Dahingesagten verbarg. Nur ein leichter Zweifel beschäftigte sie noch: Was meinten sie mit der Kapelle?

Zehn Minuten später lief sie hinunter zum Benediktusplatz. Nervös klopfte sie an die Tür der Pfarrei. Im Inneren des Hauses herrschte Stille. Sie wurde ungeduldig, klopfte noch einmal. Wieder nichts. Wo waren sie denn alle? Sie klopfte noch einmal und als wieder nichts passierte, setzte sie sich auf die Stufen vor der Tür und wartete.

Nach einer Weile vernahm sie leise Schritte im Inneren des Gebäudes. Sie horchte auf. Die Schritte näherten sich der Tür. Kurz darauf hörte sie ein Geräusch wie beim Öffnen des Gucklochs an der Tür. Da sprang sie auf und winkte dem Auge zu, welches sie von drüben anschaute. Die Tür öffnete sich.

„Was wollen Sie?" Frau Matzke war missmutig, dass sie sich hatte ertappen lassen. Sie war gerade eingenickt, und Ninas Klopfen hatte sie aus dem Nickerchen gerissen.

„Ist Pfarrer Jan nicht da?"

„Sehen Sie ihn irgendwo?"

Die schlechte Stimmung Frau Matzkes war nicht zu übersehen. Nina überlegte kurz:

„Frau Matzke, ich muss Sie etwas Wichtiges fragen. Darf ich rein?"

„War das nun diese wichtige Frage?", Frau Matzkes kleine Gehässigkeit wirkte harmlos, Nina lächelte leicht.

„Nun, wenn Sie nicht wissen wollen, was ich gerade erfahren habe, da kann ich ja wieder gehen ...", begann Nina.

„Pfarrer Jan ist noch in der Kirche, aber er kommt in ein paar Minuten zurück. Wenn Sie also unbedingt auf ihn warten wollen ...", Frau Matzke nickte in Richtung Küche und ging vor. Sie brannte vor Neugier, doch sie wollte nicht den ersten Schritt machen. Sie zeigte auf einen Stuhl, und Nina setzte sich.

„Wollen Sie Tee? Ich muss sowieso einen für Pfarrer Jan machen", fragte Frau Matzke mit schlecht gespielter Gleichgültigkeit.

„Gerne."

Frau Matzke stellte sich an den Herd und hantierte an den Töpfen herum.

„Frau Matzke, wie viele Kapellen gibt es hier in Kornelimünster? Sie werden das bestimmt wissen, so lange wie Sie hier leben und arbeiten."

Frau Matzke drehte sich augenblicklich zu Nina um.

„Was ist das für eine Frage?"

„Die Frage ist einfach. Aber wenn Sie möchten, werde ich sie jetzt langsam wiederholen."

„Ach, lassen Sie es! Veräppeln kann ich mich selbst. Wie meinen Sie das? Wir haben vier Kapellen im Ort und in der Umgebung. Da haben wir zum Beispiel Sankt Gangolf und die Nikolauskapelle. Die ist aber eine Ruine. Und dann noch die Klauserkapelle Maria im Schnee, auf dem Berg. Da kann man aber nur zu Fuß hin."

„Nein, es muss eine im Ort sein", unterbrach Nina sie.

„Moment, ich bin noch nicht fertig", unzufrieden zog Frau Matzke die Augenbrauen zusammen. „Und die Antoniuskapelle, direkt hinter dem Ort, wenn man nach Breinig abbiegt. – Warum soll es aber eine im Ort sein?", wollte sie noch wissen, doch laute Geräusche am Türeingang ließen beide Frauen innehalten.

Die Haustür öffnete sich und zwei Personen betraten das Haus. An den Stimmen erkannten sie Pfarrer Jan und Kommissar Lobig.

„Wir sind in der Küche!", rief Frau Matzke.

Beide Männer erschienen in der Küchentür.

„Und? Ist der Tee fertig, Frau Matzke?", fragte Pfarrer Jan.

„Zweimal dürfen Sie raten", sagte Frau Matzke.

„Frau Matzke. Sie sind heute aber …", er suchte nach einem passenden Ausdruck, fand aber keinen, beendete also seinen Satz mit einem „ähm drauf" und setzte fort· „Auf dem Friedhof und auch jetzt solche Sprüche. Was ist denn mit Ihnen los? Üben Sie für ein Theaterstück, und ich weiß noch nichts davon?"

„Machen Sie sich nur über mich lustig. Aber ich weiß, was ich weiß."

„Ist schon gut. Gibt es was Neues?" Pfarrer Jan wandte sich an Nina.

„Nun", Frau Matzke ließ Nina nicht zu Wort kommen. „Sie fragte mich gerade nach Kapellen im Ort, da werden Sie wohl dazu nicht viel sagen können, oder?" Frau Matzke ließ sich nicht so leicht abspeisen.

Pfarrer Jan lächelte und ließ es ohne Kommentar stehen.

„Nina, erzählen Sie", forderte er sie auf.

Sie berichtete über das Gespräch mit den beiden Frauen auf dem Friedhof. Frau Matzkes Gesicht strahlte kurz auf. Sie hatte bereits die Antwort auf Ninas Frage, wenn auch Nina sie noch nicht gestellt hatte.

„Glückwunsch, nicht schlecht", sagte Dirk anerkennend.

„Ich weiß aber nicht, welche Kapelle sie meinten. Und ich bin jetzt fest davon überzeugt, dass die Reliquien sich dort befinden."

„Aber warum gerade dort?"

„Keine Ahnung. Das habe ich nicht mehr aus ihnen herausbekommen. Aber es ist sicher ein Hinweis, den sich zu überprüfen lohnt", Nina schaute Dirk an. „Oder?"

Dirk nickte knapp.

Frau Matzke übergoss schweigend die Teeblätter in einer großen Teekanne mit kochendem Wasser und stellte Tassen auf den Tisch.

„Bitte schön, die Herrschaften. Und wenn Sie erlauben, dass die Haushälterin auch einmal was sagt", sie wartete die Antwort nicht ab und fuhr fort: „Ich glaube, ich weiß, um welche Kapelle es sich handelt. Ich lebe hier lange genug, deswegen weiß ich auch mehr über die Menschen hier. Und ich weiß zum Beispiel, dass Frau Möllen sich früher um die Blumen in der Antoniuskapelle gekümmert hat. Das kann also nur diese sein. Vielleicht hat sie immer noch den Schlüssel dafür. Wäre doch möglich, oder?" Sie hob die Schulter und die Augenbrauen. „Ich meine ja nur", fügte sie gleich hinzu, als fürchtete sie Einwände von den Anwesenden.

„Das übernehme jetzt ich", sagte Kommissar Lobig beinahe feierlich.

„Nein, du wirst gar nichts übernehmen", sagte Nina.

Dirk hob staunend die Augenbrauen und wollte protestieren.

„Herr Kommissar, ich bin mir nicht sicher, ob es gut ist, dass die Polizei sich jetzt einmischt." Pfarrer Jan verstand Nina sofort.

„Was heißt hier einmischt? Wir sind dazu da, um Verbrecher zu überführen."

„Welche Verbrecher? Die zwei alten Frauen? Machen Sie sich nicht lächerlich. Ich bitte Sie."

„Jungs, Ruhe!", Nina lachte auf. „Das ist ja lustig, wenn ein Pfarrer und ein Polizist miteinander streiten."

Beide Männer räusperten sich. Nina setzte fort:

„Dirk, du willst doch nicht ernsthaft diese zwei Omas verhaften? Bedenke die Reaktion der Menschen im Ort. Ich weiß, du bist Polizist und es gehört sich so. Wir müssen aber in diesem Fall einen anderen Ausweg suchen. Es ist immer noch nicht öffentlich geworden, dass die Reliquien gestohlen wurden, und dabei muss es bleiben. Außerdem wissen wir nicht, inwieweit die beiden Frauen in diese Sache verwickelt sind. Wir wissen nur, dass sie wissen, wo die heiligen Stoffe sind."

„Ist das nicht genug? Sie hätten sie längst zurückgeben sollen", empörte sich Pfarrer Jan.

„Ja, das sind aber alles unsere Vermutungen."

„Wo ihr recht habt, habt ihr recht. Aber was wollt ihr eigentlich?", fragte Dirk verärgert.

„Wie, was wir wollen? Das ist doch sonnenklar!", rief Pfarrer Jan aus. „Die Heiligtümer möchte ich sofort zurück haben! Das steht außer Frage. Darüber will ich nicht einmal verhandeln."

„Darüber will auch niemand verhandeln. Doch wir müssen einen Weg finden, wie wir die Omas überführen, die Reliquien zurückbekommen und die Welt nichts davon mitkriegt. Und wenn das klappt, müssen Sie sich wieder was einfallen lassen für die Presse." Nina lächelte Pfarrer Jan verschmitzt an.

„Warum? Und warum soll die Presse etwas darüber erfahren?" Dirk verstand nichts.

„Das erzähle ich dir später", entgegnete sie.

Eine Stille legte sich über den Raum. Sogar Frau Matzke schwieg. Dafür atmete sie so schwer, dass Pfarrer Jan ein paarmal besorgt zu ihr rüberblickte.

„Ich hab's!", rief sie plötzlich aus. Alle sechs Augen richteten sich auf sie.

Ihre Stunde war endlich gekommen.

54_ KAPITEL

Erwin wollte einfach nicht glauben, dass der Trödler die Stoffe nicht mehr hatte. Der Mann wollte ihm bestimmt nur eins auswischen.

„Ich gehe noch mal hin", beschloss Erwin. „Und wenn er nicht da ist, schaue ich mich eben selber um."

Und jetzt, als Elke ihm noch die Aufforderung des Kommissars weitergegeben hatte, war sich Erwin sicher, dass er zu Classen hingehen musste. Er wollte nicht mit leeren Händen bei der Polizei erscheinen.

Diesmal brauchte Erwin niemanden nach der Adresse zu fragen. Er lief auch einen anderen Weg nach Kornelimünster, nicht durch den Ort, sondern hintenrum. So erreichte er Classens Haus, ohne jemandem zu begegnen.

Er klopfte leise, doch niemand antwortete. Dann klopfte er noch einmal, etwas lauter. Keine Antwort. Er stieß die Tür auf und trat ein.

„Hallo?"

Kein Laut, kein Geräusch antwortete ihm. Vorsichtig schaute sich Erwin um, dann suchte er hinter und unter einer Bank, den vielen Kartons, Kisten, einfach überall. Die bekannte Plastiktüte konnte er trotzdem nicht finden.

Resigniert setzte er sich auf einen Schemel neben dem Fenster. Auf einmal zuckte er zusammen. Zwei Stimmen waren zu hören. Sie näherten sich dem Haus. Erwin erstarrte.

„Ja, ja. So ist es. Und jetzt ist er tot. Der arme Classen. So ein armseliges Leben."

„Na ja, vielleicht ist es auch besser für ihn. Was hatte er schon von diesem Leben?", erwiderte eine andere Stimme. Sie gingen am Haus vorbei Richtung Ortskern.

Classen war tot? Oh Gott! Hoffentlich hatte ihn, Erwin, niemand hier gesehen. Nicht, dass die Leute denken ... Erwin begann heftig zu schwitzen. Warum musste ihm das passieren? Er war doch kein schlechter Mensch. Warum gerade ihm?

Nachdem er sich etwas beruhigt hatte, öffnete er vorsichtig die Tür und schaute hinaus. Niemand war zu sehen. Erwin schlich aus dem Haus und lief hastig weg, weg von hier. Er hatte genug gehört und gesehen. Nur, wohin jetzt?

55_ KAPITEL

Frau Möllen und Frau Schmitz schwiegen auf dem Rückweg, jede mit ihrer eigenen Wut beschäftigt. Keine hatte es ausgesprochen, aber es war ihnen klar, dass sie reden mussten, und zwar nicht in der Öffentlichkeit. Sie steuerten das Haus von Frau Schmitz an. Sie öffnete, immer noch schweigend, die Haustür und ging vor. Frau Möllen folgte ihr. Sie hängten ihre Mäntel und Hüte an der Garderobe und gingen ins Wohnzimmer. Erst dort holte Frau Möllen Luft.

„Nein Martha, bitte. Zuerst ich", sagte Frau Schmitz und blieb direkt vor ihr stehen. Frau Möllen hielt den Atem kurz an, sah Frau Schmitz erstaunt an und – und setzte sich auf das Sofa.

„Nun gut. Sprich", forderte sie sie auf.

Frau Schmitz fühlte sich sehr unwohl, als sie zum Reden ansetzte.

„Martha, ich weiß, dass ich nicht immer den Mund halten kann und viele Dinge falsch mache. Aber jetzt, denke ich, haben wir diesmal beide etwas Fürchterliches getan."

„Und was haben wir denn Fürchterliches getan?"

„Hast du das gar nicht mitgekriegt, dort oben auf dem Friedhof?"

„Du meinst, wie du uns verraten hast?", Frau Möllen verschaffte sich etwas Luft mit diesem Vorwurf, der Druck ließ nach, und es ging ihr direkt ein bisschen besser.

„Martha! Lass es mit den Gehässigkeiten!"

„Ich, ich bin gehässig?"

„Wir haben eine große Sünde begangen", sagte Frau Schmitz und wurde ernst.

„Ach", entgegnete Frau Möllen unbekümmert.

„Die Matzke sagte das doch. Hast du das nicht gehört?"

„Und deswegen hast du den Schluckauf bekommen?", Frau Möllen lächelte gequält, und merkte, wie sich ihre Nackenhaare plötzlich aufstellten.

„Ich dachte, ich sterbe dort vor Angst. Und dich lässt das alles kalt?"

Frau Möllen schwieg und überlegte. Es würde doch alles bald vorbei sein. Sie hatten die Reliquien gerettet und wollten sie schon morgen zurückgeben. Es war ja nichts Weiteres passiert, rekapitulierte sie in Gedanken.

„Martha. Überleg doch mal. Wir haben die Reliquien Classen abgekauft. Und jetzt ist er tot. Und unsere Träume. Hast du die vergessen?! Es ist ein Fluch, glaub mir. Es ist ein Fluch!"

Frau Möllen sprang auf:

„Ein Fluch? Bist du von Sinnen? Wo leben wir hier? Im Mittelalter?", empörte sich Frau Möllen, obwohl sie fühlte, dass sie nicht mehr so fest davon überzeugt war, das Richtige getan zu haben. „Ein Fluch!", wiederholte sie entrüstet und setzte sich wieder.

„Martha, ich sage dir. Ich will mit den heiligen Stoffen nichts mehr zu tun haben. Sie sollen bleiben, wo sie sind."

„Zu spät. Wir müssen sie zurückbringen. Das ist jetzt unsere Aufgabe." Frau Möllen versuchte überzeugend zu klingen. Sie musste jetzt Stärke zeigen, sonst würde Hilde womöglich etwas Unüberlegtes tun. Wieder mal. „Außerdem bedenke auch das – vielleicht ist eben das unsere Rettung." Diese Argumentation erschien ihr am besten.

„Rettung wovor?!"

„Na, vor dem Fluch!"

„Meinst du? Oh Gott! Vergib mir meine Schwächen, lieber Gott", Frau Schmitz faltete ihre Hände zum Gebet.

„Reiß dich zusammen, Hilde. Beten ist nicht genug."

„Ich bete, wann und wenn ich will", protestierte Frau Schmitz.

„Betest du denn nicht?"

„Natürlich tue ich das, aber nicht in solchen Situationen wie diese. Jetzt müssen wir nur einfach durchhalten und morgen vor der Messe Pfarrer Jan die Reliquien zurückgeben. Das ist alles."

„Ist das wirklich alles?", ungläubig schaute Hilde sie an. „Ich bin mir da nicht so sicher. Ich habe Angst, Martha."

Frau Möllen stand auf und machte Anstalten zu gehen.

„Du gehst doch jetzt nicht, oder? Lass uns reden. Ich will jetzt nicht alleine bleiben."

Frau Schmitz war völlig aufgelöst. Die ganze Zeit dort oben auf dem Friedhof hatte sie sich, abgesehen von dem fürchterlichen Schluckauf, gehalten, aber jetzt verlor sie die Beherrschung. Frau Möllen sah es ihr an und hatte plötzlich Mitleid mit ihrer Freundin.

„Na gut. Dann hol erst einmal deinen Holunderlikör", sagte sie und setzte sich wieder.

Frau Schmitz atmete erleichtert auf und ging zur Kommode. Sie holte wie immer zwei kleine Likörgläschen und die Karaffe mit dem Eifeler Holunderlikör heraus, füllte die Gläser und reichte eines Frau Möllen. Diese stand auf und streckte die Hand mit dem Gläschen aus. Sie prosteten einander schweigend zu und leerten ihre Gläser.

„Noch eins, Hilde."

„Gerne. Das tut uns gut."

Frau Schmitz wiederholte das Prozedere. Und wieder prosteten die Damen einander schweigend zu.

„Noch eins, Hilde."

Frau Schmitz hielt kurz inne.

„Wollen wir etwa die Karaffe leer trinken?"

„Geiz nicht. Die nächste Flasche besorge ich. Mir ist jetzt einfach danach."

„Gut. Dann wollen wir mal", und man hatte nicht den Eindruck, dass Frau Schmitz gegen ihren Willen handelte. Sie füllte die Gläschen wieder und setzte sich diesmal zu Frau Möllen auf das Sofa. Die Karaffe stellte sie in Reichweite auf den Beistelltisch.

„Ach Martha, nur bis morgen", begann sie. „Nur bis morgen müssen wir warten. Dann ist es vorbei. Dieser ganze Spuk mit den Reliquien, mit dem Fluch und überhaupt."

Sie hickste leise. Frau Möllen sah sie prüfend an.

„Was für ein Spuk? Alles wird gut. Aber stell dir vor, wie wir die Stoffe vor Pfarrer Jan ausbreiten. Der wird staunen, was?"

„Vor allem wird er sich freuen, dass er sie unversehrt zurückbekommen hat. Er wird sich sicher auch Sorgen darüber gemacht haben, ob sie denn nicht zerstört wurden." Frau Schmitz lächelte selig. Sie schwang ihren Oberkörper zur Seitenlehne und griff nach der Karaffe.

„Noch eins?"

Frau Möllen nickte. Und wieder füllten sich zwei Gläser mit der klaren, süßen Flüssigkeit. Und wieder prosteten sich die Damen schweigend zu und leerten die Gläschen auf ex. Frau Schmitz schmatzte und lächelte versonnen. Der Alptraum, der wieder kurz in ihrer Erinnerung geisterte, entschwebte nun vollends.

„Ich freue mich richtig auf morgen", riss Frau Möllen sie aus ihrem Tagtraum. „Morgen wird sich alles ändern. Wir werden endlich wieder wer. Ja!" Sie begann, laut schmatzend, die Innenwand des Likörgläschens abzulecken. Frau Möllen hatte eine erstaunlich lange Zunge.

Frau Schmitz störte das Schmatzen ihrer Freundin nicht. Zum ersten Mal gönnte sie ihr dieses undamenhafte Benehmen. Sie gähnte – und hickste wieder. Ihre Augen brannten, die Lider wurden schwer, sie lehnte sich auf dem Sofa zurück. Stille legte sich um sie wie ein unsichtbarer Arm.

56_ KAPITEL

„**Hallo Nina.** Hier ist Elke."

„Hallo. Wie geht es dir?"

In Elkes Stimme hörte sie Angst oder Sorge.

„Nicht besonders. Erwin ist verschwunden und ich weiß nicht, wo er ist. Dein Freund, der Kommissar ..."

„Er ist nicht mein Freund", unterbrach Nina sie scharf.

„Ist schon gut. Also der Kommissar sagte ja, dass er sich bei ihm melden sollte. Das wäre besser für ihn. Aber er ist seitdem nicht mehr zu Hause gewesen. Ich mache mir Sorgen um ihn."

„Kennst du denn seine Freunde? Vielleicht wissen sie mehr?"

„Nein. Das heißt, ich kenne nur zwei. Die wissen aber nichts – oder wollen mir nichts sagen."

„Das sieht tatsächlich nicht gut aus. Hoffentlich ist ihm nichts passiert."

„Hör bloß auf. Daran darf ich nicht einmal denken, sonst wird mir schlecht."

„Na gut, aber was können wir jetzt machen?" Nina überlegte kurz. „Elke. Weißt du, was er mit den Stoffen machen wollte? Vielleicht verkaufen?"

„Jetzt, wo du es sagst. Er erwähnte es. Ach nein, er meinte, er wolle die Silber verkaufen, von den Stoffen sprach er nicht dabei. Aber wer weiß, vielleicht hat er auch daran gedacht."

„Schwierig, schwierig. Denk jetzt ganz genau darüber nach. Wenn er sie verkaufen wollte, zu wem wäre er hingegangen?"

„Er sprach hin und wieder von einem Jupp, aber ich weiß nicht, wo er wohnt. Aber warum kommst du jetzt gerade darauf?"

„Vielleicht weiß der mehr. Erwin wird ihm wohl am meisten vertrauen, oder?"

„Wäre möglich. So habe ich das noch nie gesehen."

„Nun gut. An dieser Stelle werde ich wohl – wie du sagst – meinen Freund, den Kommissar, einschalten, wenn du erlaubst."

„Lass uns bitte noch bis heute Abend abwarten. Wenn Erwin nicht zurückkommt, sage ich dir Bescheid. Dann kannst deinen Polizisten informieren. Hauptsache, Erwin ist nichts passiert."

„Gut. Kommst du morgen mit nach Kornelimünster?"

„Warum?"

„Zum Gottesdienst. Die Heiligtumsfahrt beginnt."

„Ja, ich komme mit, falls nichts Schlimmes mit Erwin passiert ist. Ach, ich darf erst gar nicht daran denken. Ich möchte die Reliquien auch einmal sehen, aber wie wird das Ganze ablaufen, wenn sie sie nicht haben?"

„Pfarrer Jan hat sich etwas Besonderes einfallen lassen. Du wirst staunen, aber ich werde dir jetzt nichts verraten."

„Ach, weißt du. So lange kann ich noch warten."

„Dann bis morgen, Elke." Nina legte auf und seufzte. Arme Elke, dachte sie. Mit einem solchen Freund zu leben ist sicher nicht einfach. Dann wanderten ihre Gedanken zu Alex und sie war sich nicht mehr sicher, ob sie es einfacher hatte.

57_ KAPITEL

„Guten Morgen." Alex kam zurück ans Bett und schaute auf Nina herunter. Früher hätte er sie mit einem Kuss geweckt. Jetzt war er verunsichert. Ihr letztes Gespräch war nicht gerade eine friedliche und alles klärende Unterhaltung gewesen. Eigentlich hatten sie gar nichts geklärt.

„Guten Morgen", Nina streckte sich kurz. „Wie spät ist es?"

„Es ist acht. Wir schaffen es noch."

„Wir? Möchtest du mitkommen?" Nina staunte über seine Entscheidung, kommentierte sie aber nicht.

„Darf ich denn?"

„Warum nicht?"

Nina sprang aus dem Bett und ging ins Bad. Sie wunderte sich, warum Alex plötzlich so interessiert war. Vielleicht lag es aber einfach nur daran, dass er sowieso schon in die Sache involviert war und ihn die Heiligtumsfahrt zumindest in diesem Fall interessierte. Sie glaubte nicht an Alex' plötzliche Verwandlung.

„Es wird dich aber nicht stören, dass der Polizist dabei ist, oder?", fragte sie am Frühstückstisch.

„Nein, warum denn?" Alex merkte, dass ihn etwas beim Schlucken hinderte. Seine Kehle verengte sich.

„Ich wollte es nur gesagt haben. Die Geschichte ist noch nicht ausgestanden."

„Ähm?", hüstelte Alex. Er fühlte sich zunehmend unwohl. Wollte die Polizei noch etwas von ihm? Er hatte versprochen, bis zur Gerichtsverhandlung in der Stadt zu bleiben. Sie wollten ihn doch nicht noch einmal vernehmen?

Nervös sammelte er Brotkrümel mit dem Finger vom Tisch und leckte ihn ab.

„Alex, was ist?" Nina merkte seine Unruhe.

„Nichts. Habt ihr die Reliquien nun gefunden?"

„Wir fahren mit meinem Auto." Nina ignorierte seine Frage. Das hätte sie ihm normalerweise schon längst gesagt. Aber jetzt war einiges anders gekommen.

„Man kennt mein Auto mittlerweile in Korneli, also müssen wir nicht an jeder Absperrung Erklärungen abgeben. Außerdem möchte ich einen anderen Weg fahren, damit wir mit dem Wagen näher an die Kirche herankommen. So, zieh dir was Ordentliches an, wir gehen in ein Gotteshaus."

Alex schaute sie beleidigt an:

„Was soll das nun wieder? Meinst du, ich habe keine Ahnung, wie man sich an Feiertagen kleidet?"

„Ich wollte nur sicher gehen, dass du das nicht vergessen hast", sagte Nina und stand auf. Sie wollte jetzt keine Diskussionen, keine Erklärungen. Heute sollte die Reliquiengeschichte ihr Ende finden, und das war für Nina im Moment am wichtigsten.

Sie ging ins Schlafzimmer und machte die Tür des Kleiderschranks auf. Sie wollte sich heute feierlich anziehen. Es war so wie in Polen, wo sich Menschen für die Sonntagsmesse immer herausputzten. Sie hatte das schon immer schön gefunden. Und heute war ein wichtiger Tag. Sie holte aus dem Schrank ein dunkles einfaches, aber ihre Figur schön betonendes Kleid heraus. Dazu nahm sie Schuhe auf höheren Absätzen mit einer dezenten Schmuckklammer am Riemen, die die Aufmerksamkeit von ihren Fesseln ablenken sollte. Sie zog sich an und schaute prüfend in den Spiegel. Ja, sie war mit ihrem Aussehen zufrieden.

Auch Alex warf sich in Schale, wie sie ihn schon lange nicht gesehen hatte. Statt einer Jeans trug er eine schwarze Hose, dazu ein Hemd und eine leichte Lederjacke, und endlich mal kein Sweatshirt.

„Wow, du siehst heute ausgesprochen gut aus", sagte sie anerkennend.

Alex tat, als würde ihn diese Bemerkung nicht freuen, aber sie
sah, wie seine Mundwinkel kaum merklich erzitterten.

Nina seufzte und senkte den Blick. Es gefiel ihr nicht, was in der
letzten Zeit zwischen ihnen passiert war. Sie wusste nicht mehr, wo
sie mit ihren Gefühlen stand. Und jetzt stand Alex da, bereit mit ihr
zu der Heiligtumsfahrt zu gehen, und blickte traurig drein. Sie ging
einen Schritt auf ihn zu, doch dann blieb sie stehen, drehte sich um
und tat so, als suche sie ihre Tasche. Nein, sie konnte ihm nicht mehr
in die Augen schauen. Nichts war mehr wie früher.

58_ KAPITEL

Frau Schmitz wurde durch ein heftiges Donnern an der Tür geweckt. Sie öffnete die Augen und hob leicht den Kopf. „Aua!", sie fasste sich an die Stirn. Auch dahinter donnerte es. Nicht so laut, aber umso schmerzlicher. Sie fiel aufs Bett zurück. Das Donnern und Klingeln wollte nicht aufhören und machte sie nervös.

„Was ist da passiert?" Sie suchte verzweifelt nach ihren Hausschuhen, die für gewöhnlich vor dem Bett zu stehen hatten. Sie fand sie aber nicht, ging also barfuß zur Tür und öffnete sie. Frau Möllen schob ihre Freundin beiseite und fiel ins Haus, mit einem wilden Blick in den Augen.

„Hilde! Was soll das? Warum bist du noch nicht fertig? Wie müssen los!" Sie lief nervös auf und ab.

Frau Schmitz wurde schwindelig. Sie zog es vor, sich hinzusetzen. Sie schaute sich um, als ob sie ihre Wohnung nicht wieder erkennen konnte.

„Martha, bitte. Nicht so laut, nicht so schnell und nicht so viel reden auf einmal. Ich vertrage es nicht." Endlich fand sie den Sessel und plumpste schwer hinein.

„Nicht hinsetzen! Aufstehen und anziehen. Wir müssen gehen. Es ist spät, Mädchen. Sonst schaffen wir es nicht."

Frau Schmitz versuchte aufzustehen, aber es klappte nicht.

„Na komm schon", Frau Möllen griff nach ihrem Arm, packte sie unter die Schulter und versuchte sie zu heben, aber Frau Schmitz rutschte ihr aus den Händen. Sie war kraftlos und schlapp.

„Hilde, reiß dich zusammen. Wir müssen da jetzt durch. Komm!", forderte Frau Möllen sie auf.

„Ja, ja, bitte. Nur nicht so schnell. Ich mache ja schon", und Frau Schmitz verschwand im Bad.

Frau Möllen ging in die Küche und kochte erst einmal einen starken Kaffee. Dann goss sie ihn in zwei Tassen. In ihre Tasse tat sie nur Milch, dafür warf sie in die von Frau Schmitz vier Zuckerwürfel. Der durch eine zu große Menge Alkohol geschockte Körper brauchte jetzt einfach nur Zucker, und zwar viel. Alte Hausfrauenmethoden halfen immer wieder.

Als Frau Schmitz aus dem Bad heraus kam, erschien sie Frau Möllen wie ein Häufchen Elend. Ihr Gesicht war blass, ihre Augen wirkten eingefallen, umrahmt von dunklen Ringen. Ein leichter Anflug von Mitleid streifte ihr Gewissen, doch sie hatten noch etwas zu erledigen.

„Ich muss etwas trinken. Mir ist sehr komisch."

„Hier." Frau Möllen reichte ihr die Kaffeetasse. Hilde trank einen Schluck und keuchte:

„Was ist das denn?! Ich trinke Kaffee doch nur mit einem Würfel. Der ist ja ekelhaft. Bäh!"

„Trink!", sagte Frau Möllen. „Er wird dir gut tun."

„Aber warum?"

„Weil du gestern zu viel Alkohol getrunken und heute einen mächtigen Katzenjammer hast. Darum." Ein süffisantes Lächeln konnte sich Frau Möllen doch nicht verkneifen.

„Ich? Ich habe Alkohol getrunken? Das tue ich doch nie." Nein, Frau Schmitz konnte sich überhaupt nicht daran erinnern, jemals zu viel Alkohol getrunken zu haben. Das war gar nicht ihre Art.

„Doch. Gerade gestern. Aber jetzt mach schnell. Wir haben noch unsere Aufgabe zu erfüllen."

„Welche Aufga...?", ihre Stimme erstickte unter dem strengen Blick ihrer Freundin. „Ich gehe ja schon", und sie steuerte das Schlafzimmer an.

Frau Möllen folgte ihr sicherheitshalber. Die Wahrscheinlichkeit war nicht gering, dass sie sich wieder ins Bett legen würde.

„Hilde! Zieh dich doch endlich an!" Ihr Geduldsfaden riss gerade mit einem mächtigen Krach.

Mit größter Mühe sammelte sich Frau Schmitz und zog sich wortlos an. Dann frisierte sie, so schnell es ging, das Haar und setzte eines ihrer kleinen Hütchen auf. Dann prüfte sie noch eingehend die Farbe der Handschuhe, ihre Brille hatte sie gestern Abend irgendwo verlegt.

Frau Möllen trat indessen von einem Fuß auf den anderen und hüstelte hin und wieder. Nur so gelang es ihr, nicht wieder zu explodieren. Dann verließen die beiden Frauen die Wohnung, und Frau Schmitz steuerte die Propsteikirche an.

„Wohin denn?!"

„Wie: wohin denn? Zur Kirche!"

„Hast du denn alles vergessen? Zuerst in die Antoniuskapelle. Marsch!", maßregelte Frau Möllen sie.

Der Ort war voller Menschen und alle gingen in die entgegengesetzte Richtung als die beiden Frauen – zum Korneliusmarkt, in die Kirche. Alle waren feierlich gekleidet. Die Glocken läuteten, manche Pilgergruppen sangen fromme Lieder, die anderen Menschen wiederum redeten leise miteinander. Diese Klangkulisse irritierte die erschöpfte Frau Schmitz. In ihrem Kopf dröhnte es, und sie schnaubte schwer.

Niemand schenkte den zwei Frauen Aufmerksamkeit, die langsam zur Antoniuskapelle gingen. Kurz davor blieben sie stehen, und Frau Möllen holte aus ihrer Tasche den Kapellenschlüssel.

„Warte hier", sagte sie und öffnete die Tür. Sie schaute sich um und ging schnell hinter den Altar.

Nachdem sie das Brett zur Seite geschoben hatte, holte sie das Köfferchen heraus. Sie atmete erleichtert auf. Alles war in bester Ordnung. Schnell verließ sie die Kapelle und schloss die Tür ab.

„Komm, vielleicht schaffen wir es noch."

Sie zog Frau Schmitz förmlich am Arm, damit diese beschleunigte, aber es war nichts zu machen. Sie konnte aber einfach nicht schneller gehen. Ihr wurde schlecht. Ihr war schwindelig, und ihr Kreislauf sackte mit jedem Schritt tiefer.

„Lass mich doch. Ich kann nicht mehr", sagte sie mit schwacher Stimme.

„Komm, es ist nicht mehr weit."

„Ich kann nicht. Langsam, langsam, bitte."

Frau Möllen sah sie an und merkte, dass ihre Lippen Farbe verloren hatten. Sie fürchtete, dass ihre Freundin mitten auf der Straße kollabieren könnte.

„Gut, lass uns kurz halten. Setz dich hierhin. Schau mal", sie zeigte auf eine Bank am Bürgersteig.

„Oh, ja", seufzte Frau Schmitz und plumpste schwer auf die kleine Holzbank, so dass die Bretter ächzten.

Sie waren sehr, sehr spät dran. Eigentlich fast schon zu spät, und Frau Möllen betete, ja, sie betete inbrünstig, dass Pfarrer Jan durch etwas gehindert werden würde, pünktlich die Sakristei zu verlassen. Sie drückte den Henkel ihres Köfferchens so fest zusammen, dass er tiefe Abdrücke in ihrer Hand machte. Sie schmerzten, doch sie nahm den Schmerz nicht wahr. Dieser ganze Plan erschien ihr plötzlich nicht mehr so wunderbar und so spektakulär wie am Anfang. Doch nun gab es keine Umkehr mehr. Nach zwei Minuten standen beide auf und setzten ihren beschwerlichen Gang fort. Als sie den Korneliusmarkt erreichten, wusste Frau Möllen schon, dass das am meisten Befürchtete eintrat: Sie waren zu spät. Frau Möllens Herz raste vor Angst. Das hatte sie allerdings nicht vorhersehen können. Und sie hatte leider keinen Plan B.

59_ KAPITEL

Nina fuhr den Umweg über Breinig nach Kornelimünster. So erreichte sie den Ort über die Breiniger Straße, den Schildchenweg und dann über die Dorffer Straße, an dem Friedhof und an der Kirche St. Stephanus auf dem Berg vorbei, dann fuhr sie herunter bis zum Parkplatz am Abteigarten. Die Polizisten waren wohl von Dirk angewiesen worden, denn sie winkten sie durch. Am Parkplatz angekommen, stellte sie den Motor ab.

„Hallo, da bist du ja. Guten Morgen!", hörte sie hinter sich Dirks Stimme. Sie drehte sich um und legte schützend die Hand an die Stirn. Die Sonnenstrahlen blendeten sie.

„Wow!", Dirk rief voller Anerkennung aus – beherrschte sich aber schnell, doch seine Begeisterung für Ninas Outfit war nicht zu übersehen.

„Hallo! Guten Morgen!"

Sie atmete erleichtert auf, dass sie ihn in der Menge nicht suchen musste und lächelte ihm zu. Dann drehte sie sich zu Alex um:

„Das ist ... ähm, ja, ihr kennt euch ja bereits", sie hielt inne und blickte zur Seite.

„Hallo", hüstelte Alex – und ließ seine Hand in der Hosentasche stecken.

„Hallo." Auch Dirk verhielt sich gegenüber Alex sehr zurückhaltend. Ihre Angelegenheit war noch nicht ausgestanden.

„Kommt", wandte sich Dirk Nina zu. „Wir müssen uns beeilen, gleich beginnt der Gottesdienst, und dann kommen wir nicht mehr rein. Es ist jetzt schon voll."

Er führte die beiden in die Kirche. Sie mussten sich den Weg durch die Menschenmenge erkämpfen. Dirk schien die Lage bereits erkundet zu haben, denn er steuerte zielsicher eine Stelle sehr weit vorne neben dem Altar an.

„Oh, sitzen wir heute in der ersten Reihe?", lachte Nina.

„Nein. Die ist für die Honoratioren reserviert. Aber auch wir haben gute Plätze, nur halt etwas im Hintergrund. Denk daran, warum wir hier sind."

„Ist schon gut", sagte sie. Sie ließ sich aber die Freude nicht nehmen, endlich diesem feierlichen Gottesdienst beizuwohnen. Sie schaute sich aufmerksam um, betrachtete die Kirche, die nun nicht mehr so düster und verlassen wirkte wie bei ihren letzten Besuchen. Im Gegenteil, sie war hell erleuchtet, voller Menschen, die aufgeregt, aber doch andächtig auf den Beginn des Gottesdienstes warteten. Die alte Truhe mit den Reliquien stand links vom Altar. Nina lächelte in sich hinein.

„Woran denkst du?", hörte sie Dirks Stimme.

„Woran ich denke? Dreimal darfst du raten."

„Ist mir schon klar. Du guckst ja ständig zu der Truhe hinüber, als ob du prüfen wolltest, ob die Reliquien wirklich da drin liegen."

„Ich bin echt gespannt, was passiert. Von dem Gottesdienst mal abgesehen. Ich war noch nie dabei."

„Und noch nie war der Gottesdienst so spannend wie heute. Wenn auch nur wenige darüber Bescheid wissen."

„Apropos spannend, wo ist Frau Matzke?", fragte Nina.

„Die sitzt weiter hinten. Sie wollte sich nicht vordrängen, sagte sie. Aber ich denke, sie will den Überblick behalten."

„Das kann ich mir gut vorstellen. Von dort wird sie die zwei Frauen besser beobachten können. Die ist eine echte Kämpfernatur."

Dirk schmunzelte bei der Erinnerung an das gestrige Gespräch mit Frau Matzke. Sie wollte das Ganze, was heute noch passieren würde, auskosten – bis zum letzten Tropfen. Nichts wollte sie sich entgehen lassen, und – davon war er überzeugt – sie wusste, wovon sie sprach. Sie musste die beiden Frauen wirklich gut kennen.

„Hast du vielleicht Elke gesehen?" Nina machte sich Sorgen um ihre neue Freundin.

„Nein. Sollte ich?"

„Sie sagte mir, sie wollte kommen. Für sie ist der heutige Gottesdienst auch von besonderem Interesse. Obwohl ihre Gründe – sagen wir mal – etwas anderer Natur sind als unsere. Sie tut mir wirklich leid."

„Ja", gab Dirk zu. „Mir auch. Aber sie ging zu leichtsinnig mit der Beute ihres Freundes um." Dirk sah zu Alex hinüber.

Alex sah seinen Blick nicht direkt, aber er musste ihn gespürt haben, denn er starrte verkrampft nach vorne. Nina merkte, dass sich etwas zwischen beiden Männern abspielte. Sie wollte etwas Beruhigendes zu Alex sagen, als die Glocken erklangen.

Die Tür zur Sakristei ging auf und Pfarrer Jan erschien.

60_ KAPITEL

Frau Matzke atmete tief durch und rutschte hin und her auf ihrem Platz. Sie konnte nicht ruhig sitzen bleiben, so sehr war sie darauf gespannt, wie es weitergehen würde. Ihre Aufregung hatte nichts damit zu tun, ob der Plan richtig durchdacht war. Sie wollte die beiden Frauen endlich mal da sehen, wo sie ihrer Meinung nach hingehörten: blamiert und verspottet. Vor allem Frau Möllen, diese aggressiv neugierige Alte, die ihre Nase immer in Angelegenheiten anderer steckte. Doch sie sah sie nicht in der Kirche. Das beunruhigte sie. Sollte sie ihre Absichten falsch interpretiert haben?

„Na, Frau Matzke!", riss sie die Stimme der Sitznachbarin aus den Gedanken. „Haben Sie unseren Pfarrer richtig auf die Heiligtumsfahrt vorbereitet? Ist ja seine erste."

„Wie meinen Sie das?"

„Sie sind eine erfahrene Haushälterin, seit Jahren im Haus unseres Pfarrers. Pfarrer Peter kannte sich in allem aus, Pfarrer Jan ist aber ganz neu dabei."

„Ach ja, das meinen Sie." Frau Matzke beruhigte sich. „Selbstverständlich. Es ist doch unsere Geschichte, die Geschichte von Kornelimünster. Da war es meine Pflicht, Pfarrer Jan in alles einzuweihen", nickte sie stolz mit dem Kopf.

„Genau", bestätigte die Nachbarin. „Suchen Sie jemanden?"

„Ich? Nein. Wen sollte ich denn suchen?" Gekonnt spielte sie die Verwunderte, aber ihr Herz begann schneller zu schlagen.

Immer wieder schaute sie sich um, als die Glocken läuteten und sie weder Frau Schmitz noch Frau Möllen sichtete. Sie schnaubte, als sie sich von ihrer Bank erhob.

Der Gottesdienst begann.

Frau Möllen kämpfte sich tapfer durch die Menschenmenge, ihre Freundin im Schlepptau. Frau Möllens Gesichtsausdruck ließ die Menschen automatisch einen schmalen Spalt freimachen, damit sie hindurch konnten.

„Wir sind gleich da, Hilde, wir sind gleich da. Halte durch!"

Doch Hilde schaute nur geistesabwesend vor sich hin. Ihre Augen waren zwar offen, aber sie sahen nichts. Ihr Atem wurde immer schwerer, sie rang nach Luft, bald würde sie in Ohnmacht fallen. Warum hatten sie das getan? Sie würden jetzt dafür bestraft werden! Frau Schmitz ergriff eine große Angst.

„Noch ein paar Schritte, Hilde. Gleich ist es vorbei", hörte sie Frau Möllen keuchen. Aber es wollte nicht enden.

Der Gottesdienst näherte sich seinem Ende. Gleich würde Pfarrer Jan die Truhe öffnen, um die Reliquien herauszunehmen und hochzuheben, damit alle sie sehen konnten. Das war der Moment, in dem sich Frau Möllen einschalten wollte – nachdem ihr klar geworden war, dass sie ihren ursprünglichen Plan nicht umsetzen konnten. Nina sah die beiden Frauen, wie sie sich dem Altar näherten, langsam, mühevoll pflügten sie sich durch die Menschenmassen. Frau Möllen vorneweg und hinter ihr Frau Schmitz. Nina erkannte sie an ihrem Hütchen, doch heute saß das Hütchen etwas verrutscht auf ihrem Kopf. Sie schien auch zu wanken, ihr Gang war unsicher. Nina dachte sich aber nichts dabei. Es war sehr schwül in der Kirche geworden, bei der großen Menschenmenge. Auch sie fühlte sich unwohl.

Und nun ging Pfarrer Jan an die Truhe und hob langsam den Deckel.

„Neeeeeein!"

Der Schrei von Frau Möllen hallte nach. Ein Raunen ging durch die Menge. Manche standen auf und schauten nach vorne. Was war das? Was macht die hier? Ist sie verrückt geworden? – Nina hörte entsetzte Stimmen um sich herum. Auch sie und Dirk sprangen auf. Was war da vorne passiert?

Frau Möllen hob ihr Köfferchen und stürzte in Richtung der Truhe – und Frau Schmitz fiel in Ohnmacht. Frau Möllen merkte es und blieb unentschlossen stehen. Sie wusste nicht, was sie jetzt tun sollte: zu ihrer Freundin zurückkehren und versuchen, ihr zu helfen, oder zu Pfarrer Jan, um ihm das Köfferchen zu übergeben.

Doch Pfarrer Jan beherrschte sein Amt perfekt. Er hob im selben Moment die Reliquien aus der Truhe und zeigte sie den Gläubigen, wie es die alte Zeremonie vorgesehen hatte. Frau Möllen fiel auf die Knie und begann zu schluchzen. Ihre ganze Spannung entlud sich jetzt in einem hemmungslosen Weinen. Niemand um sie herum wagte, auch nun einen Schritt auf sie zu machen. Sie beruhigte sich etwas und kroch auf den Knien zu ihrer Freundin zurück.

„Hilde, Hilde! Steh auf, was hast du?", schluchzte sie und gab Frau Schmitz eine leichte Ohrfeige. „Komm schon, Hilde!"

Diese öffnete die Augen und sah sie verwirrt an.

„Wo sind wir?", fragte sie mit schwacher Stimme.

„Wo schon? In der Kirche. Ist alles in Ordnung?"

Hilde lächelte und Frau Möllen seufzte erleichtert. Und schon eilten Nina, Dirk, Alex und noch ein Polizist in Zivil zu den beiden Frauen. Unterwegs gaben sie nur dem Pfarrer ein Zeichen, dass sie sich um alles kümmern würden. Sie führten die zwei Unglücklichen aus der Kirche hinaus und steuerten einen Notfallwagen an. Entsetzte Blicke begleiteten sich bis zum Ausgang. Pfarrer Jan blieb vor der Truhe stehen und setzte souverän die Zeremonie fort.

„Ein besonderer Tag, der Tag der Gnade ...", hörten sie ihn noch verkünden, während sie in den Wagen stiegen. Es wurde still um sie.

„Ich denke, es reicht, wenn wir die Beiden ins Pfarrhaus bringen. Wenn ich richtig liege, ist Frau Matzke auch schon auf dem Weg dorthin", sagte Kommissar Lobig.

Einer der Sanitäter machte den Mund auf, so einfach wollte er die beiden Frauen nicht aus seiner Obhut entlassen, aber Lobig sah ihn streng an. Doch dann nickte er zustimmend:

„Gut. Untersuchen Sie die Frau. Ich möchte sicher gehen, dass sie außer Gefahr ist."

Der Sanitäter nahm sich Frau Schmitz an. Sie atmete zwar schwer, aber ihr Puls stabilisierte sich bereits. Frau Möllen sah sie immer wieder besorgt an. Ihre Freundin war selten krank, und meistens waren es leichte Krankheiten wie Erkältungen. Sie erfreute sich eigentlich einer für ihr Alter erstaunlich stabilen Gesundheit. Mal davon abgesehen, dass sie sich von dem ersten Alkoholexzess in ihrem Leben noch nicht erholt hatte.

„Ist sie außer Gefahr?", fragte Lobig sicherheitshalber. „Ich möchte sie jetzt mitnehmen."

„Ähm, ja …", begann der Sanitäter.

„Ja oder ja?"

„Ja, sie ist in Ordnung, wenn auch etwas geschwächt. In ihrem Alter …"

„Wenn es nichts weiter ist – sie kann sich im Pfarrhaus erholen", unterbrach ihn Kommissar Lobig scharf.

„Nun gut. Sie können die Dame mitnehmen. Wenn es ihr aber nicht besser geht, sollte sie morgen zum Arzt gehen und sich noch mal untersuchen lassen."

„Junger Mann", Frau Schmitz sah den Sanitäter an. „Vielen Dank, dass Sie sich Sorgen um mich machen. Aber mir fehlt nichts. Wir können gehen."

Es ging ihr deutlich besser. Sie wollte nur weg von hier und sie las im Gesicht ihrer Freundin, dass sie derselbe Gedanke beschäftigte. Sie rutschte von der Trage und ließ sich von Kommissar Lobig beim Aussteigen helfen.

„Können Sie gehen?", fragte er sie.

„Ja", antwortete Frau Schmitz und hakte sich bei ihm ein.

Kommissar Lobig spürte, dass ihr Gang noch unsicher war und nickte den Polizisten herbei, der sie am anderen Arm ergriff. Die Gruppe steuerte das Pfarrhaus an.

61_ KAPITEL

„Elke."

Elke sprang vor Schrecken auf und drehte sich um. Hinter ihr stand Erwin. Er sah furchtbar aus, unrasiert, das Haar zerzaust, irgendwie verwahrlost.

„Erwin! Was machst du hier?"

„Es tut mir leid, Elke. Es tut mir furchtbar leid."

Sie wollte streng zu ihm sein, aber es klappte nicht. Sie ging auf ihn zu und berührte vorsichtig seine Wange.

„Ach, Erwin."

„Ich werde jetzt zu diesem Kommissar gehen. Ja?", wollte er sich noch vergewissern, dass er das Richtige vorhatte.

„Tu das. Es ist gut so. Ich werde auf dich warten, so lange wie nötig." Elke küsste Erwin auf die Wange und schubste ihn in Richtung Pfarrhaus.

Sie schaute ihm noch eine Weile nach, bis sich ihre Augen mit Tränen füllten.

62_ KAPITEL

Frau Matzke wartete bereits an der Tür und lächelte zufrieden.

„Gehen Sie durch, in den Garten. Dort stehen zwei Liegestühle. Und ich hole gleich ein paar Decken", sagte sie.

Beide Frauen wurden in den Garten geleitet und setzten sich auf die Liegestühle. Frau Möllen kam als erste zu sich, wischte sich aber hin und wieder Tränen vom Gesicht und schüttelte den Kopf. Ihre Freundin schwieg und hielt ihre Tasche fest mit beiden Händen. Nina versuchte vergeblich, ihr die Tasche aus den Händen zu nehmen, da sie die erschöpfte Frau mit einer warmen Decke zudecken wollte. Dann gab sie schließlich auf und deckte Frau Schmitz, zusammen mit der Tasche auf ihrem Schoss, mit der Decke zu.

Frau Matzke ging indessen in die Küche, um Teewasser aufzusetzen. Dirk schickte den Polizisten weg und setzte sich an den Gartentisch.

„So, jetzt müssen wir nur noch auf Pfarrer Jan warten."

„Mhm", antwortete Nina. „Das war echt eine Action."

„Worum geht es jetzt eigentlich?", fragte Alex Nina leise. Nicht leise genug.

Frau Matzke marschierte stolz mit einem Tablett in den Garten. Sie sah zu den beiden Frauen hinüber, die nun schweigend auf den Liegestühlen saßen, als warteten sie auf ein Urteil.

„So, so. Das wollen Sie wissen, junger Mann? Trinken Sie zuerst einen Tee."

Sie stellte das Tablett auf dem Tisch ab und goss Tee in Tassen. Dann reichte sie die Tassen zuerst den zwei alten Frauen, obwohl sie sich dazu sichtbar überwinden musste. Schließlich bekamen auch

Nina, Alex und Kommissar Lobig ihren Tee. Frau Matzke führte alle ihre Bewegungen sehr bedächtig aus, als wäre es ein Ritual. Sie brauchte Zeit, um ihre Gedanken zu sammeln. Überrascht stellte sie fest, dass sie auf einmal nicht wusste, wie sie anfangen sollte. Das alles war so aufregend, so spannend – und so verwirrend. Sie spürte, dass sie jene Person war, die den entscheidenden Beitrag zum Erfolg der Rettungsaktion der Reliquien geleistet hatte. Das erfüllte sie mit Stolz.

„Nun", sie setzte sich auf einen Stuhl und begann: „Ich glaube, wir alle wissen, wo sich die Reliquien befinden, und das ist das Wichtigste."

Sie sah Frau Möllen an, dann wanderte ihr Blick zum Boden unter dem Liegestuhl.

„Was haben Sie denn in Ihrem Köfferchen?", fragte Frau Matzke Frau Möllen und lächelte hämisch. Diese verdrehte die Augen, hob die Nase und wandte beleidigt den Kopf ab.

„Das hat Sie nicht zu interessieren", antwortete sie nach einer Weile.

„Warum nicht? – Da sich die heiligen Stoffe, wie wir nun alle gesehen haben, in der Kirche befinden", lachte Frau Matzke böse auf und verstummte.

Sie nahm einen Schluck Tee.

Frau Möllen fühlte sich unendlich gedemütigt, doch dieses Gefühl auch noch zu zeigen, würde für sie die absolute Niederlage bedeuten. Und diese Blöße wollte sie sich um nichts in der Welt geben. Da konnte die Matzke darauf warten, bis sie grün würde. Sie sammelte also ihre restliche Würde – und schwieg.

„Na gut", begann Nina. „Wir sind letztlich dahinter gekommen, wo die Reliquien waren und haben sie einfach umgetauscht, ohne dass die zwei Damen hier", sie zeigte mit dem Kopf auf Frau Möllen und Frau Schmitz, „es mitbekommen haben. Das Wichtigste ist, wie Frau Matzke schon sagte, dass wir die heiligen Stoffe wieder haben."

„Auch so hätten Sie sie bekommen. Wir wollten …", mischte sich Frau Schmitz plötzlich ein. Offenbar war sie bereits wieder im Vollbesitz ihrer geistigen Kräfte.

„Ach, wirklich?"

„Ja. Wir wollten sie heute zurückgeben", beendete sie ihren Satz.

„Reichlich spät, finden Sie nicht?"

„Aber passend", warf Frau Möllen ein.

„Für wen? Doch nicht für den Pfarrer, der sich aus schierer Verzweiflung die Haare aus dem Kopf gerissen hat."

„Wenn man vom Teufel spricht …!"

„Pfarrer Jan, was sagen Sie da?", Frau Matzke sprang auf, und bekreuzigte sich. Alle Augen richteten sich auf die Tür, in der nun der Geistliche erschien.

„Ist gut, Frau Matzke. Sie haben tatsächlich eine tolle Arbeit geleistet. Ohne Ihre Kenntnis des Lebens in Kornelimünster hätten wir es nie geschafft. Und die Blamage hätte fatale Folgen, deren Ausmaß wir uns lieber nicht vorstellen wollen, nicht wahr? Das wird Ihnen dort oben gutgeschrieben. Gar kein Zweifel." Pfarrer Jan kam in den Garten heraus und ging an den Tisch. „Welch ein Ereignis!", seufzte er und griff nach einer Tasse Tee.

„Oh, das tut jetzt gut."

„Ich habe es nicht deswegen gemacht", empörte sich Frau Matzke.

„Und warum dann?", fragte Pfarrer Jan.

„Weil es sich so gehört", sagte sie nicht ohne eine Spur Stolz.

„Aha. Und die Damen, wenn ich fragen darf? Was haben Sie dazu zu sagen?" Pfarrer Jan schaute die beiden Frauen streng an, und die Strenge war nicht gespielt.

„Wir hätten sie auch zurückgegeben, wenn man uns daran nicht gehindert hätte", sagte Frau Möllen verbittert.

„Warum fällt es mir nur so schwer, Ihnen zu glauben?", fragte Pfarrer Jan.

„Das müssen Sie mit sich selbst ausmachen." Frau Möllen ging in die Offensive.

„Ich muss gar nichts. Dafür wäre eine kleine Beichte vielleicht langsam fällig. Der liebe Gott weiß alles, und nur Er versteht Ihre Motive. Ob Er sie akzeptiert, weiß ich nicht, und nicht mir steht zu, darüber zu urteilen." Pfarrer Jan wurde ernst. „Aber eins weiß ich ganz genau. Ihr Verhalten hat mich mehr als enttäuscht. Ich hielt Sie für ehrliche und ehrbare Frauen, die sich gerne für die Kirche engagieren. Nur diese Zusammenarbeit habe ich mir anders vorgestellt."

Er hielt inne, dann trat er etwas näher an die beiden Frauen heran.

„Ich glaube, ich werde wohl in Zukunft auf Ihre Unterstützung völlig verzichten müssen."

„Das können Sie uns nicht antun!", rief Frau Schmitz erschrocken aus. Frau Möllen sah sie entsetzt an.

„Das kann ich wohl. Das wird Ihre Strafe sein. Und das verkünde ich sogar feierlich."

„Doch nicht von der Kanzel?", empörte sich nun Frau Möllen.

„Das ist keine schlechte Idee", überlegte Pfarrer Jan kurz und zwinkerte Nina zu. Frau Möllen lief rot an, sogar Frau Matzke begann sich unwohl zu fühlen.

„Ist schon, gut. Es war nur so ein Gedanke. Aber meine Entscheidung steht fest."

Frau Möllen und Frau Schmitz sackten in sich zusammen, als stünde ihnen die Hinrichtung bevor.

„Aber ohne uns hätten Sie die Reliquien gar nicht zurückbekommen", begann Frau Möllen plötzlich.

„Und warum das?", wunderte sich Pfarrer Jan ehrlich.

„Wir haben sie doch dem Classen abgekauft."

„Wem? Demselben Classen, der gerade beerdigt wurde?"

„Ja."

„Und woher hatte der die Reliquien?"

„Von einem Mann. Ich habe gesehen, wie er sie Classen verkauft hat. Und dann haben wir sie dem Classen abgekauft."

„Und warum …?"

„Wir wollten sie zum Beginn der Heiligtumsfahrt zurückgeben, aber …"

„Und ich beschäftige damit die halbe Polizei in Aachen!", rief Pfarrer Jan aus.

„Aber dann ist der Classen gestorben und wir dachten, es wäre die Strafe … Gottes", beendete sie und schnaubte laut.

Pfarrer Jan verdrehte die Augen.

„Und Sie dachten, jetzt käme die Strafe Gottes über Sie", sagte er und schmunzelte. So viel mittelalterliche Glaubensauffassung hatte er schon lange nicht erlebt.

„So ungefähr", Frau Möllen wollte es nicht ganz zugeben.

„Wir haben auch schon Alb…", begann Frau Schmitz.

„Hilde, sei still", maßregelte Frau Möllen sie. „Wir haben darunter gelitten und wussten einfach nicht, wie wir Ihnen die heiligen Stoffe zurückgeben sollten."

„Und wie wäre es mit Anklopfen, Reinkommen, Zurückgeben gewesen? Und zwar direkt danach!"

Frau Möllen und Frau Schmitz sahen einander an und seufzten gleichzeitig. Pfarrer Jan schüttelte nur den Kopf. Nina betrachtete die alten Frauen, erinnerte sich an ihr Gespräch auf dem Friedhof und fragte sich, was sie sich aus dieser spektakulären Übergabeaktion erhofft hatten – und plötzlich verstand sie es. Sie behielt es aber für sich.

„Und wie geht es jetzt weiter?", fragte sie.

„Die anderen bekommen ihren Anteil an Strafen. Aber das ist nicht mehr unsere Sorge. Dafür haben wir entsprechende Organe", sagte Dirk offiziell.

Alex schluckte laut. Dirk merkte es und lächelte schwach. Nina schaute Dirk an. Er hatte bisher viel Takt und Einfühlvermögen bei der Sache gezeigt, das fand sie bewundernswert. Dann schweifte ihr Blick über die anderen, bis er auf Alex fiel. Und sie empfand weder Freude über den glücklichen Ausgang der Geschichte, noch war sie froh, dass Alex hier zusammen mit ihr war. Alex saß da wie eine Figur, die zu diesem Spiel einfach nicht passen wollte. Ihr Handy klingelte. Sie schaute auf das Display und ging ins Haus.

„Nina, ich bin's, Elke. Erwin", sie hielt inne, „Erwin ist wieder da."

„Wo seid ihr?"

„Hier in Kornelimünster."

„Er soll sich stellen. Ist besser so. Für euch beide. Und besser heute als morgen. Wir sind im Pfarrhaus. Kommt ihr?"

„Aber ..."

„Nichts aber. Rette, was du retten kannst, wenn du es wirklich willst."

„Wie meinst du das?"

„Sag ihm, er soll hierher kommen."

Nina legte auf und kehrte in den Garten zurück.

„Was mache ich jetzt mit den zwei Damen?", fragte Dirk gerade.

Pfarrer Jan lächelte ihn an:

„Haben die ihre Strafe nicht schon bekommen?"

Dirk sah erstaunt auf Pfarrer Jan und dann zu Frau Schmitz und Frau Möllen hinüber. Sie blickten traurig drein und scharrten leise mit den Schuhen. Er nickte.

„Ja, ich denke schon. Kleine Sünden bestraft der liebe Gott sofort?" Und er lachte leise bei der Vorstellung, dass diese zwei Frauen unter jeder Strafe, die das deutsche Rechtssystem für solche Taten vorsah, weniger leiden würden.

„Und ..."

Das Klingeln an der Tür unterbrach Pfarrer Jan.

„Ich gehe schon", sagte Frau Matzke und verschwand im Flur.

„Wer kann das sein?, wunderte er sich.

Man konnte hören, wie Frau Matzke mit gewohnter Entschlossenheit versuchte, den Zugang zum Garten zu verteidigen. Diesmal vergeblich. Eine Männerstimme war zu hören.

„Ich habe ihm ja gesagt, jetzt ist kein passender Zeitpunkt …", begann sie, vor Empörung schnaubend.

„Sie hier?", rief Erwin aus, als er an der Türschwelle zum Garten erschien und Alex sah.

Alle sahen nun in Alex' Richtung. Er hob die Schultern, sah Nina und dann Dirk staunend an.

„Was schaut ihr mich so an?"

„Alex", begann Dirk, „kennen Sie den Mann?"

„Nein! Woher?"

„Er hat doch die Kirchensilber gestohlen, Ihre Silber …"

„Das ist nicht wahr. Ich habe doch nur bei ebay …", plötzlich ging Alex ein Licht auf. Es waren seine Silber, die der Mann gestohlen und bei ebay versteigert hatte. „Aber warum?", wandte Alex sich an Erwin.

„Was warum? Ich habe doch nichts gemacht. Außer …", stotterte Erwin plötzlich. „Ähm … also … ich habe nur die Silber geklaut. – Aber die Reliquien, ich wusste nicht, dass …", fügte er schnell zu.

„Welche Reliquien nun wieder?", wurde Frau Schmitz plötzlich in ihrer Ecke wach. „Schon wieder Reliquien. Ich werde noch verrückt!"

„Hilde, sei still. Lass den Mann reden", redete Frau Möllen auf sie ein, bis sie sich wieder auf den Liegestuhl setzte.

„Alex …", begann Nina. Auch ihr wurde klar, dass nicht alles so war, wie es schien.

„Ich wollte nur die Kamera kaufen", flüsterte er und senkte den Kopf.

„Alex, kennst du diesen Mann?", versuchte sie noch einmal.

Er schüttelte den Kopf und versteckte sein Gesicht in den Händen. Wieder klingelte es an der Tür.

„Mein Gott", bekreuzigte sich Frau Matzke. „Der Jüngste Tag ist das!", rief sie und ging schnaubend zur Tür. Kurz darauf hörten alle, wie sie mit einer Frau laut verhandelte – und auch diesmal vergeblich. Sie machte noch einen letzten Versuch, die Frau nicht vorbeizulassen, doch diese fing an zu weinen und bahnte sich den Weg in den Garten.

„Herr Pfarrer, sagen Sie doch etwas! Alle wollen auf einmal zu Ihnen. Und die fängt jetzt auch noch an zu flennen", sie drehte sich grimmig zu Elke um, denn sie war es, die weinte.

„Elke. Was machst du denn hier?", fragte Erwin und lief auf sie zu. Er umarmte sie und sah vorwurfsvoll zu den Anderen. „Muss das sein?"

„Meine Damen und Herren", griff Dirk durch. „So kann es nicht weiter gehen. Herr Pfarrer, ich bitte Sie, mir das Büro für zwei-drei Stunden zu überlassen. Ich möchte die Betroffenen vernehmen, und so beenden wir dieses Chaos hier."

„Aber bitte, sehr gerne", sagte Pfarrer Jan und hob resigniert die Schultern. „Langsam fühle ich mich hier sowieso wie in einer Kneipe, nur der Alkohol fehlt noch."

„Bitte, kein Alkohol mehr!", rief Frau Schmitz aus.

Alle sahen sie überrascht an, und kurz drauf brach ein herzliches Lachen aus, welches so gar nicht zu der Heiligtumsfahrt passte. Aber es war ein befreiendes Lachen. Sogar Frau Möllen kicherte unsicher und sah dabei zu Frau Matzke hinüber. Diese wirkte auf einmal nicht mehr so streng und prustete schließlich auch los:

„Das ist wohl die lustigste Heiligtumsfahrt aller Zeiten. Dass ich so was noch erleben durfte!" Ihr großer Busen bebte, während sie sich Tränen von den Augen wischte.

ENDE

Warum „die"?

* An alle, die beim Lesen von „die Kirchensilber" ihren Glauben an die deutsche Sprache verloren haben:

Die deutschsprachige Form „das Kirchensilber" beinhaltet zu meinem Bedauern grammatikalisch keine Information darüber, ob es sich um ein Objekt aus Silber oder mehrere handelt. Und Erwin hatte ja eine ganze Menge davon gestohlen. Um dies zu unterstreichen, habe ich mich entschlossen, meine eigene Pluralform einzuführen. Ich hoffe, Sie können meinen inneren Konflikt nachvollziehen und mir diese ungewohnte Mehrzahlform verzeihen.

Nicht aus dem Leben

Alle in diesem Buch auftretenden Figuren beleben ausschließlich dessen Seiten. Sollten Sie jedoch, liebe Leser, ihnen irgendwann und irgendwo begegnen, lassen Sie es mich wissen.

Danksagung

Und zum Schluss gilt es, sich bei allen Freunden und Bekannten zu bedanken, die eine Menge Geduld aufbringen mussten, um mich in dieser schwierigen Zeit des Schaffens zu ertragen. Für alle Anregungen und Ideen, für jedes Naserümpfen und Auf-die-Schulter-Klopfen bedanke ich mich bei Gosia Jarosz, für das aufmerksame Korrekturlesen bei Vera Schröder, Berra Kaya und Daniela Probst und für das Lektorat bei Paulina Schulz.

Mein spezieller Dank gilt Propst Dr. Ewald Vienken aus Kornelimünster, der mich auf eine Idee gebracht hat, auf die nur ein guter und erfahrener Kirchenmann kommen kann.